부채 트릴레마

삼중고에 빠진 부채, 어떻게 풀 것인가

부채 트릴레마

김형태 지음

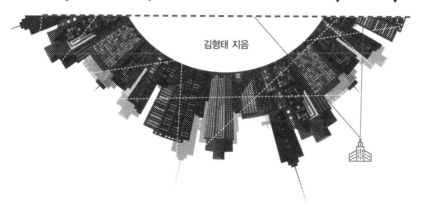

21세기북스

다음 경제위기는
'학자금부채'에서 온다

부채를 넘어서야 부채문제 풀 수 있다

"다음 경제위기는 학자금부채에서 온다."

"10년 전 서브프라임 위기 직전과 너무 닮았다."

미국 이코노미스트들의 자국 경제상황 진단이다. 그런데 과연 이 말이 미국에만 해당할까? 아니다. 한국은 더 심각하다. 이것이 부채 책을 쓰게 된 첫 번째 이유다. 그렇다면 학자금부채의 근본적 해결방법은 무엇일까? '어떻게 부채 없이 대학에 다닐 수 있을까?'란 질문에 답할 수 있으면 된다. 이것이 두 번째 문제의식이다. 학자금부채는 어떤 정부도 정권도 단호하게 처리하기 힘들다. 정부가 떠안아 정부부채로 전환될 가능성이 높다. 가계부채 특히 학자금부채는 정부부채의 또 다른 이름이다. 정부부채도 수용능력을 넘으면 댐처럼 붕괴한다. 정부부채에 과감한 혁신이 필요한 이유다. 부채문제에 관한 한 이젠 케인즈를 놓아주어야 할 때가 왔다. 이것이 세 번째 문제의식이다.

결론은 이렇다. 부채 차원에서만 해결책을 찾기에는 부채가 너무 커지고 복잡해졌다. 학자금부채든 정부부채든 전통적 부채를 뛰어넘는 그 무엇이 필요하다. 학자금부채를 넘어선 '소득나눔 학자금'과 '교육화폐'가 필요하다. 정부부채를 넘어서려면 15세기 이탈리아 제노바에서 시작된 '국가 내 국가' 주식도 냉동고에서 부활시킬 때가 됐다. 700년 전에 살았던 사람들이라고 해서 만만하게 보아서는 안 된다. 그들도 지금 우리와 놀랍도록 똑같은 부채 고민을 했다. 그래서 우리의 작업은 '오래된 미래'를 찾는 것이 된다.

학자금부채에 쪼들린 사람들은 병원 치료를 연기하고 결혼을 미루고 집 구매도 포기한다. 이 정도면 부채가 한 사람의 일생을 좌지우지하는 셈이다. 부채 부담이 커지면 고정적으로 갚아야 하는 이자 때문에, 위험을 부담하는 창업을 포기하고 정기적으로 월급을 주는 안정적 직장을 구한다. 경제의 활력이 떨어질 수밖에 없다. 오바마 전 대통령의 말대로 이것이 시스템 위험이 아니면 무엇이 시스템 위험인가. 경제 시스템 위험이 아니라 국가 시스템 위험이다. **무엇보다 미래 국가를 이끌어갈 젊은이들을 빚 지워 사회에 내보는 데 대해 기성세대들이 책임감을 크게 느껴야 한다.** 그래서 미국을 비롯한 선진국에서는 학자금부채 개혁을 위한 혁신적 법안들이 발의되는 것이다. 트럼프 Donald Trump 대통령과 경쟁했던 루비오 Marco Rubio 의원이 발의한 '대학생 성공투자법'이 대표적 예다.

한국은 어떨까? 더 심각하면 심각하지 덜 하지는 않다. 한국에서는 대학교육이 사치품이 아니라 생필품이다. 고등학교 졸업생 중 대학 입학 비율은 세계 1위다. 그만큼 모든 가족, 모든 국민과 연관된 문제다. 이렇게 질문을 바꾸어 생각해보자. 미국은 교육이 아니어도 내세울 게 많다. 그러나 한국이 세계에 내세울 것은 높은 교육 수준뿐이다. 자식 교육을 위해 부모가 희생까지 감수하는 거의 유일한 나라다. 다른 곳은 몰라도 한국에서 교육 기회가 정의롭지 못하다는 인식이 퍼지면 정권교체뿐 아니라 혁명까지 일어나지 않을까 싶다.

부채문제를 해결하려면 새로운 질문이 필요하다

그렇다면 이렇게 심각해질 때까지 왜 부채문제를 해결하지 못했을까? 잘못된 질문을 던졌기 때문이다. **"지금 부채수준이 과도한가, 그렇지 않은가?"** 흔히 듣는 질문인데, 크게 도움이 안 되는 질문이기도 하다. 적절치 못한 질문을 던져놓고 아무리 정답을 찾아보아야 부채문제 해결에 큰 도움이 안 된다. 정말 필요한 질문은 **"지금 부채의 빡빡함 정도가 과도한가, 그렇지 않은가?'**이다. 부채의 빡빡함이란 어떤 경제적 여건 변화가 있어도, 설령 채무자가 통제할 수 없는 요인이 생기더라도 이자와 원금상환에 인정사정없다는 말이다. 부채의 빡빡함 정도는 시대와 환경에 따라 변한다. 이런 부채는 정기적이고 안정적인 수입을 먹고산다. 미래가 어느 정도 예견되고 불확실성이 적당한 세상에서 번창하는 것이 부채란 생물이다. 교육투자의 불확실성을 고려할 때 애초부터 맞지 않는 게 빡빡한 부채 형태의 학자금이다. **둔감하고 융통성 없는 학자금부채를 더욱 민감하고 융통성 있는 '소득나눔 학자금' 또는 '학자금지분'으로 혁신하자는 것이 이 책의 주제다.**

부채를 개혁하고 뛰어넘으려면 우선 부채의 본질을 정확히 이해해야 한다. 이 책은 부채의 상환 패턴이란 리듬과 멜로디에 주목한다. '세 번은 짧게 한 번은 길게 그리고 빡빡하게' 패턴이다. 부채의 본질을 이해했으면, 여기서 발생하는 부채 복잡성을 인정해야 한다. 복잡한 문제의 출발점은 그 복잡성을 인정하는 것이다. 단칼에, 부채문제를 해결하겠다는 사람이 있다면 100% 사기꾼이라고 보면 된다. 부채는 살아 있다. 끊임없이 변신한다. 그래서 살 빼기만큼 부채 빼기도 힘들다. 부채는 둘러싼 생태계가 복잡하다. 부채생태계 전체를 보지 못하고 부채만 보면 문제를 해결할 수 없다. 원인과 결과가 복잡하게 얽혀 있고 원인인 동시에 결과인 것이 부채다.

부채는 이를 통해 달성하려는 목표가 상충되는 경우가 많다. 2개 중 하나를 선택해야 하는 딜레마dilemma이면 그나마 괜찮은데, 부채문제는 3가지 목표가 상충하는 트릴레마trilemma가 많다. **트릴레마는 부채문제를 보는 새로운 시각이다.** 트릴레마의 작동메커니즘을 정확히 이해해야 **부채 트릴레마**를 해결할 수 있다. 부채문제를 바라보는 새로운 시각으로 **부채총량불변의 법칙**을 제시한다. 이것은 에너지 불변의 법칙과 같이 부채는 이름을 바꾸어 전환될 뿐이지 결코 사라지지 않는다는 법칙이다. 부채가 급증한 이유도 부채총량불변의 법칙이 약화된 것이 주요 원인 중 하나다. 왜 그런지 이 법칙의 성립 조건과 약화 이유를 설명한다. 부채총량불변의 법칙과 밀접히 관련된 개념이 **부채수용력**debt capacity이다. 부채수용력은 문제 발생 없이 담을 수 있는 부채의 최대량이다. 가계부채든 기업부채든 정부부채든 부채의 과도 여부를 판단하려면 먼저 부채수용력부터 알아야 한다. 부채수용력을 모른 채 단순히 다른 나라와 비교해 작다 또는 크다고 평가하는 것은 잘못된 평가다. 부채수용력 결정 요인을 체계적으로 살펴보아야 하는 이유다.

새로운 시대가 새로운 부채와 학자금을 부른다

이 책의 결론은 **소득나눔**income sharing이다. 학자금부채의 한계를 보완하는 '소득나눔 학자금(학자금지분)', 정부부채의 한계를 보완하는 '소득나눔 재정조달(국가주식)'이 그것이다. 전자의 소득은 학생의 미래소득이고, 후자의 소득은 국가경제의 미래소득이다. 기업의 소득나눔을 다루지 않은 이유는 이미 지분과 주식 형태가 광범위하게 사용되고 있기 때문이다. 자금조달에 관한 한 가장 앞서 있는 곳이 기업이다.

아프리카 속담에 아이 1명을 제대로 키우려면 한 마을 전체가 필요하다는 말이 있다. 이 말을 부채에 적용하면 **"부채문제를 제대로 풀려면 이 세상 모든 지식이 필요하다"**가 될 것이다. 이 책을 쓰면서 항상 염두에 둔 생각이다. 경제도 겸손해져야 한다. 각 장에서 부채 이슈를 다루기 전에 먼저 설명된 다양한 분야의 스토리들은, 얼핏 관계 없어 보이지만 부채문제를 해결하는 데 기발한 아이디어를 제공해준다. 잔혹하고 처절한 '참호전trench warfare'으로 특징지어지는 1차 세계대전, 그 참호를 넘고 참호전을 종결시킨 것이 바로 탱크다. 부채의 참호전을 종결시킬 수 있는 **경제의 탱크**를 만들고 찾아가는 여정이 바로 이 책이다.

부채문제는 거창하게 국가경제나 글로벌 경제의 문제만이 아니다. 나 자신의 문제요, 우리 아들과 딸의 문제요, 우리 이웃의 문제다. 독자들이 이 책을 통해, 부채문제의 본질을 정확히 이해하고 **부채 너머의 세상**을 보는 데 조금이나마 도움을 받는다면 저자로서 무한한 영광이다. 특히 '소득나눔 학자금(학자금지분)'을 통해 젊은이들이 학자금부채라는 참호에 고착되지 않고 희망찬 미래를 설계하는 데 미력하나마 도움이 되었으면 하는 바람이다.

책 읽는 순서는, 무엇보다 이 책의 아이디어들이 집약되어 있는

'1장 부채를 뛰어넘은 부채'를 반드시 먼저 읽기를 권한다. 그 뒤에는 어느 장을 발췌해 읽더라도 무리 없이 이해할 수 있을 것이다.

트릴레마는 부채에만 있는 것이 아니라 책 쓰기에도 있다. 직장생활 잘하기, 가족과 시간 내어 잘 보내기 그리고 책 쓰기라는 3개의 목표는 동시에 달성하기 힘든 것 같다. 이런 책 쓰기의 트릴레마를 트릴레마가 아니게 만들어준 사랑하는 아내 지은, 두 아들 홍석, 명석에게 진심으로 고맙다는 말을 전하고 싶다.

2017년 11월
워싱턴 D.C.에서
김형태

부채 트릴레마 논의 순서

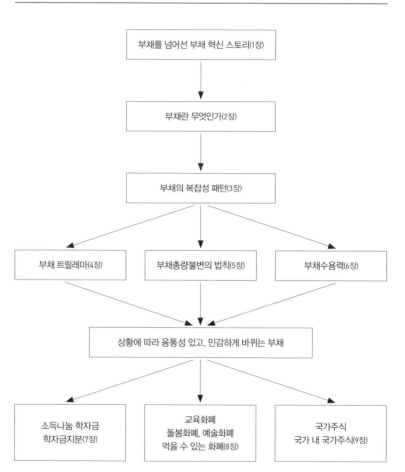

부채를 넘어선 부채 혁신 스토리(1장)

↓

부채란 무엇인가(2장)

↓

부채의 복잡성 패턴(3장)

부채 트릴레마(4장)　　부채총량불변의 법칙(5장)　　부채수용력(6장)

상황에 따라 융통성 있고, 민감하게 바뀌는 부채

소득나눔 학자금
학자금지분(7장)

교육화폐
돌봄화폐, 예술화폐
먹을 수 있는 화폐(8장)

국가주식
국가 내 국가주식(9장)

부채 트릴레마

3부
소득나눔 학자금은 시대정신

1부

부채의
재정의

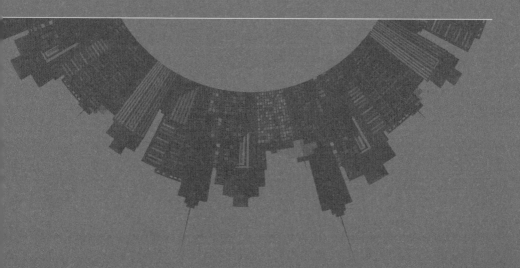

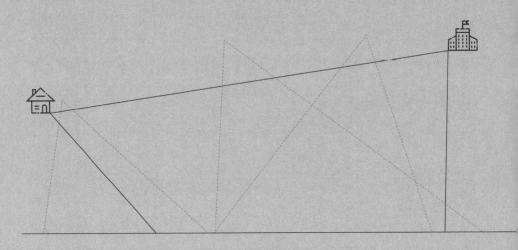

부채를 뛰어넘은
부채

01

과도한 부채는
참호전을 닮았다

    다음 페이지에 실린 2명의 말 탄 군인 모습을 비교해보자. [그림 01]은 중세 시대 전형적인 말 탄 기사의 모습이다. 공격 무기로 칼을 들고 방어용으로 투구와 갑옷을 입고 말을 타고 있다. 자연스러운 그림이다. 이제 [그림 02]를 보자. 어느 시대 군인 같은가? 말을 타고 창을 들고 있는 것으로 보아선 중세 시대 기사 같기도 한데, 자세히 보니 군복을 입고 철모와 방독면을 쓰고 총까지 메고 있다. 바로 1차 세계대전 때 군인 모습이다. 철모와 방독면을 쓰고 총과 창을 든 채 말을 탄 군인 사진은 1차 세계대전의 특성을 가장 잘 나타내준다.

    그런데 **[그림 02]는 왠지 어색해 보이지 않은가?** 어찌 보면 우스워 보이기도 한다. 왜 그럴까? 균형이 안 맞기 때문이다. 총은 첨단 공격 무기인데 말은 중세를 넘어 수천 년 전부터 사용된 운송수단이다. 총과 함께 창을 든 것도 우습고 방독면 쓴 모습도 어색하다. 방독면을

[그림 01] 중세 시대의 기사

[그림 02] 1차 세계대전 당시 군인

쓴 채 총을 잘 쏠 수도 없거니와 말에게는 방독면을 씌우지 않았으니 위기 상황이 오면 쓰러지고 말 것이다. 중세와 현대가 혼합되어 있는 모습이 담긴 실제 사진을 보면 신비롭고 흥미롭기까지 하다.

이에 반해 [그림 01]을 보면 말도 기사처럼 투구를 쓰고 있다. 말이 쓰러지면 기사도 쓰러지기 때문이다. 중세 기사 모습은 공격 무기와 방어장비 그리고 운송장비 간에 균형이 잘 잡혀 있다.

1차 세계대전이 그토록 많은 사상자를 낸 이유 중 하나는 공격 무기와 수비 수단 간에 균형이 맞지 않았기 때문이다. 공격 무기가 칼이나 창일 때 수비 도구가 투구와 방패라면 균형이 맞는다. 공격 무기가 소총이면 철모가 수비장비다. 하지만 1차 세계대전 당시 공격 무기는 치명적 위력을 지닌 기관단총인데 반해 수비장비는 개선되지 않았다. 운송수단도 말이 주류였다. 결국 기관단총 앞에 군인들이 낙엽처럼 우수수 쓰러질 수밖에 없었다.

그래서 고육지책으로 도입된 것이 **참호전**trench warfare[1]이다. 양쪽 모두 상대편의 기관단총 공격을 막기 위해 땅을 파서 참호를 만들고 그 속에 진지를 구축했다. 여기에서 교착상태stalemate라는 말이 생겼다. 양쪽 다 참호를 파고 들어앉았으니 전쟁이 끝나지 않는다. 누구도 기관단총 총알받이가 되지 않으려고 참호 밖으로 나가지 않으니 승자도 없고 패자도 없는 상태가 지속되었다.

1차 세계대전의 교착상태를 타개한 것이 바로 '현대판 갑옷 입은 말'로 불리던 탱크다. 영국에 의해 처음 개발되어 사용된 탱크는 기관단총이라는 가공할 공격 무기에 맞설 수 있었다. 동시에 바퀴 대신 금속 벨트를 장착한 '캐터필러caterpillar track(무한궤도)' 덕분에 그리고 고개를 쳐든 것 같은 마름모꼴 디자인 덕분에 적군이 파놓은 참호에 빠지거나 처박히지 않고 넘어갈 수 있었다.[2] 탱크가 출현하면서 처절했던 참호전도 마침내 막을 내린다.

참호전과 부채문제의 공통점

[그림 02]의 1차 세계대전 당시 어색한 군인 모습은 현재 우리가 직면한 부채문제를 연상시킨다. 과도한 부채문제도 균형이 안 맞아 생기기 때문이다. 국가든 기업이든 가계든 부채는 엄청난 속도로 늘어나는데, 관리 수단은 미약하기 그지없다. 기관단총같이 부채가 경제에 총알을 퍼붓는데 이를 막아낼 수비장비는 마땅치 않다. 부채가 늘어나면 투자를 통해 소득도 늘어나야 부채도 갚을 수 있다. 하지만 현실은 그렇지 못하다. 부채와 소득 간에 균형이 깨졌다는 말이다. 소총 1자루 들고 기관단총을 향해 돌진하는 1차 세계대전 당시 군인들처럼 부채와 소득 간에 균형이 안 맞고 격차가 벌어지니 문제가 생긴다. [도표 01]은 한국에서 가계부채와 소득(가처분소득) 간의 격차가 확대되는 추세를 잘 보여준다.

모든 것이 속절없이 변하는 시대일수록 사람들은 부동산이나 금처럼 변하지 않는 것을 원하게 되어 있다. 하지만 부동산은 그 공급에 한계가 있기 마련이다. 공급은 변하지 않는데 수요가 계속 늘어나면 자연히 가격이 오른다. 가격이 오르면 매입하기 위해 부채를 늘릴 수밖에 없다. 부동산투자에 쓰인 부채는 무엇인가를 새로 만들어내지 못한다. 즉 땅값 오른다고 땅이 늘어나지 않는다. 아파

[도표 01] 가계부채 증가와 가처분소득 증가 추세 비교

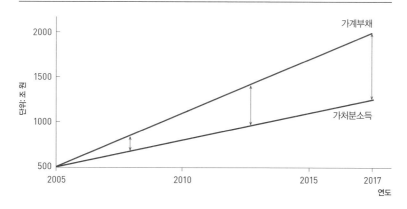

트값이 올라도 특정 지역에 공급될 수 있는 아파트에는 한계가 있다. 급등한 부동산을 사기 위해 빌린 돈은 소득창출과 관계없는 부채다.[3] 소득불평등 확대도 또 다른 기관단총이다. 소득이 높을수록 상대적 소비성향이 떨어지므로(10배 부자라고 TV를 10배 많이 갖고 있지는 않다) 소득불평등이 심화될수록 소비가 줄고 경기가 가라앉기 쉽다. 실업으로 소득이 없거나 줄어든 사람들은 부채를 통해 메울 수밖에 없다. 이 또한 소득을 유발하지 못하는 부채다. 말 타고 창을 든 군인처럼 몰아치는 부채 기관단총을 막아낼 수단이 없다. 잘못 고개를 쳐들었다가 총알받이가 되고 만다. 그러니 참호 속으로 숨어들어 꼼짝달싹 움직이지 못하고 교착상태에 빠져 있을 수밖에 없다. 경제도 사회 분위기도 침체되어 있다. 이것이 바로 지금 우리가 경험하고 있는 부채문제의 본질이다.

현재 가계의 부채 위험관리는 중세의 투구 수준이다. 특히 학자금대출을 사용하는 대학생들은 마치 독일군 기관단총 앞에 선 말

탄 근위대 같다. 근위병의 높은 깃털모자처럼 상아탑의 꿈도 크고 미래가 화려해 보이지만 부채 기관단총의 희생물이 되기 쉽다. 사방에서 날아오는 기관단총 총알처럼 부채가 사방에 과도하게 퍼져 있을 경우에는 금리 역시 머리를 내밀지 못한다. 금리 올리기가 쉽지 않다는 말이다. 올리는 순간 채무불이행, 즉 경제적으로 부상당하거나 사망하는 사람들이 너무 많아지기 때문이다.

영국의 마크4 탱크

그렇다면 교착상태에 빠진 참호전을 종결시킨 탱크는 어떤 무기였을까? 이 탱크는 어떻게 참호에 빠지지 않고 넘어갈 수 있었을까? 탱크가 참호를 넘어간 방법은 경제라는 이름의 탱크가 부채 참호를 넘어가는 데 아이디어를 제공해주므로 먼저 살펴보겠다. 참호를 건너간 탱크는 영국이 개발한 '마크4Mark IV 탱크'다.⁴ 마크4 탱크는 그 모양이 현대의 탱크와 많이 다르다([그림 03]과 [그림 04] 참조). 원시적이고 조악한 느낌을 준다는 말이 아니라 오히려 '미래에서 온' 것 같은 느낌이다. 마크4 탱크의 모양은 마름모꼴이다. 삼각형 2개를 합해놓은 다이아몬드 형태라고도 한다. 특히 탱크 앞쪽이 위로 들려있는데, 참호에 빠지지 않고 건너기 위해서다. 탱크를 처음 접한 독일군은 이를 '괴물'이라 불렀다. **'두꺼운 강철 갑옷을 입고 트랙터를 온몸에 휘감은 마름모형의 괴물'**이 바로 마크4 탱크다.

마크4의 또 다른 핵심 특징은 바퀴 대신에 트랙을 통해 움직인다는 것이다. 트랙은 바퀴에 비해 땅과 닿는 면적이 넓어서 무거운 탱

[그림 03] 마크4 탱크(1918년)

[그림 04] 에이브럼스 탱크(2003년)

크 하중이 골고루 분산된다. 따라서 진흙이나 모래에서도 바퀴처럼 쑥 빠지지 않는다. 바퀴는 지나가는 지형이 울퉁불퉁하다고 해서 모양이 바뀌지 않는다. 타이어가 충격을 흡수하기는 하지만 바퀴 자체 모양은 그대로다. 그래서 바퀴는 '지형독립적terrain independent'이다. 이에 반해 무한궤도라고도 불리는 트랙은 지나는 지형이 울퉁불퉁하면 그에 적응해 모양이 부드럽게 바뀐다. 그만큼 지형에 민감하고 모양에 융통성이 있다. 그래서 트랙은 '지형의존적terrain dependent'이다. 앞으로 설명하겠지만, 부채는 상황에 관계없이 고정된 원리금을 상환해야 한다는 점에서 '상태독립적state independent'이다. 지분은 상태 즉 기업이 벌어들인 이익에 따라 지불하는 배당이 달라지므로 탱크의 트랙처럼 '상태의존적state dependent'이다. 부채는 바퀴와 비슷하고 지분은 무한궤도와 비슷하다. 바퀴로 비유된 부채는 평탄하고 안정적인 지형에 적합하고 무한궤도로 비유된 지분은 푹 파이고 질펙질펙하고 험한 지형에 적합하다.

부채문제를 타개할 '경제의 탱크'

1차 세계대전의 교착상태를 타개한 탱크처럼 부채전쟁에서 교착

상태를 타개할 '경제의 탱크'는 과연 무엇일까? 부채문제를 부채 차원에서 해결하려는 것은, 상대방 기관단총보다 더 강력한 기관단총을 만들고 적보다 더 견고한 참호를 구축하는 전략과 같다. 그보다는 기관단총을 무력화시키고, 깊고 넓게 파인 참호를 뛰어넘는 탱크처럼 전통적 부채를 뛰어넘는 전략이 필요하다.

이 책은 이러한 전략을 '**부채를 넘어선 부채**' 혹은 '**부채의 재정의**redefinition'라고 명명한다. 지금은 빡빡하고 둔감한 부채가 아니라 융통성을 가진 민감한 부채가 절실하다. 부채가 빡빡하다는 것은 부채를 갚는 데 인정사정 안 봐준다는 뜻이다. 아무리 경제 여건이 안 좋아도 부채상환은 고정되어 있고 강제적이고 의무적이다. 경제가 울퉁불퉁하고 진흙탕이라면 경제의 운송수단도 바퀴보다 무한궤도가 적합하다. 부채도 탱크의 무한궤도처럼 상황적응력을 갖추어야 한다. 이 책은, 학자금부채 그리고 정부부채문제를 해결할 '경제의 탱크' 전략을 제시할 것이다. 기업부채는, 시장 원리에 따라 각 기업에서 해결할 수 있는 문제이므로 상세히 다루지 않는다. 뒤에 더 자세히 설명하겠지만, 학자금부채의 경우는 미래소득의 일정 비율을 일정 기간 나누는 대가로 등록금을 받는 '소득나눔 학자금', 국가부채의 경우는 '국가 내 국가' 주식이 핵심이다.

참호전을 타개한 마크4 탱크의 마름모꼴형은 이 책의 제목인 '부채 트릴레마'를 해결하는 데 새로운 아이디어를 제공해준다. 3개의 목표 중 2개는 달성 가능하지만 3개는 동시에 달성할 수는 없다는 것이 트릴레마인데, 트릴레마 문제를 해결하려면 새로운 차원을 도입해야 한다. 대학교육 확대, 가계부채 축소, 정부부채 축소라는

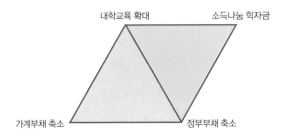

3가지 목표는 동시에 달성할 수 없다. 대학교육을 확대하려면 가계 부담이 늘거나 정부 부담이 늘거나 둘 중 하나는 늘어야 한다. 가계부채와 정부부채를 동시에 축소하려면 대학교육 확대가 지장을 받을 수밖에 없다. 이것이 바로 [도표 03]에서 파란색 삼각형으로 표시된 '학자금부채의 트릴레마'다. 학자금부채의 트릴레마는 4장에서 상세히 다룰 것이다.

이때 부채 차원에만 집착하면 이 트릴레마 해결이 불가능하다. 그 대신 '소득나눔 학자금' 또는 '학자금지분'을 새롭게 도입하면 풀 수 있다. 뒤에서 상세히 설명하겠지만, 소득나눔 학자금은 미래소득의 일부(예: 2%)를 일정 기간 자금공급자와 나누기로 하고 대학등록금을 조달하는 방식이다. 소득나눔 학자금을 활용하면 가계부채나 정부부채를 늘리지 않고 대학교육을 확대할 수 있다. 참호를 넘어선 마크4 탱크가 마름모꼴인 것처럼, 학자금부채의 트릴레마를 넘어선 소득나눔 학자금은 삼각형을 마크4 탱크처럼 마름모꼴로 만들어준다.

02

부채 혁신 스토리 1
소득나눔 학자금

알렉스는 미국 퍼듀대학교 1학년 학생이다. 알렉스는 학자금대출을 받는 데 거부감이 각별히 크다. 형과 누나가 학자금대출 문제로 졸업 후에 얼마나 고생하고 있는지를 옆에서 생생히 보아온 탓이다. 그렇다고 알렉스에게 뾰족한 다른 방법이 있는 것은 아니다. 부모님이 부자도 아니고, 설령 부자라 하더라도 독립심이 강한 알렉스는 대학 학비를 부모님으로부터 받아서 쓰고 싶지 않다. 그런데 대학에서 새로운 학자금지원제도가 생겼다고 안내 메일이 와서 설명회에 참석했다. 예상대로 발 디딜 틈 없이 강당이 가득 찼다.

한마디로 부채의 틀을 뛰어넘는 다른 차원의 학자금지원제도였다. 설명회를 이끈 학생처장은 새로운 학자금제도를 **소득나눔형 학자금**이라고 했다. 학자금대출student loan에 대비해 학자금지분student equity이라고도 불렀다. 졸업 후 직장을 구하거나 창업을 해서 벌게 되는 소득의 일정 비율(예: 3%)을 일정 기간(예: 10년) 동안 대학과 나누는 조건으로 대학이 운용하는 기금을 통해 등록금을 제공해주는 것이다. 일종의 지분투자 형태이니 전통적 의미의 부채가 아니다. 부채가 아니니 내가 의무적으로 상환할 부담도 없다. 더욱 좋은 점은 소득수준이 일정 수준 이하이면 갚지 않아도 된다는 것이다. 물론 내가 빌 게이츠Bill Gates, 제프 베조스Jeffrey P. Bezos, 앨런 머스크Elon Musk 같은 억만장자가 되면 내 소득의 3%가 엄청나게 커져서 받은 등록금을 크게 초과할 수도 있다. 하지만 그 확률이 얼마나 될까? 대학생 시점에선 불확실성이 크다. 설령 그렇더라도 그 돈이 모두 대학교의 학자금지분펀드로 귀속되기 때문에, 미래의 후배들을 위한 학자금 재원으로 사용되는 것이니 보람도 크고 거부감도 없다. 학자금 재원은 대학이 운용하는 퍼듀연구기금에서 나온다. 물론 미래 학자금 상환액도 모두 이 기금에 들어간다.

2016년 미국 대선 때 공화당 예비후보로 나왔던 루비오 상원의원이 토드 영Todd Young 의원과 함께 연방정부 차원에서 소득나눔 학자금 제도를 도입하려 법안을 제출해놓은 상태다. 법안 이름은 '대학생성공투자법'이다. 대학생들에게 등록금을 제공함으로써 다양한 학생들이 부담 없이 대학교육을 받게 하고 나중에 성공하면 국가가 일부 소득을 나누어 가진다는 개념이다. 연방정부 차원에서 제도가 도입되면 법률적 불확실성이 없어져 급속한 시장 확대가 예상된다. 더불어 학자금상환에 사용되는 소득 부분에 대한 소득공제 혜택도 기대되므로 알렉스는 학자금부채 대신 소득나눔 학자금을 활용하기로 했다.

알렉스는 공대에서 컴퓨터공학 전공이다. 학자금지분을 제공하는 대학 펀드 관계자에게 문의한 결과 컴퓨터 전공과 관련된 산업들의 미래 전망도 좋고 알렉스의 학점도 우수해서 졸업 후 연봉이 3만 달러가 넘어서는 시점부터 매년 2% 소득을 퍼듀대학 학자금기금에 제공하면 된다.

알렉스 여자친구 아만다도 학자금지분을 사용하려 하고 있다. 알렉스가 강력히 추천한 덕분이다. 아만다는 문학소녀로서 19세기 영국 문학을 전공한다. 소설 쓰기를 즐기고 재능도 있다. 알렉스는 대학 책 읽기 동아리에서 제인 오스틴의 작품 『오만과 편견』을 토론하다가 아만다와 데이트를 시작하게 되었다. 그런데 알아보니 아만다는 4%의 소득을 제공해야 한다. 문학 전공자의 미래 기대소득이 컴퓨터전공자보다 낮은 탓이다. 남자친구 알렉스와 비교해 조금 많다는 생각에 기분이 나빠지기도 했지만, 그 정도면 자신이 하고 싶은 분야를 계속할 수 있으니 괜찮은 조건이라고 생각했다. 물론 미래에 아만다가 쓴 소설이 『해리 포터』처럼 베스트셀러가 되어 대박을 터트리면 대학학자금기금에 많은 돈이 가겠지만 손해 봤다는 생각은 없다. 오히려 뿌듯하고 보람이 있다. 미래 소설가를 꿈꾸는 후배들이 자신의 소득으로 등록금을 지원받아 계속 문학을 전공할 수 있으니까 말이다.

03

부채 혁신 스토리 2
교육화폐[5]

크리스는 미국 버지니아주 페어팩스 카운티에 살고 있는 18세 고등학생이다. 어려서부터 총명해서 공부도 잘하고 성격도 쾌활해 친구가 많다. 책임감이 강해서 동네 봉사활동도 많이 한다. 그의 아버지는 크리스가 초등학교 때 암 투병을 하다 돌아가셨다. 어머니가 식당일과 월마트 등에서의 몇 가지 파트타임 일을 하며 가족이 어렵게 생활하고 있다. 동생도 둘이나 있다. 상대적으로 등록금이 싼 주립대학 진학을 생각하고 있으나, 장학금을 받기는 하늘에 별 따기다.

하지만 크리스는 걱정이 없다. 교육전용화폐인 탈러Tollar가 있기 때문이다(Tollar는 Teaching과 Dollar의 합성어다). 교육전용화폐란 다른 용도로는 쓰지 못하고 교육과 관련된 용도로만 사용되는 화폐다. 원화나 달러는 중앙은행이 발행하는 법정통화다. 그 용도 또한 보편적이어서 주권이 미치는 지역 내에서는 원화가 있으면 무엇이든 살 수 있다. 법정화폐는 거래 용도뿐 아니라 가치저장 용도로도 쓰인다. 화폐가 경제 내에서 잘 돌지 않고 잠겨 있는 것은 이 때문이기도 하다. 교육화폐 탈러는 다르다. 순수하게 거래 목적만 있으므로 오랫동안 쓰지 않으면 가치가 하락하도록 설계되어 있다. 소비하고 순환하고 회전율이 높을 수밖에 없다. 크리스는 멘토링 프로그램을 통해 탈러를 많이 벌었다. 그리고 그가 가려는 주립대학은 달러 대신 탈러를 등록금으로 받아준다.

크리스는 고등학교 2학년 때 중학교 2학년 학생들을 멘토링했다. 매튜, 존, 새라는 모두 크리스의 멘티다. 크리스는 과학 과목들을 잘해서 물리, 생물, 화학 등을 가르쳤다. 자신이 이전에 배운 것을 곱씹어 복습하며 후배들에게 쉽게 가르쳐준다. 가르치다 보니 크리스 스스로 배우는 게 더 많다. 가르치는 것이 가장 효과적인 학습방법이란 것은 학자들을 통해서도 밝혀진 바 있다. 같은 10대이고 관심사가 비슷하다 보니 멘티들도 지겹지 않고 재미있게 배운다. 여름방학 3개월간 매주 1번씩 만나고 학기 중에는 서로가 바빠서 한 달에 2번 정도 만난다. 멘토-멘티 프로그램이 끝나고 크리스는 3명의 학생들로부터 각각 500탈러씩 총 1,500탈러를 받았다. 그냥 봉사도 좋지만 멘토에게 무엇인가 보상이 따라야 효과가 높아지는 것은 당연한 이치다. 멘토링하는 열정, 자세, 에너지와 시간투입이 달라지니까 말이다.

그렇다면 크리스에게 과학을 배운 매튜, 존, 새라는 어디서 탈러를 얻었을까? 매튜는 글쓰기를 잘해 초등학교 6학년 학생들에게 글쓰기를 가르쳐 탈러를 벌었다. 존은 운동을 잘한다. 초등학교

4~5학년 학생들에게 달리기와 농구, 축구 등을 가르친다. 새라는 음아에 재능이 있다. 플루트와 오보에를 연주하는데, 주 대표로 선발되기도 했다. 그녀는 초등학생들에게 악기를 가르치는데 인기가 좋다. 매튜, 존, 새라에게서 멘토링을 받은 초등학생들은 어디서 탈러가 났을까? 버지니아 주정부는 처음 공립초등학교에 입학하는 모든 학생에게 500탈러씩을 나누어 준다. 사실 이 스토리의 주인공인 크리스도 초등학교에 입학하면서 500탈러를 받았다. 처음 학교에 입학해서 수학이 어려워 중학교 1학년 멘토에게 수학을 멘토링받았다. 같이 스포츠와 만화 이야기도 하면서 즐겁게 사칙연산을 배웠던 기억이 난다. 명심할 사항 한 가지가 있다. 이 탈러는 아이스크림을 사 먹거나 옷 사는 데 사용할 수 없다. 멘토링 프로그램같이 반드시 주정부가 정한 교육 관련 용도로만 사용해야 한다. 그 외의 용도에서는 종잇조각에 불과하다.

크리스가 탈러를 등록금으로 사용할 수 있는 것은 대학이 탈러를 달러의 대용화폐로 인정해 등록금으로 받아주기 때문이다. 대학 역시 예산이 부족하고 돈 쓸 데도 많은데 어떻게 탈러를 받을 수 있을까? 대학도 예산에 제약이 있으므로 명분만 좋다고 탈러를 수용하기 힘들다. 그래서 주정부의 역할이 필요하다. 일단 주립대학의 경우(한국이라면 국립대학이나 시립대학) 주정부에서 탈러로 등록금을 받아줄 것을 독려하고 이에 상응하는 인센티브를 제공할 수 있어야 한다. 탈러생태계에 참여하는 대학들에 대해 정원 및 학과 확대, 예산 배정 신축 건물 건설, 교원 확대 등에 있어 우선적 고려를 할 수 있다. 주정부가 운영하는 기금을 통해 탈러를 달러로 교환해주는 것도 가능하다. 제도 설계 시 가장 중요한 요인 중 하나는, 달러와 탈러 간의 교환비율을 얼마로 할 것인가이다. 1:1로 하면 모든 것이 간단하고 명확하지만 레버리지 효과를 거두기 힘들다. 예산이 많이 든다는 말이다. 1:0.5로 하면 2배의 레버리지 효과를 거둘 수 있다. 대학이 1탈러를 가져오면 0.5달러로 교환해주는 것이다.

대학은 또한 리더십 있고 유능한 학생을 선발할 수 있다. 특히 문과 쪽 과목들처럼 한두 명 학생이 더 늘어도 수업에 지장이 없는 분야에 활용도가 높다. 탈러로 등록금을 낸 학생을 정원외로 인정해주면 대학은 교육화폐인 탈러생태계에 참가할 유인이 커진다.

한걸음 더 나아가 대학 입장에서는 무엇이 '활용되지 않고 여분이 있는 자원'인지를 창의적으로 발견해내어 '충족되지 못한 욕구'와 연결해줄 필요가 있다. 물론 여기서 충족되지 못한 욕구는 대학교육이다. **창의성을 외치는 시대에 가장 창의적이지 못한 것이 교육과 화폐다.**

04

부채 혁신 스토리 3
부채–지분 스왑[6]

레이첼은 하버드 법대에 다니는 수재다. 학부에서 생명공학을 전공하고 유전자조작 등 생명과학의 윤리적·법률적 이슈에 관심이 많아 로스쿨에 진학했다. 대학 때부터 학자금대출을 받아 등록금을 냈는데 주립대학을 다닌 덕분에 상대적으로 빌린 금액이 많지 않다. 그런데 로스쿨은 상황이 다르다. 미국에서 대학 졸업생들은 평균 3만 7,000달러(약 4,000만 원 정도)의 빚을 지고 졸업하는 데 비해, 법대는 10만 달러(약 1억 2,000만 원 정도)의 빚을 지고 졸업하는 것으로 알려져 있다. 졸업 후 좋은 로펌에 취직하면 부채를 갚는 데 큰 문제가 없겠지만 정부, 공공기관, 비영리기관에서 일하면 정부와 은행에서 차입한 부채가 큰 부담이 될 것 같아 걱정이 크다. 오바마 Barack Obama 전 대통령도 대통령이 되기 몇 년 전에서야 로스쿨 학자금대출을 다 갚았다고 한다.

친구들과 학자금부채 걱정을 하다가 매사에 정보가 빠른 데니로부터 새로운 이야기를 들었다. 레프Leff와 휴Hughes라는 법대 교수가 제안한 스왑swap에 관한 것이다. 스왑은 교환이란 뜻이고, 금융에서는 성격이 다른 2개의 현금흐름을 서로 교환하는 계약을 말한다. 법대 학생들이 정부나 은행으로부터 차입한 학자금부채student debt를 학자금지분으로 스왑, 즉 교환해주는 프로그램이 있다고 한다. 내가 등록금을 내기 위해 정부나 은행으로부터 10만 달러를 차입했다면, 전문기관이 내 부채 전액을 떠안아 갚아주고 그 대신 나는 그 기관에 내 미래소득의 일정 비율(예: 3%)을 일정 기간(예: 15년) 동안 제공하는 방식이다.

포틀랜드대학이나 퍼듀대학의 경우처럼 학자금부채 대신 직접 학자금지분 투자를 받아 등록금을 충당할 수 있지만, 아직 연방법이 통과되지 않았으므로 하버드대학이 위치한 보스턴과 매사추세츠주는 이 제도를 도입하지 않았다. 따라서 전문기관이 중간에서 학자금부채와 학자금지분을 교환해주는 역할을 하는 것이다. 법대 교수들이 로스쿨 학생들을 위해 제안한 제도라는 점도 마음에 들었다. 결론은 이렇다. 레프-휴 스왑을 이용하면 법률상으로는 부채를 사용하지만 경제적으로는 학자금지분을 사용하는 것과 같은 효과를 얻을 수 있다. 위험을 투자자에게 이전시키고 자신이 원하는 직장도 로펌에 국한되지 않고 융통성 있게 결정할 수 있다.

05

부채 혁신 스토리 4
개인공개

미국 오리건주 포틀랜드의 소프트웨어 회사에 다니는 마이크 메릴Mike Merrill은 2008년에 자기 자신을 10만 주로 나누어 1주당 1달러로 시장에 공개, 즉 IPOInitial Public Offering했다. 기업을 공개해 주식시장에 상장한 것이 아니라 개인을 공개했으니 이 IPO를 기업공개가 아니라 '개인공개'라 부르는 것이 적절하겠다. 자신이 앞으로 벌어들일 잠재적 소득에 대한 청구권 그리고 소득과 관련된 자신의 일상생활에 투자자들이 투표권을 행사하도록 자신을 지분화한 것이다. 공개 매각 후 10일간, 12명의 친구가 929주를 매입했고 마이크는 그 대가로 자금을 조달했다. 그는 자신이 보유한 자기 지분에 대해 투표권을 행사하지 않겠다고 약속했고, 일상생활에서 발생하는 중요한 의사결정, 예를 들어 결혼, 이직, 여자친구 선택, 정관수술vasectomy, 대학원 진학, 특정 프로젝트, 여행, 게임 소프트웨어 구매, 식단 교체

등에 대해 주주들의 뜻에 따르겠다고 선언했다.

현재까지 주주들의 주요 의사결정을 살펴보자. 정관수술 여부를 묻는 의안은 아슬아슬하게 부결되었다. 즉 정관수술을 하지 말라는 것이다. 인터넷 사이트에서 논의된 내용을 보면, 정관수술에 찬성하는 주주들은 주로 임신과 아이 부양이 마이크의 시간과 에너지를 빼앗아 소득창출 활동에 부정적 영향을 끼친다는 이유를 들었다. 반대론자들은 마이크가 아이를 가지면 아빠로서 책임감도 생기고 더 행복해질 터이니 일도 더 잘할 것이라고 보았다. 투표결과는 55:45로 부결되어 마이크는 정관수술을 하지 않았다.

또 다른 재미있는 안건은 데이트 상대 선택에 관한 것이다. 데이트 상대 2명을 안건으로 올리자 투자자들 간의 의견이 분분했다. 메리는 중학교에서 미술을 가르치는 선생님이자 아마추어 미술가다. 힐러리는 IT 컨설팅 회사의 컨설턴트다. 투자자들은 마이크의 업무와 관련성이 높아 마이크에게 도움을 줄 수 있을 것이라는 이유에서 힐러리를 선호했다. 힐러리와 사귀는 중 결혼을 할 것인가라는 의안에 대해선, 결혼이 심리적 안정을 가져와 마이크 업무의 효율성과 창의성을 높일 것이란 이유에서 찬성표가 많았다. 이 밖에도 미국 공화당원으로 등록하는 안건, 채식주의자로 식단을 바꾸는 안건은 통과되었고 수염을 기르는 안건과 하와이로 여행 가는 안건은 부결되었다.

마이크는 주주들이 투표할 수 있는 웹사이트로 개발하고 '마이크를 표창하는 주식'이 거래될 수 있는 'KmikeyM'이란 거래 플랫폼도 구축했다. 누구나 그의 주식을 사고팔 수 있게 된 것이다. 2017년

6월 현재, 마이크 주식은 1주당 5달러에 거래되고 있다. 재미있는 일도 생긴다. 여자친구가 '왜 사사건건 자기 말 안 듣고 주주들 말만 듣느냐'고 불만을 토로하자 '내 주식을 더 사라buy more shares'라고 말해 화제가 된 적도 있다. 이런 세상에서는 부부간에도 상대방에 대한 지분을 충분히 보유해야 영향력 행사가 가능하다. 기업이 다른 기업을 인수합병M&A하듯, 남녀관계도 인수합병이 가능한 것이다. 만일 상대방 여자가 마이크 지분을 50% 이상 가지면 현재 여자친구와 헤어지게 하고 자기와 결혼하게 만들 수도 있다. 공상과학소설 속에서나 가능할 것 같지만 실제 일어나고 있는 일이다.

06

부채 혁신 스토리 5
예술가를 만든 소득나눔 계약

틴토레토Tintoretto는 충격이 아주 컸다. 스승 티치아노Tiziano Vecellio의 그림을 직설적으로 비판한 것은 사실이지만, 그로 인해 "그만두고 나가!"라는 말을 들으리라고 예상치 못했다. 당시 '회화의 왕', '왕들의 화가'라고 불리는 티치아노의 작업실에서 쫓겨나는 것은 곧 주류 미술계에서의 탈락을 의미했다. 르네상스시대 피렌체를 대표하는 거장 세 사람은 우리가 잘 알고 있다. 레오나르도 다빈치, 미켈란젤로, 라파엘로가 그들이다. 반면에 르네상스 화풍과는 전혀 다른 색채 위주의 화풍으로 바로크와 낭만주의에 절대적 영향을 미친 베네치아 거장들은 상대적으로 덜 알려져 있다. 베네치아를 대표하는 3명의 거장은 티치아노, 틴토레토(본명 자코포 코민) 그리고 베르네세Paolo Veronese다.

베네치아 화풍의 원조라 할 수 있는 티치아노는 군주와 귀족들로

[그림 05] 티치아노, 〈성모마리아의 성전 봉헌〉

[그림 06] 틴토레토, 〈최후의 만찬〉

부터 존경을 한 몸에 받았다. 회화의 군주라고 불릴 정도로 권위가 대단했고 따르는 제자들도 많았다. 신성로마제국 카를 5세를 비롯해 주변국 왕들이 서로 모시고 가서 그림을 그리려 했기 때문에 별명이 '왕들의 화가'였다. 왕들의 화가면 당연히 화가들의 왕도 된다. 틴토레토도 티치아노에게 사사하기를 원했다. 그는 견습생 자격으로 들어갔지만 쫓겨났다. 그 이유가 무엇이었는지는 티치아노가 틴토레토의 뛰어난 능력을 질투했다는 주장부터 성격이 격정적이어서 스승과 자주 부딪혔다는 주장까지 의견이 분분하다. 티치아노는 자신의 수제자로 틴토레토보다 훨씬 젊은 베르네세를 지명했다. 결국 티치아노와 베르네세는 군주와 귀족들의 후원을 받으며 편하게 그림을 그리고 명예도 얻었다. 항상 주문이 끊이지 않았고 그야말로 안정적인 사업을 영위했다. 한눈에 보아도 티치아노와 베르네세의 그림은 서로 비슷하고 틴토레토의 그림은 확연히 다르다.

이에 반해 틴토레토는 평탄치 않은 삶을 영위해야 했다. 티치아노의 제자가 됐으면 베르네세처럼 편안하고 안정적인 생활을 영위했을 터인데, 그렇지 못했으니 스스로 화풍을 창조하고 자금도 조달하고 그림도 팔아야 했다. 티치아노와 베르네세가 왕과 귀족들로부터 주문을 받았던 것과는 달리 틴토레토는 동업자단체로부터 주로 주문을 받았다. 주로 해양무역을 통해 부를 축적한 신흥시민계층이었다. 왕이나 귀족 고객보다 그림 가격이 낮을 수밖에 없었다. 틴토레토가 생각해낸 생존법은 흔히 말하는 박리다매였다. 최대한 신속하게 많은 작품을 그려내는 것이다. 주문도 받기 전에 미리 그림을 그려놓는 경우가 많았고, 스케치를 의뢰받았지만 색도 칠해 제공하는 경우도 있었다. 어쨌든 이런 비즈니스 모델을 가진 화가라면 자금이 많이 필요했을 것이다. 틴토레토는 어떻게 자금을 조달했을까? 틴토레토 같은 고위험 화가가 부채로 자금을 조달하면 이자와 원금을 제대로 갚기 힘들었을 텐데 말이다.

베네치아 사람들에게는 바다가 삶의 터전이다. 그들은 바다의 특성을 누구보다 잘 이해했다. 파도가 살랑거리는 한없이 평온한 바다, 작렬하는 태양을 반사하는 눈부신 푸른색 바다도 있다. 하지만 폭풍우가 몰아치면 거센 파도가 배와 도시를 집어삼키는 것이 바다다. 그래서 변화무쌍한 바다의 상태를 파악해 적절히 대응하는 것은 해양무역 차원을 넘어 생존과 관련된다. 베네치아 사람들은 상태와 상황은 항상 변한다는 것, 그리고 항해와 무역, 금융까지 모든 것은 상태의존적이라는 것을 몸으로 체득한 사람들이다.

틴토레토가 맺은 계약은 지금의 부채와는 성격이 다르다. 나중에 그림을 많이 팔아 소득이 많으면 많이 갚고 적게 벌면 적게 갚는 계약이다. 그러니 채무불이행 가능성이 거의 없다. 해양무역을 통해 돈을 번 신흥부자들은 벤처캐피탈 같은 상태의존적인 지분계약에 이미 익숙해져 있었다. 이들은 틴토레토에게 돈을 빌려주면서도 스스로 채권자라기보다는 투자자라고 생각했다. 정 못 갚겠으면 자기나 자기 부인의 초상화를 그려주면 된다고 했다. 이처럼 융통성 있는 자금조달계약 덕분에 틴토레토는 비싼 물감 걱정 안하고 마음껏 두껍게 물감을 칠하고 그림의 크기도 키울 수 있었다.

후대에 렘브란트는 두껍고 거친 붓칠을 틴토레토에게서 배웠다고 말했다. 어쨌든 틴토레토와 신흥부자들은 지금으로 말하면 미래소득을 나누는 계약을 맺었는데, 초기에 자금을 공급해준 신흥부자들은 틴토레토가 유명해진 후 큰 수익을 얻었다. 베네치아의 화폐 두캇Ducat으로 받았거나 그림으로 받았거나 말이다. 이런 융통성 있고 빡빡하지 않은 부채가 없었다면 틴토레토가 자신의 화풍을 개발하고 대표적 베네치아 화가로 후세에 영향을 미치지 못했을 것이다.

07

부채 혁신 스토리 6
'국가 내 국가' 주식

프란시스코 스피놀라는 며칠째 잠을 잘 수가 없었다. 지독한 불면증에 시달리고 있었다. 걱정이 커서 머리가 지끈지끈했다. 라이벌 도시국가 베네치아의 기세가 거세도 너무 거세었다. 1주일 전 베네치아가 코르시카섬을 점령했다는 소식이 들려왔다. 지중해 요충지인 키프로스를 식민지로 만든 지 채 1년도 안 됐는데 말이다. 자꾸 베네치아와 격차가 벌어지는 것 같아 제노바를 이끌고 있는 스피놀라 가문은 노심초사하지 않을 수가 없었다. 어찌 보면 잠이 오지 않는 게 당연하다. 끊임없이 베네치아와 전쟁을 치르느라 재정도 고갈된 상태다. 국가부채 사용은 더는 어렵다는 판단이 드는 시점이기도 했다. 국민들이 돈을 빌려주려 하지 않는다. 제노바의 국가소득을 고려했을 때, 이미 감당할 수 있는 부채수준을 넘어섰다. 제노바는 베네치아처럼 수입원이 다양하지 않으며 빠르게 성장하지도 못한다. 현재 부채도 과도한 수준이다. 제노바는 이렇게 주저앉을 것인가? 그렇다면 스피놀라는 이 문제를 어떻게 해결했을까?

700~800년 전인 15세기 당시의 경제성장은 전쟁에 크게 의존했다. 전쟁의 승패는 전쟁자금조달에 절대적으로 달렸으며, 그 자금이란 전적으로 부채를 의미했다. 그런데 제노바가 사용할 수 있는 부채수준 즉 부채수용력은 경쟁국 베네치아에 현저히 뒤지는 상황이었다. 그렇다면 이 문제를 어떻게 해결하겠는가? 쉽게 생각해보자. 만일 당신이 박지성과 내기를 하는데 축구로 승패를 가른다면 백전백패할 것이다. 이기려면 축구가 아닌 다른 무엇인가를 택해야한다. 제노바도 마찬가지였다. 그것이 무엇이든 부채를 뛰어넘어야했다.

프란시스코 스피놀라는 회의를 소집했다. 스피놀라와 도리아 같은 제노바의 유력가문을 포함해 지도자들이 국가부채문제 해결책을 논의하기 위해 모였다. 모두 같이 점심식사를 하면서 아이디어를 짜보기로 했다. 식사 중 도리아 가문을 대표해 참석한 오셀로 도리아가 말했다. "프란시스코, 당신 집에서 식사할 때마다 느끼는데 당신 집 달걀 프라이는 특별히 맛있소. 특히 노른자가 다른 데서 먹는 것보다 조금 더 큰 것 같고 맛도 더 고소합니다. 특별한 닭이라도 키우시는 겁니까?"

프란시스코가 웃으며 대답했다. "오셀로, 그렇게 칭찬해주시니 감사합니다. 글쎄요. 어디서 특별한 달걀을 사 오는 것인지, 집사람이 특별히 관리해 키운 것인지 알아보겠습니다. 저는 별 차이 없는 것 같은데……. 제가 워낙 입이 무디어서요."

오셀로가 정색을 하며 다시 말한다. "그냥 예의상 드리는 칭찬이 아닙니다. 스피놀라 가문은 다른 음식도 맛있지만 달걀 프라이가 매우 맛있어서 언제 또 식사 초대를 하나 기다려질 정도입니다."

이렇게 화기애애한 분위기에서 장시간 논의를 했지만 제노바가 처한 과도한 국가부채문제를 해결할 뾰족한 방안을 찾아내지 못했다. 부채를 활용하지 못하면 전쟁자금도 조달을 못하고 경제도 붕괴하기 마련이니 스피놀라의 고뇌는 더욱 깊어졌다.

오늘도 잠자리에 들었지만 잠이 오지 않았다. 그러다 문득 식사 중 오셀로 도리아가 말한 달걀 생각이 떠올라 아내에게 물었다. "마리아, 오늘 점심때 우리 집 달걀 프라이가 맛있다고 칭찬을 많이 들었는데 뭐 특별한 비결이라도 있소?"

마리아가 반쯤 잠든 상태로 대답했다. "우리 집 요리사 부모님이 닭을 키우는데, 무얼 먹이는지 특히 노른자를 고소하고 맛있게 만드는 기술이 있다고 하네요. 그 집 달걀을 사려고 동네 사람들이 겹겹이 줄까지 선답니다. 달걀 맛은 아무래도 노른자 맛 아닌가요. 노른자야말로 '달걀 내의 달걀'이지요."

'달걀 내의 달걀?' 프란시스코 스피놀라는 미친 듯이 이불을 박차고 침대를 뛰쳐나왔다. 그래, 바로 이거다. 우리 제노바도 경제의 노른자를 투자자 입맛에 맞고 구미를 당기게 만들면 서로 돈 싸들고 와서 줄을 설 것이다. 바로 '국가 내 국가'라는 개념이 탄생하는 순간이다. 그렇다면 경제의 노른자를 어떻게 만들 것인가?

바로 '산 조르지오 은행'이다. 1407년 제노바는 스피놀라 가문이 앞장서고 도시 상인이 중심이 되어 경제의 노른자 기관을 설립하게 된다. 현대적 의미의 은행이라기보다 국가부채를 관리하는 기관으로 이해하는 게 더 적절하다. 기본구조는 이렇다. 제노바의 모든 부채를 산 조르지오 은행에 모은 다음 키프로스나 코르시카섬 같은 해외 식민지 경영권, 흑해 무역권, 소금 판매 독점권, 심지어 세금을 거둘 수 있는 징세권까지 부여한다. 탈세자를 고문할 수 있는 권한도 주어졌다. 이렇게 보면 국가에 수행하는 노른자위 기능은 다 주어진 것이다. 우리가 잘 아는 『군주론』을 쓴 마키아벨리는 독특한 산 조르지오 은행을 '**국가 내 국가**a state within a state'라고 불렀다. 정말 기발한 표현이다.

이 정도 독점적 특혜를 받으며 다양한 비즈니스를 수행하면 당연히 엄청난 수익이 예상된다. 그러니 '혹시 여기에 발을 좀 담글 수 없을까?'라고 생각하는 사람들이 정말 많았을 것이다. 스피놀라가 노린 것이 바로 이것이다. 제노바의 '국가 내 국가' 산 조르지오 은행은 일종의 주식을 발행했고 1만 1,000명 정도의 제노바 시민들이 나누어 가졌다. 주식회사는 물론이고 합자회사가 탄생되기 수백 년 전 일이어서 정확히 주식이란 개념은 없었지만, 그 구조는 바로 수익과 위험을 자금조달자와 공급자가 같이 나누는 주식이다. 산 조르지오 은행은 '국가 내 국가'로서 광범위하고 핵심적인 국가사업을 영위했으므로 '국가주식'을 가졌다고 생각해도 좋다. 결국, 제노바 시민들은 국가가 발행한 부채 즉 국채를 보유함과 동시에 국가가 발행한 주식도 보유하게 된 것이다. 채권자인 동시에 주주가 된 것이다. 채권자이며 주주면 어떤 이점이 있을까? 제노바 시민들 입장에서 보면, 설령 제노바 국채가 부실화되어 채권자로서 손해를 본다

해도, '국가 내 국가' 주식이 워낙 매력적이어서 그 주식을 통해 손실 만회는 물론 초과수익도 올릴 수 있었다. 그런 기대가 있어서 계속 국가에 돈을 빌려줄 인센티브가 생겼던 것이다.

제노바는 '국가 내 국가'가 발행한 주식을 통해 국가부채문제를 단숨에 해결했다. 부채에만 매달린다면 결국 부채수용력, 즉 얼마나 빌릴 수 있느냐가 경쟁요인이 되므로 베네치아를 당해낼 수 없었다. 어찌 보면 당연한 결론인데, 제노바에겐 수용력에 한계가 없는 그 무엇이 필요했다. 바로 국가주식이다. 결과적으로 제노바는 시민들이 그토록 혐오했던 세금을 늘리지 않고 지속적으로 국가경영을 위해 자금을 빌릴 수 있었다. 마키아벨리는 제노바의 '국가 내 국가' 산 조르지오 은행이 베네치아를 뛰어넘는 기념비적 제도라고 찬사를 아끼지 않았다. 마키아벨리의 예측대로 제노바는 후대에 베네치아와의 대규모 전쟁에서 승리해 베네치아 몰락의 결정적 계기를 제공한다. 이는 국가부채에 대한 국가주식의 승리라 할 수 있다.

당신은 어떤 달걀 프라이를 좋아하는가? 노른자가 크다고 무조건 맛있을까? 90%가 노른자고 10%만 흰자인 달걀 프라이를 상상해보았는가. 과연 맛있을까? 절대 아니다. 노른자와 흰자가 균형을 이루어야 맛있다. '국가 내 국가' 모델도 마찬가지다. **똑같이 '국가 내 국가' 주식을 발행했지만 역사적으로 성공한 케이스와 실패한 케이스가 명확히 갈린다.** 프랑스는 노른자가 맛있다고 90%가 노른자인 '국가 내 국가'를 만들다가 실패했고, 노른자와 흰자를 적절히 배합한 영국은 크게 성공해 대영제국의 기반을 세웠다. '국가 내 국가' 모델은 9장에서 상세히 다룰 것이다.

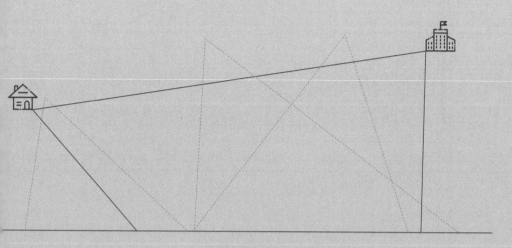

2장

부채의
본질

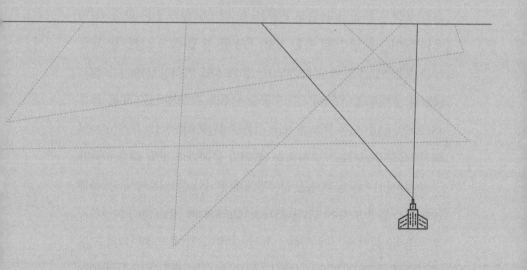

01

세 번은 약하게
한 번은 강하게

세상을 지배하는 부채는 자연선택의 승자

경제 이슈와 관련해 최근 가장 흔히 듣는 말 중 하나가 '부채'다. 가계부채에서 시작해 학자금부채, 정부부채, 기업부채까지 말이다. 그렇다면 이렇게 질문해보자. "과연 부채란 무엇인가?", "부채를 부채로 만드는 본질은 어디에 있는가?" 이 질문에 제대로 답할 수 있다면 부채문제의 90%는 풀린다. 부채의 본질과 원형에 대한 이해가 전제되어야, 비로소 부채문제를 새롭게 정의할 수 있고 부채 차원을 넘어서는 창의적 아이디어를 모색할 수 있다.

인류학자들의 연구에 의하면 부채는 메소포타미아 문명에서도 그 기록을 찾을 수 있다고 하니 그 역사가 수천 년이 넘었다. **그렇다면 부채는 어떻게 그토록 거칠고 드센 진화의 압력을 견뎌내고 현재까지 융성하고**

있을까? 가계와 국가경제는 물론 세계경제를 집어삼킬 듯 넘쳐나고 있을까? 결론은 명확하다. 진화론의 자연선택natural selection처럼 경제적으로, 사회적으로 선택받았기 때문이다. 부채를 승자로 만들어준 환경요인이 있었다는 말이다. 자연선택처럼 '경제선택economic selection'이란 용어가 존재한다면 이것은 바로 부채에 해당하는 말이다.

그렇다면 부채의 어떤 특성이 부채를 경제의 승자로 만들었을까? 수천 년간 생존했으니 다양한 변종이 있겠지만, 부채의 본질은 변하지 않았다. 은행차입을 생각해보자. 고정된 금액(원금)을 빌려 약간의 돈(이자)만 정기적으로 갚으면서 일정 기간 사용하고 고정된 시점(만기)에 반드시 원금을 의무적으로 갚아야 하는 게 부채다.

부채를 부채로 만드는 본질적 특성은 이 문장 속에 고스란히 녹아 있다. 첫째, 부채는 차입자의 사정을 안 봐준다. 융통성이 없다. 반드시 의무적으로 갚아야 하는 것이 부채다. 빡빡하고 깐깐하다는 말이다. 둘째, 평상시에는 이자라는 명목으로 고정된 약간의 돈을 정기적으로 갚고 뭉칫돈 원금은 나중에 갚는다. 이자는 돈 빌려준 사람의 기회비용과 나중에 상환받지 못할 위험을 보상해준다. 하지만 이 책에서 주목하는 것은 이자의 지급 패턴이다. 부채의 리듬이라고 생각해도 좋다. 작은 이자가 정기적으로 지급되고 만기에 큰 원금이 상환되는 패턴 말이다.

부채를 주식과 비교하면 이해하기 쉽다. 주식으로 자금을 조달한 기업은 의무적으로 갚아야 할 이자와 원금, 만기가 없다. 좋게 말하면 융통성이 있고 나쁘게 말하면 불확실한 것이 주식이다. 부채는 상환 패턴이 고정적이고 규칙적이고 확정적이다. 이와 동시에 상환이 의무적이어서 지켜야 할 제약이 많다. 돈을 빌리는 사람들에게 부담을 주는 빡빡한 계약인 데 반해, 자금공급자에겐 확실하고 확정적 수익을 보장한다. 그래서 자금공급자는 편하다. 부채는 미래의 위험을 빌리는 자와 빌려주는 자가 나누는 구조가 아니라 빌리는 자 한쪽이 위험 대부분을 부담하는 구조다. 역설적이게도 부채가 빡빡해지고 차입자의 부담이 커진 것은 시민의 힘이 강해지고 사회가 민주화되면서부터다.

부채의 이자 및 원금상환 패턴

부채의 상환 패턴을 생각해보자. 은행에서 돈을 빌리면 매년 이자를 지불해야 하고 만기에는 원금을 갚아야 한다. 5% 이자율로 1억 원을 3년 만기로 대출받았고 이자는 매년 말에 지불한다고 가정해보자. 매년 말에 500만 원씩 정기적으로 갚아야 하고 3년 후에는 원금 1억 원도 갚아야 한다. 바로 **'몇 번은 약하게, 한 번은 강하게'** 패턴이다.

부채에 따라선 갈수록 이자지급이 증가하는 부채도 있고, 특정한 지수에 연동되어 이자액이 변하는 부채도 있다. 원금과 이자를 합한 총액을 만기까지 각 기간에 걸쳐 균등하게 분할상환하는 부채도 있다. 이것은 주택담보대출 규제를 강화할 때 사용되는 상환 패턴인데, 차입자들에게는 큰 부담이 되는 구조다. 하지만 이들은 모두 예외적이다. 동서고금을 막론하고 가장 보편적이고 자연스러운 부채는 매기 고정된 금액을 이자로 지불하고 만기에 원금을 갚는 부채다. 자연스러우면 뇌가 편안함을 느낀다. 뇌가 편안하면 수용도가 높다. 불편하면 위험 프리미엄처럼 '불편 프리미엄'을 매긴다.

안전성과 건전성 확보를 위한 최적의 패턴

그렇다면 왜 이런 '몇 번은 약하게 한 번은 강하게' 같은 패턴이 생겨났을까? 돈을 빌려주는 사람 입장에서 생각하면 이해하기 쉽다. 정기적으로 받는 이자는 어떤 역할을 할까? 부채의 본질을 연구하는 이론모델 중에서 '상태검증 모델costly state verification model'이 있다.[7] 정기적으로 최소한의 고정된 비용을 들여 건전성을 검증하는 것이 가장 효율적으로 전체 건전성을 확보하는 방법이고, 이를 자금조달에 구현한 것이 정기적으로 이자를 지불하는 부채라는 것이다.

정기적으로 받는 건강검진이 건강을 체크하고, 자동차 정기검사가 자동차의 안전성을 체크하고, 학교에서 치르는 중간·기말고사가 학생들 학력의 건전성을 체크하듯, 정기적으로 받는 이자는 **차입자의 건전성과 성실성을 체크하는 기능**을 한다. 이런 기본 검사부터 문제가 생기면 더 정밀한 조사와 조치가 수반되어야 한다. 만일 부채에 대한 이자를 만기에 한 번에 몰아서 받는다면, 즉 '평상시에는 0, 마지막 한 번은 엄청 강하게 패턴'이라면 차입자의 건전성을 평상시에 검증하는 효과를 거둘 수 없다. 1년에 1번씩 건강검진을 받지 않고 10년에 1번 강하고 정밀하게 받는 것과 마찬가지다. 수시로 정기검진을 받았더라면 미리 발견했을지도 모를 초기 암을 발견하지 못해 목숨을 잃을 수 있다. 자동차 정기검사를 했더라면 당연히 발견되었을 브레이크 고장이 발견되지 못해 운전자가 목숨을 잃을 수도 있다.

　다른 패턴을 생각해보자. 원금과 이자를 합한 금액을 매기(예: 4년)에 걸쳐 일정하게 나누어 지불하는 구조는 어떨까? 원금이 1억, 4년간 이자가 2,000만 원이면 총 1억 2,000만 원을 매년 3,000만 원씩 나누어 갚는 구조다. '매번 중간 정도 강하게 패턴'이다. 이 경우는 검사가 강해 차입자가 힘들어진다. 돈을 빌리는 것은 돈이 부족해서인데 처음부터 많은 금액을 갚아야 하면 돈을 빌리는 의미가 없어진다. 차입자 입장에서 부담이 커지고 의무를 만족시키기 어렵다. 이런 패턴의 부채가 경제의 자연선택을 받기 힘든 이유다. 돈을 빌려준 사람 입장에서도 되돌려 받은 돈이 크므로 다시 빌려줄 대상을 계속 찾아야 한다. 재투자위험이 크다는 말이다. 이처럼 **'몇 번은 약하게, 한번은 강하게'** 패턴은, 우리의 신체적 건강뿐 아니라 차량과 건물의 건강, 회사의 건강, 돈을 빌려간 차입장의 건강을 확인하는 데 있어 단순해 보이지만 매우 효율적 패턴이다.[8]

02

부채의 역사는 빡빡함과
유연함의 투쟁과정

부채의 빡빡함

　상환 패턴 못지않게 중요한 부채의 특성은 그런 지급 패턴이 의무적으로 지켜져야 한다는 점이다. 전문용어로 '상환의 의무성'이라 한다. 돈이 충분하거나 부족하거나 상관없이 반드시 이자와 빌린 금액을 정시에 의무적으로 갚아야 한다는 것이다. 돈 갚을 여건이 되는지 안 되는지가 고려되지 않는다는 점에서, 부채는 상황에 관계없는 '상태독립적인 계약'이다. 즉 빡빡하고 깐깐하다.

　주식의 경우는 이익을 많이 냈으면 배당을 많이 주고 적으면 적게 준다. 심지어 이익이 없으면 배당을 안 주어도 된다. '의무적 상환'이란 개념이 없다. 기업이익이나 가계소득을 상태라고 보면, 상태가 좋지 않을 때에 그만큼 융통성이 있다. 지불액이 상태에 따라 변하니 '상태의존적 계약'이다. 상태가 독립을 안 했으니 상태 스스로가 빡빡하게 자기 목소리를 낼 수 없고 따라서 자금조달자는 편하다. 부채의 경우는 상태가 독립해서 자기 목소리를 내니 자금조달자는 괴롭다. 상태가 독립하면 자금조달자의 자유로움과 독립성이 줄어든다.

부채에는 장점도 많다. 자본주의 경제에서 '한정된 자원의 효율적 배분'을 통해 '창조적 파괴'를 가능케 하는 대표 수단이 부채다. 투입된 자본이 경쟁력을 상실하고 쇠퇴하는 부문에 그대로 고착되어 있다면 창조적 파괴를 통한 경제발전은 기대하기 힘들다. 특히 기업의 경우 부채는, 채무불이행이란 메커니즘을 통해 경쟁력을 잃은 기업에서 자본을 빼내 경제 전체에 더 도움이 되는 분야로 재배치하는 기능을 한다.

과거에는 기업 같은 창조적 파괴의 대상이 주로 부채를 사용했으므로 큰 문제가 없었다. 아예 문제가 없었다는 것은 아니고 단점보다 장점이 많았다. 지금은 다르다. 가계나 대학생들같이 '창조적 돌봄' 또는 '창조적 구제'의 대상이 부채를 주로 사용하므로 심각한 문제가 발생한다. 부채가 최적인 경제상황, 기술상황, 시대정신, 자금조달자가 있다. 이런 환경이 바뀌면 부채의 유용성도 감소하므로 부채 자체가 재정의되어야 한다. 전통적 부채를 재정의하고 개혁하려면 먼저 왜 이런 빡빡한 부채가 태어났는지부터 이해해야 한다.

부채의 역사는 '빡빡함' 쟁취의 역사

역설적으로 들릴 수 있지만 '어떤 상황이 발생해도 고정된 금액을 정해진 시기에 갚아야 한다'는 부채의 특성은 역사적 투쟁을 통해 획득한 것이다. 중세와 르네상스를 거쳐 근대까지 과거에는 왕과 같이 힘이 있는 사람만 돈을 빌렸다. 전쟁을 치르기 위해, 멋진 궁전을 짓기 위해 대규모 자금이 필요했기 때문이다. 처음에는 전리품을 나누어 갖는다는 조건으로 몇몇 지배계급들로부터 지원을 받았다. 승리하면 얻는 게 있지만 패배하면 투자한 것을 모두 잃는다는 점에서 주식투자를 닮은 형태였다. 물론 얻는 것은 현금이 아니라 귀금속, 농토, 가축 같은 현물이었으리라. 이후 왕의 권력이 강화되면서 백성들로부터 강제로 세금을 거둘 수 있게 되었다. 지금처럼 법과 국회의 동의에 근거한 합리적 세금이 아니라 왕이 걷고 싶을 때 자의적으로 걷는 세금이었다. 대표적으로 전쟁을 위한 세금징수를 꼽을 수 있다. 세금은 내는 사람 입장에서는 되돌려 받는 돈이 아니다. 주고 마는 것이다.

시간이 지날수록 전쟁규모가 급속히 커지고 기간도 길어졌다. 무기기술도 발달하고 용병규모도 증가했다. 모두 자금이 필요한 분야다. 이때부터 왕들은 돈을 빌리기 시작했다. 부채에 의존해 대규모 자금을 조달한 것이다. 왕과 지배계층만으론 도저히 전비를 감당할 수 없었기 때문이다. 아직 국민국가national state가 탄생하기 전이니 국가, 국민, 국채란 개념을 적용하기 힘들지만 지금으로 치면 국채(정확히는 왕의 채권)를 발행해 국민으로부터 자금을 빌렸다. 처음 왕이 빌린 부채는, 말이 부채지 사실상 세금과 같았다. 왕이 약속을 어기기 일쑤였고, 시민들이 돈을 상환받는 것은 가끔씩 운이 좋을 때나 가능했다.[9] 시민들의 힘에 비해 왕의 힘이 현저하게 강했기 때문이다. 다시 말해 당시의 부채는 상환받을 수도 있고 받지 못할 수도 있는 '느슨한' 부채였다. **'느슨함'은 미래형 부채에서 논의될 '유연함'이나 '민감함'과는 다르다.** 다르다기보다 오히려 반대.

그래도 시민들은 이 정도 부채에 만족했다. 강제로 징수되는 세금보다는 낫다고 해서 그렇다. 행복과 만족은 무엇과 비교하느냐가 중요하다. 당시 의식 있는 시민들은 세금을 낸다는 것은 독립적인 인간으로 대접받지 못하는 것이라 생각했다. 세금을 낸다는 것은 아직 노예요, 농노 단계를 벗어나지 못한 것으로 여겼다. 빌려준 돈 못 받는 게 비일비재했지만, 그래도 왕에게 돈을 빌려주었다는 것에서 위로를 받았다. 돈 빌린 주체가 힘이 세긴 하지만 그래도 왕이 돈을 빌리고 시민들이 돈을 빌려준다는 것은 시민의 권한이 획기적으로 증대되었음을 의미한다.

이렇게 보면, 초기의 자의적이고 느슨한 부채도 상태의존적 부채였다. 이 책에서 미래의 부채로 논의할 유연하고 민감한 부채 즉 상태의존성이 높은 부채와 용어가 같아 보인다. 하지만 그렇지 않다. 상태의 의미가 다르기 때문이다. 과거 왕이 좌지우지한 느슨한 부채는 좌지우지되는 기준 즉 상태가 왕의 심기, 성격, 감정 같은 주관적 상태이다. 왕이 부부싸움을 했거나 옆 나라 왕과 활쏘기 시합을 했다가 져서 심기가 불편해져 돈을 안 갚는 경우가 태반이었다. 자기가 일으킨 전쟁에 휘말려 재정이 고갈되었다면 자기 책임인데도 부채를 갚지 않았다. 이런 주관적 상태로부터 독립한 것이 상태독립적 부채 즉 **빡빡한 부채**다.

미래 부채가 융통성 있는 상태의존적 부채여야 한다고 할 때의 상태는 객관적인 상태다. 가뭄, 홍수, 전쟁, 실업, 일자리 부족, 경제위기 같은 개인이 통제하기 힘든 상태가 발생했을 때 유연성을 갖는 부채다. 학자금부채에서는 학생들의 졸업 후 소득이 상태가 될 수 있다. 이 소득에 따라 갚아야 하는 금액이 달라지는 부채라면 상태의존적 부채다.

역사적으로 시민들의 자유와 권한이 커지면 커질수록 왕이 차입한 부채에 대해 '의무적 상환'을 요구하는 목소리가 커졌다. 대표 케이스가 1688년에 일어난 영국의 명예혁명이다. 명예혁명을 통해 왕위에 오른 왕 윌리엄과 메리는, 부채를 일으키기 위해선 국회의 동의를 받아야 했고 차입한 부채는 반드시 갚아야 한다는 서류에 서명했다. 역사상 처음 '상환의 의무성'이 확보된 부채가 탄생한 것이다. 왕으로서는 불편하고 대폭적인 권한 축소를 의미했지만, 영국 국채가 프랑스를 비롯한 경쟁국 국채를 제치고 세계 최고의 국채로 우뚝 서게 된 계기가 된다. 그만큼 '상환의 의무성'은 당시 부채로선 획기적 혁신이었다.

부채 발전은 시민계층의 권한 확대와 그 궤를 같이한다. **'부채 역사는 시민 권한 확대의 역사'**이고 **'부채 역사는 상환의 의무성 확보의 역사'**이기도 하다. 거의 세금처럼 '삥 뜯기기' 일쑤였던 부채가 제대로 상환받을 수 있는 부채로 변한 것은 분명 부채의 발전이다. 당시는 빡빡함이 미덕이었다. 강자에게 가해지는 빡빡함이었기 때문이다. 하지만 권력자가 돈을 빌리던 시대에 권력자의 권한을 축소하기 위해 만들어진 상환의 의무성이, 상대적으로 약자들이 돈을 빌리는 현대에는 큰 제약으로 작용하기도 한다. 서민들을 지나치게 옥죈다고 비난받기도 하는 빡빡한 부채가 시민투쟁의 결과라니 역사의 아이러니다. 그렇다고 차입자가 자의적으로 갚아도 되고 안 갚아도 되는 부채로 되돌아갈 수는 없다. 부채 혁신의 미래방향은 적절한 상황을 미리 규정해, 그 상황의 변화에 따라 좀더 유연하고 융통성 있게 변하는 부채를 설계하는 것이다. **'최적의 빡빡함'**은 시대에 따라 달라진다.

03

새로운 시대가
새로운 부채를 부른다

철분과 부채의 공통점

옛날에는 좋았는데 지금은 오히려 안 좋아진 것들이 있다. 14세기 중반 흑사병이 발생했을 때, 왜 평상시 건강했던 젊은 남자들이 더 많이 희생되었을까? 간단히 말해 철분이라는 요소 때문이다. 평상시에는 괜찮다가 흑사병 때는 오히려 단점으로 작용한 것이 몸의 철분이다.

철분은 인체에 필수적인 영양소다. 철분은 산소를 운반하는 헤모글로빈을 생산하는 역할을 한다. 부족하면 빈혈이 생기고 심하면 목숨도 잃게 된다. 건강한 젊은이들은 철분이 많다. 원시시대에는 영양섭취가 부족하다 보니 몸에 철분이 많은 사람들이 생존가능성이 높았다. 현대인은 이처럼 몸에 철분이 많았던 선조들의 자손이다. 하지만 철분이 너무 많아도 문제다. 신체에 철분이 계속 쌓이면 주요 장기가 손상되고 관절염, 당뇨, 불임 등의 원인이 된다. 철분이 쌓이면 몸이 늙는다. 오히려 철분이 몸속에 들어온 적을 돕는 경우도 있다. 병균도 생명체인 만큼 몸속 철분을 먹고 자라서 그렇다. 본의 아니게 병균이 인체를 공격하는 데 철분이 트로이 목마로 활용되는 것이다.

유럽에서 흑사병이 유행해 전 인구의 3분의 1이 사망했다. 노인, 여자, 어린이보다 건강한 성인 남자의 사망률이 훨씬 높았다. 그들의 몸에 철분이 많았기 때문이다. 부채도 철분과 비슷하다. 과거에 좋았다고 미래에도 무조건 좋은 것은 아니다. 그리고 과도하게 누적되면 경제에 치명적 해를 끼친다.

부채의 강점을 부각시킨 과거 환경요인

사냥으로 먹고살던 수렵시대든 농경시대든 첨단기술시대든 잘 살아가려면 서로 위험을 잘 나누고 관리해야 한다. 생존경쟁이 치열한 시대를 살아가는 우리에겐 역설적으로 들릴지 모르지만, 세상에 먼저 존재했던 것은 위험을 서로 나누는 구조였다.

사냥이 생존의 수단이던 시대를 생각해보자. 내가 오늘 큰 먹잇감을 잡았다고 내일도 잡으리란 보장은 없다. 불확실성이 크다는 말이다. **불확실성과 위험이 너무 크면 '나눔'이 최선의 전략이다.** 냉장고가 없던 시대라 마땅히 저장할 데가 없다. 그냥 놔두면 썩어서 버려야 한다. 이런 시대에는 다른 사람의 위 속에 저장해놓는 게 최고다. 다른 사람 뇌 속에 저장해 기억하도록 만든다고 생각해도 좋다. 그래서 잡은 음식을 나누었다.

나눔 위주의 생활이 쇠퇴한 것은 농경생활을 시작하면서부터다. 저장이 가능해진 덕분이다. 저장이 가능해지면서 굳이 지금 다른 사람과 나누지 않아도 됐다. 불규칙한 사냥과 달리 농경은 그 수확 패턴이 규칙적이고 상대적으로 확실성이 높다. 그러니 규칙적이고 확실한 수익을 제공해주는 부채와 궁합이 잘 맞는다.

전쟁도 처음에는 마치 사냥처럼 자신의 생명과 재산을 모두 거는 투자였다. 잘되면 전리품을 나누어 가지고 못되면 거지나 노예가 되는 투자 말이다. 그러다가 전쟁의 규모가 커지고 거의 정례화되면서 전쟁도 비즈니스화되었다. 비즈니스로서의 전쟁은 자금조달 패턴도 정형화되었다. 어느 정도 안정성과 예측가능성이 확보되면 부채로 자금을 조달하는 것이 최선이다. 많이 싸게 빌릴 수 있는 왕이나 국가가 승리했다. 나누는 것보다 부채를 부담하고 나머지 전리품은 자기가 모두 갖는 게 유리한 덕분이다.

새로운 환경은 새로운 부채를 원한다

시대가 달라졌다. 부채를 최고의 승자로 만든 환경요인이 뿌리째 흔들리고 있기 때문이다. 새로운 환경하에서는 부채도 새롭게 변해야 생존할 수 있다. 과거 부채의 장점이 어떻게 흔들리고 있는지 다양한 관점에서 생각해볼 수 있다. 부채가 사람이라면 새로운 환경하에서 계속 선택받기 위해서 변신을 준비해야 할 시점이다.

첫째, 부채는 **성장 패러다임에 적합한 자금조달 수단**이다. 계속 성장하지 못하면 부채는 문제가 발생하게 되어 있다. 성장률이 낮은 곳에 적합하지 않고 불확실성이 매우 높은 곳에도 적합하지 않다. 한국의 경우, 1960~1980년대 고도성장기에는 부채를 사용하는 게 최적이었다. 우리가 못살던 시기에는 공급이 부족해서 어디든 투자해 생산하면 돈을 벌 수 있었다. 물 반 고기 반이던 시절이다. 게다가 경제개발계획에 의해 집중 육성할 산업이 미리 정해져 있으니 불확실성도 낮았다. 성장도 하고 불확실성도 적으니 부채가 살기에 최적의 환경이었다. 그런데 지금은 2가지 조건이 모두 충족되지 않는다. 성장률도 낮고 미래 불확실성도 크다. 당연한 결론이 뒤따른다. 부채가 살기에 척박한 환경이 되었다. 그런데 현실은 어떤가? 이리 치이고 저리 치일 정도로 부채가 많다.

둘째, 부채의 가장 큰 경쟁력은 자금공급자에게 **확실한 수익**을 제공하는 것이다. 이자와 원금의 규모와 지급시기가 정해져 있으므로 확실성이 제공된다. 그만큼 차입자는 위험을 많이 부담해야 한다. 경제가 고성장하고 기술혁신이 급격하지 않았던 시기에는 웬만한 사업에서 안정적 수익이 창출됐다. 그러니 정기적 이자지급과 원금 상환이 큰 부담이 되지 않았다. 하지만 지금은 다르다. 자금공급자에게 확실성을 제공하기에는 차입자가 부담해야 할 불확실성이 지나치게 커졌다. 사실 불확실성이라는 단어 자체가 적절치 않다. 동서남북 사방으로 감이 안 잡히는 '**미지성**未知性'의 세계라고 표현하는 게 적절하다. 얼마나 답답했으면 잘나가는 글로벌 금융사들이 미우주항공국NASA 출신을 영입하려 하겠는가. 그들이 미지의 세계를 상상하고 다루는 데 누구보다 익숙하기 때문일 것이다.

　어떤 이유에서든 내가 벌어들이는 수익 패턴이 안정적이지 못하면 정기적으로 이자을 지급하는 일이 감당하기 힘들고 따라서 부채가 적합하지 않다. 지금은 사방에 '보이지 않는 적'이 깔려 있고, 불확실성을 보상해줄 수 있는 고성장 시대도 아니고, 만들기만 하면 팔리는 물 반 고기 반 시대도 아니다. 안정적 수익을 창출하기가 지극히 어려워졌으니 자금공급자에게도 확실성을 제공하기 힘들다. 부채를 시대의 승자로 만들었던 바로 그 요인, '확실한 원리금 수익'이란 장점이 뿌리째 흔들리고 있다. 불확실성은 부채의 적이요 미지성은 부채의 천적이다.

　셋째, 부채는 '**한곳에 성실하게 진준해, 꾸준히 벌고 꾸준히 갚는다**'는 패러다임에 적합하다. 토끼와 거북이 경주처럼 '느려도 꾸준하게'가 통하는 경제에 맞다. 이런 사회에서는 일단 하나를 선택해놓고 '안 되면 되게 하라'는 논리를 적용할 수 있다. 지금은 다르다. 변화 없이 꾸준히 열심히만 한다고 성공하는 사회가 아니다. 안 되면 멈추어서서 변화를 모색하는 '융통성'이 필요하다. 환경변화에 대한 '민감성'을 가져야 한다. 열심히 하기 전에 우선 무엇을 할지를 잘 선택해야 하고 안 되면 신속히 멈출 줄도 알아야 한다. 위험과 불확실성이 커서 한방에 무너질 수 있기 때문이다. 그런데 개인도 기업도 잠시 멈추면 이자를 갚기 힘들다. 이런 시대에 과도한 부채는 독이다. 융통성과 민감성은 미래의 부채가 갖추어야 할 조건이기도 하다. 부채는 안정되고 규칙적이고 점진적인 세계에 적합한 자금조달방식이다. 기술이 파괴적이면 부채가 먼저 파괴된다.

넷째, 과거의 시대정신을 대변하며 명예혁명 이후 350년간 세상을 지배해온 빡빡한 부채는 현재의 시대정신과는 어긋나는 면이 있다. 상환의 의무성을 본질로 하는 부채는, 자금차입자가 힘 있는 사람일 때 효과적이다.[10] 시대가 바뀌어 대학생, 자영업자, 주택구매 서민 등과 같은 상대적으로 힘없는 사람들이 부채에 크게 의존할 경우에는 전통적인 부채, 즉 지나친 빡빡함을 본질로 하는 부채가 적합하지 않다. **최적의 빡빡함은 시대에 따라 변한다.** 부채에도 융통성을 늘려주어야 한다. 그것이 새로운 부채가 가야 할 길이다. 과거에는 부채를 못 갚는 이유가 주로 개인의 게으름이나 불성실성 탓이라고 생각했었다. 지금은 경기침체나 실업 같은 구조적 원인이 과거보다 크게 부각되어 성실한 사람들도 어려움을 겪는 경우가 많아졌다.

다섯째, 부채를 못 갚는 것이 예외적 현상이어야 부채가 설 자리가 있지 **채무불이행이 잦으면 부채의 장점이 사라진다.** 부채에서 채무불이행은 하지 말라고 있는 것이지 하라고 있는 것이 아니다. 그런데 최근 들어 가계부채를 중심으로 부채를 못 갚는 경우가 많다. 특히 학자금부채의 무게에 짓눌려 신용불량자로 내몰리는 젊은이들의 안타까운 모습이 많이 보인다. 비유컨대 중앙은행도 최종대부자의 역할을 하는 것이 지극히 예외적이어야 최종대부자로서 의미가 있다. 시도 때도 없이 최종대부자 역할을 하면 최초대부자나 중간대부자가 되므로 진정한 의미에서 최종대부자가 아니다.

결론은 이렇다. **빡빡함을 특징으로 하는 부채도 철분처럼 과거에는 장점이 많았으나 현재는 단점이 부각되고 있다.** 왕이 돈을 빌리고 자의적으로 갚지 않던 시절, 돈을 못 갚는 이유가 경제의 구조적 문제가 아니라 개인의 방만함에 있었던 시대에는 빡빡한 부채가 효과적이다. 하지만 부채를 사용하는 사람이 강자가 아니라 약자인 시대, 부채를 못 갚는 이유가 자신이 통제할 수 없는 요인 때문인 경우에는 지나친 빡빡함이 단점으로 작용할 수 있다. 여건을 민감하게 반영하지 못하니 둔한 부채다. '상환의 의무성'은 마치 몸속의 철분처럼 과거에는 장점이었지만 지금은 오히려 단점으로 작용할 수 있다는 말이다.

환경에 적응한다는 것은 생존의 문제다. 그래서 그 적응 모습도 기발하고 처절하기까지 하다. 부채를 승자로 만들어준 그 환경이 변했으니 부채도 변하고 재정의되어야 한다고 했다. **부채가 배워야 할 생물이 하나 있다.** 동물이 아니고 식물이다. 말레이시아 물루산에 서식하는 네펜테스 로위Nepenthes Lowii라는 식물이다. 별명이 '공중에 매달린 변기'인데 그 정도로 모습이 변기를 꼭 빼닮았다. 물루산은 영양

출처: EBS 다큐멘터리 〈녹색혁명〉

[그림 07] 네펜테스 로위

분이 없는 석회암으로 이루어져 있어서 동식물이 살기에 열악한 환경이다. 여기서 사는 몇몇 안 되는 동물이 나무두더지다. 식물들로서는 나무두더지의 배설물이 정말 귀한 영양분 섭취원이다. 이 환경의 승자 네펜테스 로위는 나무두더지가 편하게 배설할 수 있게 나무두더지 궁둥이 모양에 적합하게 변기 모양을 갖추고 있다. 동시에 변기 뚜껑에 해당하는 부분엔 달콤한 액이 묻어 있어 나무두더지를 유혹한다. 더 놀라운 것이 이 액이 나무두더지의 장 운동을 활발히 촉진시켜 대변이 신속하게 나오도록 만든다는 것이다. 식물도 생존을 위해 이렇게까지 변신하는데, 학자금부채도 시대정신과 경제적 상황에 맞는 형태로 변해야 하지 않겠는가.

최근 급격한 경제적·기술적 환경변화는 빡빡한 전통적 부채보다 유연성과 융통성이 증가된 민감한 부채를 요구한다. 이전의 빡빡한 학자금부채 대신 소득수준이나 경기상황에 따른 융통성 있는 학자금부채가 선진국을 중심으로 활발히 논의되고 있다. 과거와 달리 미래에는 소득나눔 학자금 또는 학자금지분이 경제생태계에서 자연선택받을 가능성이 높다. 국가부채도 그 수용력이 한계에 이르면 국가주식으로 갈 수밖에 없다. 소득나눔 학자금은 7장에서, 국가주식은 9장에서 상세히 다룰 것이다.

04

Debt Trilemma

푸생과 다비드가
부채를 그린다면?

만일 부채를 그림으로 표현하면 어떤 모습일까? 그림의 대가라면 부채의 본질, 즉 상환의 의무성으로 표현되는 부채의 빡빡함과 견고함 그리고 냉철한 질서를 어떻게 예술적으로 표현할까? 부채가 세상을 지배해온 이유는 자금차입자가 공급자에게 확실한 수익을 제공했기 때문이라고 했다. 불확실성과 혼란스러움은 모두 차입자가 부담하고 대출자에게는 확실성과 질서를 제공하는 부채의 특성은 푸생의 그림을 닮았다. 물론 푸생이 이런 생각을 하고 그린 것은 아니다. 부채를 생각하며 그림을 해석해본 것이다.

[그림 08]의 〈사비니 여인의 약탈〉은 로마 건국 당시 모자라는 여성을 확보하기 위해, 축제를 가장해 옆 마을에 가서 그곳 여자들을 납치해 오는 장면을 포착한 그림이다. 푸생Nicolas Poussin의 그림은 얼핏 혼란스럽고 무질서해 보이지만 매우 정교하게 계산된 질서 있고

[그림 08] 니콜라 푸생, 〈사비니 여인의 약탈〉

[그림 09] 페터 파울 루벤스, 〈헤롯의 영아학살〉

규칙적인 그림이다. 푸생의 작품인 [그림 08]은 무질서와 질서가 균형을 잡는 방식이 특이하다. 우선 혼란스러운 약탈 장면은 화면을 상하로 나누었을 때 모두 아래쪽에 위치해 있다. 위쪽 특히 오른쪽에 있는 건물의 수직기둥들은 곡선으로 어지럽게 요동치는 그림에 질서와 균형을 부여한다. 한마디로 아래쪽은 불확실하지만 위쪽은 확실하다. 불확실성을 모두 차입자가 부담하는 부채처럼, 혼란과 어지러움을 그림의 아래쪽이 부담하고 위쪽 자금공급자에겐 질서와 확실성을 제공한다. 특히 주목해보아야 할 것이 S자형의 반복되는 패턴이다. 왼쪽 앞에 크게 그려진 여자 2명을 포함해 중앙과 오른쪽에 위치한 모든 남녀들의 몸짓이 오른쪽 상단부 모서리를 향하고 있다. 크기만 달랐지 모두 같은 형태다. 그리고 이들의 손끝은 모양과 방향도 일치하지만 높이도 일정하다. 정해진 규격을 벗어나지 않는다. 마치 규칙적으로 제공되는 이자지급 같다. 얼음같이 얼어붙은 듯한 인체 모습도 인위적이고 차갑다. 인정사정없는 상태독립적 부채를 연상시킨다.

　푸생의 그림을 염두에 두고 루벤스_{Peter Rubens}의 그림 〈헤롯의 영아학살〉을 살펴보자. 예수 탄생 예언을 듣고 헤롯왕이 비슷한 시기에 태어난 예루살렘의 모든 영아들을 죽이는 장면이다. 약탈이 학살로 바뀌고 그 대상이 여인들에서 영아들로 바뀌었을 뿐 주제가 비슷하다. 하지만 공간의 구성과 동작 패턴은 전혀 다르다. 우선 푸생 그림과 달리 화면 전체를 주도하는 반복되고 고정된 몸짓 패턴이 없다. 학살하는 군인들과 이를 막으려는 아이 엄마들의 동작은 하나하나가 모두 다르다. 불규칙하고 불확실하다. 들쑥날쑥 휘어지고

[그림 10] 자크 루이 다비드, 〈호라티우스 형제의 맹세〉

뻗어지고 동작이 사방으로 흐른다. 화면의 특정 부분이 불확실성과 어지러움을 도맡아 부담하지 않는다. 자금조달자와 공급자가 같이 불확실성을 부담하는 주식처럼 그림 전체가 골고루 어지러움을 부담한다.

조각처럼 차갑고 딱딱한 그림을 그린 화가는 신고전주의 회화를 이끌며 프랑스혁명 전후 프랑스 화단을 주름잡았던 자크 루이 다비드Jacques Louis David다. 루이 16세의 주문을 받고 그린 [그림 10] 〈호라티우스 형제의 맹세〉를 보자. 로마를 위해 목숨 걸고 결투장으로 나가는 삼형제에게 아버지가 3자루의 칼을 주고 비장하게 맹세하는 장면이다. 삼형제가 꼿꼿이 서서 수평으로 손을 뻗고 있는 모습과 동작이 마치 대리석으로 만든 조각 같다. 부자연스럽고 딱딱한 자세가 로봇 같기도 하다. 융통성이 없어 보인다. 부러질지언정 구부리지 않을 자세다. 승리 아니면 죽음이다. 융통성이란 찾아볼 수 없으니 뻣뻣하고 빡빡한 부채 느낌이다. 다비드가 사람을 자연스럽게 그리지 못해서가 아니다. 다비드가 극복하고자 했던 것이 구부러지고 뒤틀린 바로크, 그리고 가볍고 자유분방한 로코코였기 때문이다.

05

티에폴로 그림의
파란색이 환상적인 이유

그림에는 형태와 구성이 화폭을 지배하는 형태 위주의 그림이 있고, 색의 흐름과 표현이 중심이 된 색 위주의 그림이 있다. 베네치아 그림은 색 위주의 그림이다. 르네상스시대 피렌체나 로마의 그림과는 그 화풍이 다르다. 왜 베네치아에서는 색조 위주의 그림이 나올 수 있었을까? 베네치아의 맑은 하늘, 넘실대는 바닷가, 강렬한 태양 때문이라고들 한다. 물론 그런 지리적 이유도 있었겠지만 그것이 이유의 전부라면 그보다 더 좋은 조건을 가진 곳도 많았다. 진짜 이유는 경제력이었다.

색을 자유롭게 활용해 색 위주의 그림을 그리려면 먼저 화가가 경제적으로도 여유가 있어야 한다. 지금이야 물감이 비싸서 색 사용을 포기하는 화가가 없겠지만 르네상스나 바로크 시기에 물감은 비쌌다. 대부분 색을 천연재료로 만들었기 때문이다. 특히 파란색은

구하기도 힘들고 귀중한 특산물에 속했다. 오늘날 가장 비싼 주식을 '블루칩blue chip'이라고 부르는 것도 여기서 유래했다. 파란색이 워낙 비싸서 도박장에서도 블루칩이 가장 비쌌고, 이에 연유해서 가장 비싼 주식도 블루칩이라 부르는 것이다. 당시에는 화가가 형태로 승부하면 돈이 별로 안 들지만 색조로 승부를 걸려면 돈이 많이 들었다는 말이다. 특히 벽화나 천장벽화 같은 거대한 규모의 그림은 더욱 그러했다. 그래서 유명화가 뒤에는 로마의 교황, 피렌체의 메디치가, 베네치아의 부유한 무역상인들 같은 후원자가 있었다.

르네상스시대의 로마는 교황이, 피렌체는 메디치 가문이 절대적 후원자였다. 그림뿐 아니라 건축, 조각에 필요한 모든 자금을 공급했다. 하지만 베네치아는 이런 절대 권력자가 없었다.[11] 신흥 상인계층이 핵심계층이었고 비즈니스 과정에서 발달된 것이 서로 간의 계약이다. 부채계약도 돈을 빌리고 빌려주는 사람 간의 계약이다. 지금 기준으로 보면 베네치아의 부채는 특이했다. 우리가 일반적으로 알고 있는 고정된 이자를 지급해야 하는 그야말로 빡빡한 부채가 아니었다. 부채하고는 어울리지 않는 듯 느껴지지만, '융통성 있는 부채'라고나 할까. 화가들은 그림 원료를 구매하기 위해 부채를 사용했다. 그림이 많이 팔리면 많이 갚고, 적게 팔리면 적게, 심지어 힘들 땐 이자지급이 연기되기도 했다. 이자를 못 내면 후원자나 후원자 부인의 그림을 그려주는 것으로 대신했다. 그래서 베네치아에는 유독 상인 집안에 초상화 그림이 많았다.

이런 융통성 있는 부채 덕분에 베네치아 화가들은 비싼 파란색도 풍부하게 사용할 수 있었다. 색도 자유롭고 풍부하게 사용해봐

[그림 11] 조반니 바티스타 티에폴로, 〈아르미다의 마법에 걸린 리날도〉

야 자신만의 색을 만들 수 있다. 자꾸 사용하다 보면 이렇게 저렇게 섞으며 연구하면서 창조적인 색들이 만들어지기 때문이다. 대표적인 예가 베네치아 출신의 천재 화가 조반니 바티스타 티에폴로Giovanni Battista Tiepolo다. 티에폴로의 파란색은 환상적이다. 티에폴로의 파란색은 투명하다 못해 은빛이 감도는 청명한 파란색이다. 티에폴로의 그림은 장대하면서도 기품 있고 생명력이 넘친다. 열려 있고 밝고 경쾌하다. 마치 살바도르 달리의 초현실주의 작품을 보는 듯하다. 청명하고 투명하고 화려한 색들의 조합이 이런 초현실적 느낌을 주는 데 결정적 역할을 한다. 어떻게 초현실주의보다 200년 정도 앞서 18세기 초에 이런 그림이 가능했을까 궁금하다. 미술사학자들이나 평론가들은 르네상스와 바로크에서 흘러내린 물줄기들이 모여들어

최종적으로 티에폴로라는 바다에 모였다며 그의 그림을 극찬한다.

　부채의 구조에 여유가 있으면 화가의 뇌에도 여유가 생긴다. 뇌의 여유는 경쾌하고 청명한 색조가 되어 캔버스를 압도하는 것이다. 기후 관점이 아닌 경제적 관점에서 보면 청명하고 강렬한 색 중심의 베네치아 화풍은 '융통성 있는 부채' 때문에 가능했다. '상황적응성이 있는 부채', '빡빡하지 않은 부채'가 티에폴로의 환상적 그림을 가능하게 했던 것이다.

2부
부채
트릴레마

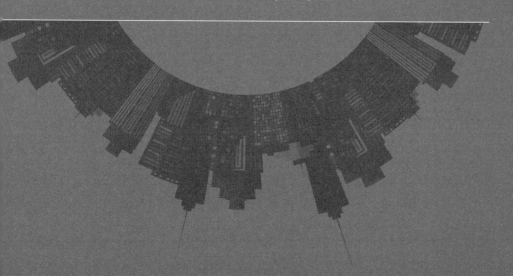

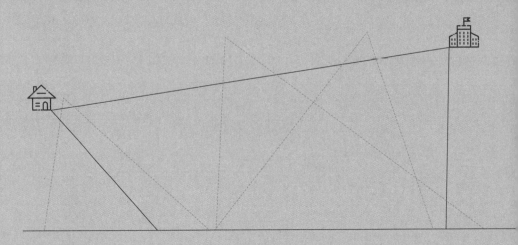

3장

부채의
복잡성 패턴

01

알렉산더대왕의
가계부채 해법과 복잡성 패턴 분류

복잡한 문제 해결의 출발점은 복잡성을 인정하는 것

흔히 복잡한 문제가 있으면, '콜럼버스의 달걀'이나 '알렉산더대왕의 매듭'을 이야기하는 사람이 많다. 달걀을 깨뜨려 세운다거나, 복잡한 매듭을 단칼에 베어버렸다는 단순명쾌한 사례를 든다. 그들의 해법이 기발하다고 찬양도 한다. 세상이 그렇게 단순하면 얼마나 좋을까! 콜럼버스나 알렉산더에게 가계부채문제 해법을 물으면 어떻게 답할까? 당장 자금 지원을 중단하고 빚을 못 갚은 사람들은 감옥에 넣으라고 할 것이다. 마치 달걀을 깨뜨리고 매듭을 단칼에 잘라내듯 말이다. 하지만 현실은 그렇게 단순하지 않다. 현실에 존재하는 달걀과 매듭은 특수한 강철로 만들어져 있어 깨지지도 않고 칼로 잘라낼 수도 없다. 하나하나 매듭을 찾아 풀어가야 한다.

2장에서 부채의 본질적 특성을 살펴보았다. 빡빡하고 융통성 없는 부채는 간결함을 준다. 특히 자금공급자 입장에서 보면 부채는 간결함 그 자체다. 그리고 이자와 원금이 확실하다. 간결함과 확실함은 대단한 장점이다. 수입만 안정적이라면 부채는 차입자에게도 간결함을 준다. 그러나 세상에는 공짜가 없는 법. 평상시에 이런 간결함을 갖는 대신 문제가 발생하면 부채문제는 매우 복잡해진다. 부도, 채무불이행, 신용불량, 부채탕감, 이자조정, 만기연장 같은 것들이 주식에는 없다. 리모컨 작동이 간결한 이유는, 제조기업이 그 복잡성을 내부에 포함시켜 감당해주기 때문이다. 사장에게 한 페이지짜리 보고서가 올라가는 건, 아래 직원들이 밤을 새며 복잡성을 감수해준 덕분이다. 복잡성총량불변의 법칙이라고나 할까! 복잡한 문제를 풀려면 먼저 복잡성의 존재를 인정해야 한다. 그래야 생각이 열리고 해결의 실마리가 보인다.

복잡성의 유형 분류

복잡성을 인정했으면 다음에는 복잡성의 패턴 분류다. 복잡한 것은 질서가 없다고 생각하기 쉽다. 그렇지 않다. 질서가 없는 게 아니라 질서가 복잡하게 휘고 뒤틀리고 꼬여 있어서 숨어 있는 질서를 찾기 힘들 뿐이다.[1] 부채문제를 자세히 살펴보면 숨어 있는 패턴이 있다. 그 패턴을 유형화하면 꼬이고 얽힌 매듭을 체계적으로 풀어갈 수 있다.

복잡성 유형 1

목표가 여럿인 경우. 특히 목표 간에 상충관계가 있으면 문제가 복잡해진다. 트릴레마란 3개의 목표 중에서 2개는 동시에 달성 가능하지만 3개는 동시에 달성할 수 없는 상황이다. 학자금부채에도 국가부채에도 트릴레마가 있다.

복잡성 유형 2

살아서 움직이는 문제인 경우. 분해와 합성을 통해 스스로 변신을 거듭하는 문제는 복잡하다. 만일 매듭이 살아 있고 지능이 있다면 어떨까? 사람이 하나씩 풀어갈 때마다 매듭이 이에 적응해 더 복잡하게 스스로를 꼬아내고 뒤틀 수 있다면 얼마나 매듭 풀기가 힘들겠는가.

복잡성 유형 3

원인과 결과가 불명확한 경우. 부실화된 가계부채 혹은 기업부채가 원인인가 결과인가? 인과관계에 여러 변수가 작용하고 심지어 원인이 결과가 되기도, 결과가 원인이 되기도 하면 더욱 복잡해진다.

복잡성 유형 4

평상시에 변화와 굴곡 없이 밋밋한 경우. 이런 문제는 오히려 난해하다. 도대체 거기서 무슨 일이 벌어지고 있는지 알 수 없기 때문이다. 참고할 기준도 없고 특성도 없고 밋밋한(변동성 없는) 문제는 도전적인 문제다. 오히려 풀기 복잡하다는 말이다.

복잡성 유형 5

'죽은 정보'가 많은 경우. 데이터가 아무리 많아도 내가 받는 정보는 살아 돌아온 정보뿐일 때, 즉 죽은 정보가 지나치게 많아 거기에 담긴 정보를 접할 수 없으면 문제 풀기가 복잡해진다. 죽은 정보는 죽은 사람처럼 말이 없다. 정확한 판단을 하기가 힘든 이유다.

어떤 문제가 위에서 설명한 5가지 복잡성 유형 중에 하나라도 해당되면 복잡한 문제다. 부채문제는 어떨까? 5가지 복잡성 유형 모두에 해당한다. 아인슈타인 말대로 난해한 문제는 그 문제를 발생시킨 차원과 같은 차원의 사고방식으로는 풀지 못한다. 문제를 발생시킨 차원과는 다른 차원에서 해법을 구해야 한다. 그래서 '**그 다른 차원의 해법**'을 모색하는 것이 이 책의 목적이다.

복잡성 유형 중에서 목적이 다양할 때 발생하는 부채 트릴레마는 별도의 장에서 설명하고 다른 복잡성 유형은 3장에서 설명하겠다. 복잡성 패턴을 쉽게 이해할 수 있도록 부채가 아닌 다양한 다른 분야에서 발생하는 복잡성을 먼저 설명한 다음 부채의 복잡성을 살펴본다. 얼핏 보면 부채와 다른 분야지만 의외로 부채문제를 푸는 데 유용한 아이디어가 풍부하다.

02

살아서 진화하는 부채:
살 빼기와 부채 빼기가 어려운 이유

강철을 먹는다고 몸에 철분이 강화될까

"호두를 많이 먹으면 머리가 좋아진다." 어렸을 때 할머니로부터 자주 들은 말이다. 아마도 호두의 모양이 인간의 뇌 모양을 닮아서 그런 말씀을 하신 것 같다. 사실 근거 없는 말은 아니다. 물론 호두가 뇌 모양을 닮아서가 아니라 뇌의 활동을 돕는 지방이 많이 포함되어 있기 때문이다. 모양이 닮았다고 효과까지 닮았다는 주장은 당연히 틀렸다.[2]

이제 질문의 수준을 높여보자. 몸에 철분이 부족할 때 포항제철에서 만든 철을 잘게 부수어 물로 삼키면 몸에 철분이 강화될까? 철분이 부족한 임산부에게 철을 갈아 먹이면 좋을까? 상식적으로 생각해봐도 그렇지 않을 것 같다. 몸에 필요한 철은 분자와 원자로 분해된 철이지 포항제철에서 만든 강철 덩어리가 아니기 때문이다.

마찬가지 예로, 콜라겐은 세포와 세포 사이의 틈을 메워주어 쿠션 역할을 하며 피부의 탄력성을 높여주는 단백질이다.[3] 과연 콜라겐을 많이 섭취하면 피부의 탄력성이 높아질까? 화장품 회사들이 광고하듯 말이다. 답은 '아니다'이다. 단순히 피부 모양을 닮은 것도 아니고, 생철을 먹는 것도 아니고 단백질을 먹었는데 왜 효과가 없단 말인가? 결론부터 말하면 우리 몸, 즉 소화기관은 단백질 자체를 흡수하지 못한다. 소화효소에 의해 분해된 더 작은 아미노산 형태로 흡수되기 때문이다. 우리 몸은 이 같은 직선적 사고로 이해될 만큼 단순하지 않다. 훨씬 복잡하다는 말이다.

결론은 이렇다. 음식으로 먹은 특정 단백질이 그대로 몸속에 흡수되어 몸속에서 특정 단백질의 양을 증가시켜준다는 생각은 잘못된 생각이다. 제철소에서 만든 강판을 갈아 먹으면 몸속 철분이 증가한다는 생각이 틀린 것처럼 말이다. 쉽게 말해 'I love you'란 구조를 갖는 단백질이 몸속에 들어오면 이 단백질 문장이 그 자체로 흡수되는 것이 아니라 'I', 'love', 'you'라는 각각의 아미노산으로 분해되어 흡수된다. 여기서 주목할 점이 있다. 몸속에 흡수된 세 단어는 그대로 다시 'I love you'란 구조를 갖는 단백질로 합성되지 않는다는 사실이다. 분해된 아미노산은 혈액을 타고 신체 곳곳으로 순간적으로 퍼져나가고 몸속에 존재하는 다른 아미노산과 새롭게 결합한다. 생명의 신비요, 살아 있음의 신비다.

만일 우리 몸이 'You hate me'라는 단백질을 또한 흡수했다면 이 또한 'you', 'hate', 'me'라는 3개의 아미노산으로 분리된다. 실제로 몸에서 합성되는 단백질은 'I love you'란 구조를 갖는 콜라겐이 아니라 성격이 다른 'I hate you'란 단백질이 될 수 있는 것이다. 콜라겐을 먹는다고 몸속 콜라겐이 증가하지는 않는 이유다. 특정한 단백질을 보충하기 위해 특정한 단백질을 섭취하는 것이 결정적 역할을 하지는 못한다는 말이다.

도가니탕도 마찬가지다. 겨울철에 먹는 뜨끈한 도가니탕은 그야말로 별미다. 도가니는 소의 무릎 연골을 말한다. 도가니를 먹으면 내 몸의 무릎 관절도 좋아질까? 연골의 주성분은 콘드로이틴유산과 히알루론산이란 단백질인데 이를 먹는다고 몸에 흡수되지 않는다. 철저히 분해되어야 한다. 대부분은 소화도 안 되고 배설된다.

우리는 몸이 안 좋으면 무엇인가가 부족하기 때문이라고 생각한다. 일종의 '**결핍 강박관념**'이다. 심하면 '**결핍 트라우마**'가 된다. 인류 역사 대부분을 결핍과 부족 속에 살아와서 우리 뇌 속에 그런 생각이 자리 잡았는지 모르겠다.[4] 그래서 부족한 것을 섭취하면 몸이 좋아질 것으로 생각한다. 우리 몸은 그렇게 단순하지 않다. 섭취된 음식물은 그대로 흡수되지 않는다. 분해되어 몸속에 확 퍼지고 다르게 합성된다. 마치 동시에 여러 곳에 확률적으로만 존재하는 양자역학의 세계와 비슷하다.

돈만 푼다고 경제에 소비가 늘어날까

경제도 마찬가지다. 경제가 안 좋으면 무엇인가가 부족해서라고 생각하기 쉽다. 그래서 행동이든 정책이든 무엇인가를 해야만 한다는 오류, 즉 경제에 무엇인가를 풀어놔야 한다는 오류를 범하기 쉽다. 경제정책이 경제에 영양분을 제공하려면 대변으로 빠져나가지 않고 경제 시스템에 제대로 흡수되어야 한다. 흡수되려면 소화부터 되어야 한다.

생물과 화학에서 정의되는 영양분의 흡수와 소화라는 개념부터 살펴보자. '흡수absorption'란 음식물이 분해되어 소화관 벽을 통과해 분자 형태로 순환계로 이동함을 의미한다. 가로질러 뚫고 이동한다는 말이다. 흡수되려면 먼저 소화되어야 한다. '소화digestion'란, 소화효소가 음식물과 반응해 몸이 흡수할 수 있는 작은 분자로 분해하는 작용을 말한다. 단백질은 아미노산으로 분해되고 전분은 포도당이나 과당으로 분해된다. 이렇게 소화가 되어야 흡수되고 흡수되어야 영양분이 된다. **소화가 안 된 경제정책, 흡수가 안 된 경제정책은 그야말로 경제의 대변일 뿐이다.**

대표적 예가 통화정책이다. 통화 공급량만 늘린다고 경제가 잘 돌아가고 소비가 늘기를 바라는 것은, 강철을 갈아 먹고 몸에 철분이 강화되기를 바라는 것과 같다. 돈만 푼다고 경제 시스템이라는 생명체 속에 소화되고 흡수되어 필요한 영양소가 될 수 있을까? 그렇지 않다. 경제에 도움이 되려면 경제가 흡수할 수 있는 형태로 분해되어야 한다. 그렇지 않으면 아무 효과 없이 대변으로 빠져나간다. 임금이 올라 가계소득이 늘면 자동으로 소비가 늘까? 그렇지 않다. 돈이 풀려도 가계의 여윳돈 즉 가처분소득이 커져야 소비가 늘 수 있다. 소득은 늘어도 세금으로, 주택담보대출과 학자금대출의 원리금 상환으로, 스마트폰 요금으로, 공과금으로 대부분이 빠져나간다면

'여웃돈'은 늘지 않는다. 여웃돈이 늘지 않으면 경제적으로 여유가 생겼다고 느끼지 못하고 소비가 늘 수도 없다. 여기에 인플레이션이라는 보이지 않는 세금까지 부과되면 국민의 구매력은 더욱 떨어진다. 소득이 늘어도 소비에 안 쓰고 빚 갚는 데 쓴다면, 은행의 건전성은 높아져도 소비진작과 경기활성화에는 별 효과가 없다.

설령 흡수가 된다 해도, 콜라겐의 예에서 보았듯이 이합집산을 통해 원래 의도했던 목표와는 다른 단백질을 경제 속에 합성할 수 있다. 돈이 정말 필요해서 소비를 위해 사용할 사람들에게는 돈이 가지 않고 저축할 사람에게 가는 경우다. 아무리 돈이 많아도 소비를 해야 진짜 자기 돈이라는 말이 생각나는 대목이다. 같은 소비라도 수입상품 소비에 집중하는 사람들이 소비를 늘리면 국내경제에는 별 효과가 없다. 이런 문제를 풀려면 가장 먼저 경제와 경제정책을 바라보는 시각이 바뀌어야 한다. 경제 내에 존재하는 기업이나 가계는, 자극을 주면 자동으로 반응하는 기계가 아니다. 한 단계 앞서 생각하고 반응하는 살아 있는 생명체로 인식해야 한다. 다른 음식물과 달리 물은 몸에 흡수되기 위해 소화될 필요가 없다. 소화과정 없이 직접 흡수된다는 말이다. 경제에도 비슷한 것이 있다. 최근 많이 언급되는 '기본소득'이나 '최저임금제도'는 다른 복잡한 소화과정 없이 직접 가계에 돈을 흡수시키는 정책이다.

살 빼기와 부채 빼기는 왜 힘들까

대출규제를 강화한다고 부채가 줄까? 부채탕감을 해주면 어떨까?

잠시 줄었다가 다시 늘지 않을까? 다이어트에서 한 번 체중이 감소하는 것도 어렵지만 빠진 체중을 그대로 유지하는 게 훨씬 힘들다. 부채도 마찬가지다. 근본 원인이 치유되지 못하면 한 번 빚을 탕감받아도 다이어트 요요 현상처럼 되돌아가기 쉽다. 인체도 살아 있고 부채도 살아 있다. 살아 있는 생명체의 생존방정식은 우리가 생각하는 것과 많이 다르고 복잡하다.

"먹는 칼로리보다 사용되는 칼로리가 많으면 살이 빠진다." 들어오는 것보다 나가는 것이 많은 상황이니 이치에 맞는 말로 들린다. 과연 맞는 말인가? 이 주장이 옳다면 칼로리가 낮은 야채 위주로 먹고, 운동을 많이 해서 칼로리 소비를 늘리면 누구나 살이 빠져야 한다. 하지만 살아 있는 인간의 몸은 그렇게 단순하지 않다. 간단하게 직선적으로 계산되지 않는다. 그토록 단순하다면 이 세상 비만의 대부분은 이미 오래전에 없어졌을 터이다.

살 뺀 사람들 이야기를 들어보면 각기 방법이 다르다. 적합한 살빼기 방법이 사람마다 다르다는 말이다. 사람들 한 명 한 명 모두 다르기 때문이다. 한 사람에게 잘 통했다고 해서 다른 모든 사람에게 잘 통하지는 않는다. 과학자들이 저탄수화물 다이어트와 저지방 다이어트를 비교 분석한 결과 두 집단 간에 평균적인 체중 감소는 비슷했다. 하지만 중요한 사실은 각 방법에서 엄청나게 성공한 사람들이 서로 다르다는 점이다. 물론 효과가 없는 사람들도 있다. 결론은 살 빼기에 관한 한 사람 간의 차이가 크다는 것이다. 우리의 조상은 생존을 위해 다양화가 필요했고, 당시 생존과 동일한 의미인 살찌기도 그 방법을 다양화했다. 그러니 살찌는 이유도 다르고 당연히 살 빼는 방법도 다르다. 모든 사람에게 적용되는 알약이 있고 그 것 하나로 살을 뺀다는 것은 어불성설이다.

그렇다면 왜 살 뺀 후에 유지하기가 그렇게 힘들까? 첫째, 인체의 신진대사 때문이다. 살이 빠지면 신진대사가 느려져서 에너지 소비가 줄어 살찌기가 쉬워진다. 살 뺀 후 90%가 복귀한다. 부채도 줄인 다음에 그 상태를 유지하기가 더 힘들다. 부채를 줄인 후 일정한 소득이 확보되지 않으면 다시 부채를 쓸 수밖에 없다. 은행부채 대신에 고금리 대부업체 부채를 쓰게 되면 금리가 높아서 부채가 더 늘어난다. 살 뺀 후 요요 현상처럼 말이다.

둘째, 주변에서 접하는 다양한 화학물질이 비만에 영향을 끼친다. **과학자들은 비만이 최근 들어 갑자기 증가한 데 주목한다.** 왜 갑자기 비만이 늘어났을까?(다음 섹션 제목이 '왜 갑자기 가계부채가 늘어났을까'이다.) 갑자기 인간의 유전자가 바뀐 것도 아닌데 말이다. 과학자들이 비만의 이유가 유전자 때문만이 아니라 우리가 주변에서 흔히 접하는 무엇이라고 추측하는 이유다. 그래서 밝혀낸 것이 다음과 같은 것들이다. 플라스틱에 함유된 비스페놀, 프살레이트, 소파와 매트리스에 쓰이는 내연재, 음식에 잔류하는 살충제 등이다.

이렇게 보면 **살충제가 잔류하는 달걀**도 비만의 원인이 될 수 있다. 이런 화학물질의 공통점은 인간의 호르몬을 모방하는 능력을 갖고 있어서 진짜 호르몬이 제대로 작용하지 못하게 한다. 열쇠구멍에 가짜 열쇠가 꽂혀 있으면 진짜 열쇠를 꽂을 수 없다. 뉴욕대 트라산데 Leonardo Trasande 교수의 연구결과에 따르면 화학물질이 내분비기관에 큰 혼란을 가져와 지방저장을 유발한다고 한다. 칼로리가 많이 들어오고 적게 나가는 것과는 차원이 다른 '비만방정식'이다. 한 세대 전과 비교하면 주택담보대출, 학자금대출, 스마트폰 비용, 퇴직연금 등은 이전에는 없었던 필수지출항목이다. 가계에 필요한 것은 가처분소득인데, 사방에 퍼져 있는 화학물질처럼 사방에 필수지출항목이 생겨나니 여윳돈이 생겨나질 않는다. '부채방정식'이 복잡해지고 부채 갚기도 빡빡해진다.

셋째, 인간의 몸속에 사는 박테리아, 즉 장내 미생물이 우리 몸이 특정 음식을 신진대사시키는 데 영향을 끼친다. 사람마다 음식에 대해 서로 다른 반응을 나타내는 이유다. 혹자는 이를 비만 박테리아라고 부른다. 그래서 같은 음식을 먹어도 혈당 수치 증가가 천차만별이다. 몸무게, 유전요인 등 모든 변수를 통제한 후에 살펴보아도 장내 미생물이 음식물 소화와 신진대사를 통해 비만에 영향을 끼친다는 것을 알 수 있다. 혹시 비만 박테리아처럼 부채 박테리아가 우리 뇌 속에 있는 것일까?

30년 후 우리 후손들은 정말 의아해할 것이다. 어떻게 30년 전 우리 선조들은 모든 사람에게 같은 진통제, 위장약, 신장약, 당뇨병약을 처방했단 말인가! 더욱 황당하게 생각할 것은 모든 사람을 대상으로 살 빼는 다이어트약을 판매했다는 사실이다. 인간 한 명 한 명은 우리가 생각한 것보다 훨씬 더 독특하다. 생물학적 관점에서 말이다. 모든 사람들에게 효과가 있는 다이어트약은 있을 수 없다는 이야기다.

부채도 서로 다르다. 가계부채는 특히 그러하다. 하나하나에 각기 다른 스토리가 있다. 아버지가 실직해서, 어머니가 갑자기 입원해서, 혹은 삼형제 중 둘이 대학생인데 막내가 대학에 입학하게 되어서 부채를 쓴다. 가계부채 중에서 학자금부채문제는 주택담보부채와 다르다. 자영업부채와도 다르다. 물론 부채로서 공통점이 있지만 하나의 범주로 합해 해결책을 모색한다면 실패할 가능성이 높다.

왜 갑자기 가계부채가 늘어났을까

"왜 갑자기 가계부채가 늘어났을까?" 이 질문이 중요한 이유는, 원인분석이 달라지면 대응방안과 처방도 달라지기 때문이다. 부채문제의 심각성을 논하면서 왜 여기까지 이르게 됐는지 그 근본 원인에 대한 논의가 없는 게 이상하다. 얼굴에 자꾸 무엇이 나는 이유가 위장병 탓이라면, 피상적으로 얼굴만 보고 피부약을 처방받는 것은 아무런 효과가 없다. 부채정책에서도 이런 누를 범하기 쉽다. [도표04]는 가계부채가 급속히 증가하는 추세를 잘 보여준다.

몇 가지 이유를 생각해볼 수 있다. 첫째, 부채가 급증한 이유는 사람들이 갑자기 탐욕스러워졌기 때문이다. 과거에는 성실하게 자신의 소득범위를 크게 초과하지 않는 범위 내에서 부채를 사용했다. 그리고 심리적 부담감도 느꼈다. 그런데 언제부터인가 사람들이 탐욕스러워지고 부채 사용에 무감각해졌다. 이유는 호르몬 변화 때문이다. 지구(한국)를 파괴시키려는 외계인(외국인)이 지구인(한국인)들이 먹는 음식에, 숨 쉬는 공기에 탐욕 호르몬을 퍼뜨린 것이다. 군대보급품으로 나오는 별사탕이 생각나는 대목이다. 추억의 별사탕, 지금도 있는지 모르겠다. 별사탕 안에 들어 있는 조그마한 하얀색

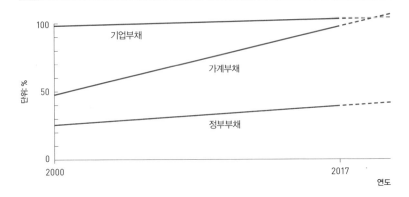

[도표 04] 가계부채, 기업부채, 정부부채 증가율 추세 비교(GDP 대비)

알갱이가 정력감퇴제라는 터무니없는 소문이 돌아서 젊은 군인들이 먹고 싶어도 먹지 않았다는 추억의 스토리다. 부채를 많이 쓰는 이유가 탐욕 때문이요, 호르몬 변화 때문이라면 대응정책은 탐욕을 없애는 것이다. 계몽, 교육, 종교활동을 통해 탐욕을 억누르게 하고, 탐욕 호르몬을 억제하는 의약품을 처방해주는 게 대응책이다. 이렇게 되면 과도부채문제를 해결하는 것은 경제정책이 아니라 의료정책이나 윤리 및 교육정책의 영역이 된다.

둘째, 가계소득이 줄었기 때문이다. 경기침체로 일자리가 줄고, 생산자동화와 기업의 해외이전으로 일자리가 줄었다. 일자리가 없어지면 소득이 줄기 마련이다. 기업 효율성이 증가했으면 투자나 일자리창출을 통해 다시 선순환 고리가 형성되어야 하는데 그렇지 못했다. 5장에서 설명할 부채총량불변의 법칙 차원에서 보면 투자를 위한 기업부채가 줄어서 실업이 증가하고 가계소득이 줄었다고 볼수 있다. 줄어든 기업부채를 가계부채가 보충한 것이다. 과거 10년간 노동분배율 변화추이를 보면 노동의 몫은 줄어들고 기업의 몫은 증가했다. 그 차이를 가계부채가 메꾸었다. 가계의 부채 사용이 늘어난 또 다른 이유는 소득계층 간 격차가 크게 확대되었기 때문이다. 1인당 GDP가 증가하고 평균소득이 늘었더라도 위쪽 계층은 크게 늘고 아래쪽은 감소했기 때문에 부채에 의존해야만 생활이 가능한 비중이 높아졌다. 보통 생계형 부채라고 한다. 이 경우 정책방향은 당장 먹고살기 어려운 차입자들에게 부채를 탕감해주거나 사회복지를 강화하는 것이다.

셋째, 필수 지출 항목이 늘었다. 소득은 늘어도 생계비, 주택담보대출 및 학자금대출 원리금 상환, 교육비, 은퇴 후 준비, 스마트폰 비용 등 필수지출항목이 늘어서 가처분소득은 오히려 줄었다. 대학 안 가면 될 것 아닌가라고 반론을 제기할 수 있겠다. 하지만 한국에서는 대학교육이 사치품이 아니라 생필품이다. 집도 안 사면 될 것 아닌가라는 반론이 제기될 수 있지만, 월세와 전세를 거쳐 자기 집 한 채 마련하기 위해 부채 쓴 것을 비난하기는 힘들다. 대응방안은 2가지다. 하나는 필수적인 것을 필수적이지 않은 것으로 만드는 것이고 다른 하나는 필수적인 것의 지출비용을 줄이는 것이다. 이 경우 부채정책은 경제정책 외에 교육정책, 부동산정책 등 모두와 관련된다.

넷째, 누군가가 부채를 쓰라고 자꾸 권하기 때문이다. 한국에서 가계대출이 급증하게 된 시기는 1997년 외환위기 이후 기업의 부채비율이 급격히 축소된 시기와 일치한다. 기업부채의 대폭적 축소로 기업대출부문에서 비즈니스 기회가 축소된 은행들이 가계부문으로

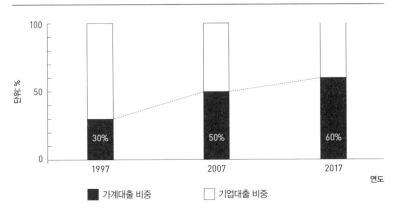

적극 대출을 확대했기 때문이다. 은행이 대출 비즈니스를 확장한다
고 해도 물론 최종 결정은 가계가 책임을 지고 한다. 그러나 은행의
공격적인 가계대출 확대가 가계부채를 증가시키는 데 비옥한 토양
을 제공하였음은 부인할 수 없다. 가계부채 증가의 주원인이 은행의
비즈니스 모델 때문이라면, 대응책은 은행의 비즈니스 모델을 바꾸
는 것이다. 과연 그럴 수 있는가? 금융의 대중화로 누구나 대출받을
수 있게 된 상황을 비난할 수 있을까?

다섯째, 학습효과가 생겼기 때문이다. 부동산가격 상승을 보면서
'나도 집 사야지' 하는 생각이 드는 것, 대학 졸업생과 고교 졸업생
간의 임금격차가 확대되는 것을 보면서 '나도 대학 가야지' 하고 생
각하는 것은 지극히 당연하다. 이런 학습효과를 지속적으로 제공한
정부의 책임이 크다. 가계부채는 정부가 갚아줄 것이라는 학습효과
도 있다. 가계는 정치적 투표권을 갖고 있으므로 일정 수준 이상의
규모가 되면 정치적 자생력이 생긴다. 정부가 어쩔 수 없이 구제해

줄 것이라는 기대가 부채를 확대할 수도 있다. 원인이 이렇다면 대응방안은 학습효과와 기대를 바꾸는 것이다.

그렇다면 이렇게 다양한 후보들 중에서 과연 어떤 이유 때문에 가계부채가 갑자기 늘었을까? 애거서 크리스티Dame Agatha Christie 소설『오리엔탈 특급열차 살인사건』이 떠오르는 대목이다. 결론은 모두가 범인이다. 용의자 한 명 한 명 모두가 서로 다른 이유를 갖고 있고 그래서 모두가 칼로 한 번씩 찔렀다. 가계부채 급증도 마찬가지다.

03

얽히고설킨 부채생태계:
부채생태계에도 넙치와 대왕문어가 있다

바다표범을 죽이면 대구 수가 증가할까

　예상한 대로였다. 일말의 희망이 없었던 것은 아니었지만, 결과는 문책이었다. 캐나다 해양수산부 소속 과학자 랜섬 마이어즈Ransome A. Myers는 건물을 나오면서 외쳤다. "바다표범seal은 죄가 없어. 바다표범을 죽인다고 대구cod 수는 늘어나지 않을 거야." 1980년대 중반부터 북대서양에서 잡히는 대구 수가 급감하기 시작했다. 가장 타격을 받은 나라는 캐나다다. 대구잡이를 생업으로 하는 어부들을 비롯하여 관련 산업과 경제가 침체했기 때문이다. 캐나다 정부는 과학자들을 동원해 조사를 수행했고 명확한 결론을 내렸다. 대구 수가 급감한 이유는 대구를 잡아먹는 바다표범의 급증 때문이라는 결론이었다. 결론이 명확하니 대응정책도 명확해 보였다. 바다표범을 포획해 개체 수를 줄이는 것이었다.[5] 1990년대 후반부터 2000년 대 초중반에 걸쳐 정부의 정책적 지원에 힘입어 매년 50만 마리 정도의 바다표범이 도살되었다.

과연 대구 수는 증가했을까? 아니다. 대구를 둘러싼 복잡한 생태계를 제대로 이해하지 못하고 잘못된 결정을 내렸으니 결과는 처참했다. 가계부채도 이를 둘러싼 복잡한 생태계를 먼저 이해하지 못하면 엉뚱한 정책을 수립하기 쉽다. 수산업계를 살리겠다는 섣부른 정치적 결정이 대구 감소 문제도 해결 못하고 오히려 바다표범까지 남획하는 최악의 상황을 유발했다. 잡은 바다표범 가죽을 모피원단으로 수출함으로써 엄청난 부수입도 얻는 듯했다. 바다표범에 총이나 작살 자국이 나면 제값을 못 받는다고 산 채로 몽둥이로 때려잡는 게 관행이었다. 영국의 전설적 그룹 비틀즈의 멤버 중 한 명인 링고 스타는 바다표범을 보호하기 위해 북극에 갔다. 동물보호운동가들과 같이 머무르며 잔혹한 실상을 세계에 알리기 위해서였다.

'바다표범이 대구를 잡아먹으니 바다표범 수를 줄이면 잡아먹히는 대구 수가 늘 것'이라는 생각이 과연 타당한가? 얼핏 보면 맞는 것 같지만 틀린 생각이다. 생각이 단순해서 좋긴 하지만, 이런 단순하고 직선적인 사고에는 치명적 한계가 있다. 단순한 인과관계로 문제를 해결하기에는 해양생태계는 너무 복잡하다. 비단 바다표범과 대구뿐만이 아니다. 일상생활에서, 경제정책에서 이런 오류를 쉽게 저지른다. 왜 잘못된 주장인지 그 이유를 살펴보자. 부채문제 해결책 모색에도 시사하는 바가 크다.

첫째, 바다표범은 대구뿐 아니라 넙치, 청어 등 150여 종의 물고

기를 먹고산다. 대구뿐 아니라 대구의 경쟁자, 심지어 대구의 포식자까지 잡아먹는다. 그러니 바다표범 포획이 증가하면 대구를 잡아먹지만 바다표범에게는 잡아먹히는 넙치 같은 다른 포식자가 늘어날 수밖에 없다. 따라서 잡히는 대구의 수는 증가하지 않는다. 오히려 감소할 수 있다. 호랑이가 사라진 산에서 여우가 설치는 경우와 유사하다. 특히 넙치는 어린 대구들을 주식으로 삼는다. 따라서 대구 입장에서는 넙치가 바다표범보다 더 치명적 포식자다. 또한 바다표범은 대구 외에 잡아먹는 주식이 다양하지만 넙치는 대구 의존도가 높다. 따라서 바다표범의 개체 수 감소는 넙치 개체 수 증가로 이어지고 넙치에 잡아먹히는 대구 개체 수는 감소할 수밖에 없다.

둘째, 대구는 청어나 빙어를 많이 먹고사는데, 바다표범이 이들을 직접 먹지는 않지만, 이들을 먹고사는 가자미를 많이 잡아먹는다. 따라서 바다표범의 수가 줄어들면 먹이를 놓고 대구와 경쟁관계에 있는 가자미 수도 늘어 대구의 먹이가 부족해진다. 경쟁자가 많아져 먹이 수가 줄어드니 대구 수는 오히려 줄 수 있다.

셋째, 조금 더 복잡한 연결고리를 보자. 바다표범은 꽁치를 먹는데, 꽁치는 새우를 많이 잡아먹는다. 대왕문어를 비롯한 큰 문어는 꽁치는 별로 좋아하지 않지만 새우와 대구는 좋아한다. 만일 바다표범의 수가 줄면 꽁치 수가 늘고 늘어난 꽁치 때문에 꽁치의 먹잇감인 새우 수가 줄어들면 큰 문어는 할 수 없이 대구를 이전보다 많이 잡아먹을 수밖에 없다. 큰 문어에겐 대구가 새우의 대체식량이기 때문이다. 이렇게 잡아먹히니 대구 수는 늘지 않는다. **대구와 별 상관없을 것 같은 새우가 생태계에서 대구와 대왕문어를 연결하는 고리 역할**

을 하는 것이다. 우리는 부채문제에서도 이 약하고 느슨한 연결고리를 놓치기 쉽다.

원인과 결과는 시간적, 공간적으로 멀리 떨어져 있다

바다생태계의 복잡함, 정말 놀랍지 않은가! 씨줄과 날줄처럼 얽히고설킨 먹이사슬이 아름답기까지 하다. 결론은 이렇다. 생태계에서 단순히 포식자를 제거하면 피포식자 수가 증가한다는 생각, 하나의 원인변수를 조정하면 결과변수가 바뀐다는 직선적 생각은 틀린 경우가 대부분이다. 우리는 우리 눈앞에 보이는 것에서만 원인과 결과를 찾으려 한다. 원인과 결과는 시간적, 공간적으로 가까이 붙어 있지 않은 경우가 많다. 바다표범과 대구 사이의 거리는 멀고 복잡하다. 먹이사슬과 생태계를 연결하는 경로가 복잡해 인과관계를 파악하기 힘들다. 무엇이 원인인지 결과인지조차 이해하기 어렵게 얽혀 있다.

그렇다면 처음으로 돌아가 질문해보자. 어떤 이유 때문에 바다표범 수가 상대적으로 대구 수에 비해 늘어난 것일까? 수만 년간 유지되어오던 바다표범의 생식능력이 갑자기 좋아져서 개체 수가 갑자기 증가한 것도 아니고, 갑자기 바다표범의 식욕이 늘어난 것도 아니다. 이유는 바다표범이 아니라 인간이다. 발달된 어획기술로 어부들이 대구를 대량 남획하여 대구 수가 감소했기 때문이다. 해양생물학자들이 내린 결론은, 바다표범이 대구 수 감소의 주범이란 과학적 증거는 없었다. **오히려 바다표범 수가 대구 수에 비해 상대적으로 증가한 것은 원인이 아니라 결과다.** 사람들이 대구를 남획한 결과이다. 결과를 원인으로 착각하고 있으니 제대로 된 해법이 나올 수 없었다.

어렸을 때 뛰어놀다 보면, 친구들 중에 유난히 콧물을 많이 흘리는 친구가 있었다. 코 밖으로 나온 콧물을 들여 마시기도 해서 친구들이 '코 찔찔이'라고 놀려대기 일쑤였다. 그래서 어머니가 옷에 코 닦는 손수건을 핀으로 달아주는 경우가 많았다. 그런데 나중에 크고 나서야 알게 된 사실이 하나 있다. 콧물은 추위나 감기의 결과로서 나오기도 하지만, 우리 몸이 급격한 추위를 느낄 때 외부의 찬바람이 코를 통해 몸속으로 들어가는 것을 방지하는 역할을 한다는 것이다. 콧물이 결과가 아니라 우리 몸을 따뜻하게 유지하는 원인이 되는 것이다. 이렇게 보면 코 찔찔이가 지저분해 보이더라도 깔끔한 아이들보다 왜 더 건강한지 이해가 된다.

부채정책에서도 원인과 결과를 혼동하는 경우가 종종 있다. 부채는 결과인 동시에 원인인 경우가 많다. 예를 들면 부실채권은 기업부실이나 가계부실 때문에 생기는 결과이기도 하지만 동시에 경기회복을 막는 원인이기도 하다. 국가부채도 방만한 재정운용과 재정적자의 결과이지만, 성장을 가로막고 시스템 위험을 높이는 원인이기도 하다. 이처럼 **세상을 움직이는 질서는 겉으로 드러나지 않고 숨겨져 있는 경우가 많다.** 숨겨진 질서와 패턴을 보아내고 읽어낼 수 있어야 부채문제도 해결할 수 있다. 부채문제 해결에도 『예술과 경제를 움직이는 다섯 가지 힘』(문학동네, 2016)에서 설명한 '투시력'이 필요하다.

가계부채의 생태계

부채생태계의 넙치

"바다표범 수가 줄면 대구 수가 증가할 것"이라는 논리(물론 잘못된 생각이다)를 가계부채에 적용해보자. 과연 "은행대출을 줄이면 가계부채가 줄어 가계의 건전성이 증가할 것인가?" 해양생태계가 복잡하듯 부채생태계도 생각처럼 단순하지 않다. 담보가치 대비 대출비율LTV이나 소득 대비 부채상환비율DTI 규제를 강화해 은행대출을 줄이면 가계부채가 줄 것이란 생각은 마치 바다표범(은행대출)을 줄이면 대구가 늘어난다(가계건전성 증가 혹은 가계부채 감소)는 논리와 같다. 특히 가계부채 축소를 통해 가계건전성 강화를 목표로 한다면 그 정책은 실패할 가능성이 높다. 은행이 돈을 안 빌려주면 과연 돈 빌릴 데가 없을까? 바다표범이 줄면 넙치가 설치듯이, 은행대출 못 받으면 저축은행, 대부업, 심지어 저축통장 털기, 아버지 퇴직금 당겨쓰기, 어머니 수술 연기, 심하면 도박과 절도로까지 연결된다. 주택담보대출이 아니라 생계형대출이라면 문제는 더 복잡하다. 밀리고 밀려서 대부업에 손 벌리면 이자가 높아 새끼 대구를 먹어 치우는 넙치처럼 가계에 더 치명적이다. 건전성 이전의 생존 문제다. 은행대출을 조인다고 가계부채가 감소한다는 발상은 순진한 생각이다. 설령 단기적으로 지표는 개선될지 몰라도 다른 데서 부작용이 생긴다.

가계부채를 통 털어 하나로 생각하면 안 된다. 하나하나 모두 개별적 스토리가 있기 때문이다. 부동산담보가 있는 주택담보대출, 젊은이의 미래가 담보된 학자금대출, 생활을 위한 자영업대출, 생존을 위한 생계형대출은 구분해서 대응해야 한다. 모두 가계대출이란 범주 속에 포함되지만 각각 원인도 다르고 결과도 다르기 때문이다. 가계부채라는 하나의 틀 속에 집어넣는 것부터 바꿔야 한다. 그물 간격이 너무 넓다. 좀 더 촘촘히 학자금부채대책, 주택담보대출대책, 자영업대출대책, 생계형부채대책으로 세분화하고 차별화해야 한다.

부채생태계의 가자미

대출규제가 강화되면 무주택자들이 집을 사기가 더욱 힘들어진다. 가계부채를 줄이는 것과 무주택서민들의 집 소유 가능성을 높이는 목표는 동시에 달성하기 쉽지 않다는 말이다. 특히 집을 이미 보유하고 있는 사람들은 전세 끼고 집 사는 방식 즉 차액Gap투자방식으로 쉽게 집을 산다. 대출규제가 강화되어 집을 사지 못하면 전세수요가 늘어나고 전셋값이 뛴다. 집주인은 높아진 전셋값을 이용해 다른 곳에 투자할 여력이 오히려 늘어난다. 그리고 새로 집을 구매하려는 무주택자들과의 경쟁이 없어지니 그야말로 무주공산이다. [도표 06]에서 보는 것처럼 **대구(무주택서민)의 먹이인 청어와 빙어(신규주택 등)를 대구는 제대로 먹지 못하고 바다표범 남획 때문에 늘어난 가자미(다주택소유자, 부자)가 독식하는 결과가 발생한다.** 부동산을 둘러싼 부채생태계를 제대로 이해하지 못한 일률적인 규제, 과도한 규제는 오히려 서민을 옥죄고 투기를 부추길 수 있다.

부채생태계에는 대왕문어도 있다

가계부채와 기업부채는 어떤 관계가 있을까? **왜 기업부채가 줄어드**

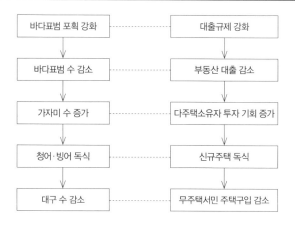

[도표 06] 부채생태계의 가자미

바다표범 포획 강화	⋯⋯	대출규제 강화
바다표범 수 감소	⋯⋯	부동산 대출 감소
가자미 수 증가	⋯⋯	다주택소유자 투자 기회 증가
청어·빙어 독식	⋯⋯	신규주택 독식
대구 수 감소	⋯⋯	무주택서민 주택구입 감소

는 것이 가계부채를 증가시킬까? 대구와 대왕문어처럼 얼핏 보면 관계없어 보이는데 말이다. 대왕문어는 꽁치와 새우를 통해 대구와 연결된다. 바다표범이 줄어들면 꽁치가 늘어난다. 꽁치는 새우를 많이 먹는다. 대왕문어에게는 주식이 대구와 새우인데 꽁치 때문에 새우가 줄어드니 대구를 이전보다 많이 먹을 수밖에 없다. 대왕문어가 꽁치를 먹으면 문제가 없을 텐데, 이 녀석 식성이 까다로워 꽁치는 안 먹는다. 죄 없는 대구만 희생될 수밖에 없는 이유다.

과도한 가계부채문제를 해결하는 근본 대책은 가계소득 증가다. 부채는 차입자의 '안정적인 소득'을 전제로 존재하는 계약이다. 부채는 '안정적 소득'을 주식으로 먹고산다는 말이다. 가계소득 증대는 주로 기업의 고용과 기업활동으로부터 유발된다. 물론 정부도 정부지출을 통해 보조 역할을 할 수 있다. 정부가 주도 역할을 할 수 있다면 그건 사회주의국가다. 기업이 투자를 확대하고 고용을 늘려야 하는데 기업은 투자는 안 하고 남아도는 현금을 쌓아놓고만 있다. 과도한 현금보유는 사실 한국기업에만 국한된 현상은 아니다. 기업에도 그만 한 이유가 있을 것이다. 투자할 곳이 마땅치 않아서 혹은, 미래가 불확실해서 믿을 곳이 없으니 안전자산을 스스로 확보해놓는다. 중앙은행이 위기에 대비해 외환보유고를 쌓아놓듯 말이다. 금융의 관점에서 보면, 보유한 현금은 (−)부채다.[6] 부채에서 자산을 뺀 순부채를 생각하면, 가장 먼저 부채에서 차감할 수 있는 것이 현금이다.

결국 기업현금의 증가는 기업부채의 감소와 같다. 불확실하고 위험할 때 투자를 회피하고 안전자산을 쌓으려 하는 것은 국가나 기업이나 가계나 마찬가지다. 이렇게 보면 기업의 현금축적을 일방적으로 비난할 수는 없다. 중앙은행의 외환보유고 축적을 비난할 수 없듯이 말이다. 기업이 현금을 쌓아 실질적으로 기업부채가 감소하면 투자가 감소한다. 투자가 줄면 일자리도 줄고 임금도 준다. 임금이 줄면 가계소득이 주는 것이니 가계의 부채의존도는 커진다. **기업부채 감소는 돌고 돌아 가계부채의 증가를 유발하는 것이다.** 기업현금 증가는 부채생태계의 꽁치다. 꽁치가 새우를 잡아먹으니 대왕문어가 대구를 잡아먹을 수밖에 없듯이, 기업유보현금이 투자를 잡아먹으니 투자가 줄고 실업이 증가해 가계는 부채에 의존할 수밖에 없다.

과다부채문제의 해결책은 경제성장과 소득 증대로 귀착된다. 근본 원인을 치유하지 못하고 자꾸 상처 부위만 만지작거리면 상처가 덧난다. 가계부채정책은 금융정책에만 국한되는 것이 아니다. 경제정책 전부요, 동시에 사회, 복지, 교육, 부동산정책과도 관련된다. **어**

린아이 1명을 제대로 교육시키기 위해 온 동네가 필요하듯, 가계부채문제를 제대로 해결하려면 모든 경제, 사회, 복지, 교육, 부동산 정책이 필요하다.

가계부채와 기업부채는 원인인가 결과인가?

기업이 부실해져서 구조조정이 진행되면 예외 없이 같이 발생하는 현상이 있다. 은행의 부실채권 증가다. 이처럼 부실채권은 대출받은 기업이 부실화됨으로써 발생하는 '결과'로 인식되는 경우가 대부분이다. 부실채권이 '결과'로서만 의미가 있다면 문제는 단순하다. 해당 부실기업을 살릴지 죽일지, 그리고 부실화된 대출금을 어떻게 분담할지만을 결정하면 되기 때문이다. 그런데 현실은 더 복잡하다. 은행에 발생하는 부실채권은 '결과'이지만 동시에 '원인'이 되기 때문이다.

무엇에 대한 원인인가? 은행이 부실채권을 많이 가지고 있으면 경기회복에 큰 걸림돌이 된다. 부실채권이 많이 생기는 시기는 경제불황기다. 경기가 좋지 않다 보니 사업이 잘 되지 않고 결과적으로 은행에서 대출받은 대출금을 제대로 갚지 못한다. 경기침체기에는 당연히 자금이 부족하다. 그런데 은행이 부실채권을 많이 갖고 있으면 대손충당금도 쌓아야 하고 자기자본규제를 만족시키기 위해 대출활동을 위축시킬 수밖에 없다. 경기를 활성화하려면 은행이 적극적으로 기업이나 가계에 자금을 공급해주어야 하는데 그것이 불가능하다는 뜻이다. 결국 부실채권은 경기회복을 저해하는 원인이 된다.

부실채권이 원인이 되면 처방이 달라져야 한다. 최대한 신속히 은행에서 부실을 분리해내야 한다. 손해를 보더라도 과감히 떨어내는 게 미래를 위해 유리하다. 부실채권을 매각하려면 받아주는 기관이 있어야 한다. IMF 경제위기 때에는 공적기관인 한국자산관리공사KAMCO가 주된 역할을 했지만, 지금은 사모펀드private equity fund가 주된 역할을 한다. 그리고 이런 부실채권과 부실기업이 매매되는 시장이 구조조정시장이다.

경기침체로 가계부채가 증가하면 이것은 결과다. 하지만 이런 과도한 가계부채가 은행과 정부를 부실화시키고 경제성장을 가로막는다면 이는 원인이다. 가계부채문제가 심각한 이유는 기업구조조정과 달리 가계를 구조조정하기 어렵기 때문이다. 가계를 기업처럼 청산할 수 없음은 물론이고 어떻게 가계를 합병하고 분할할 수 있겠는가? 그래서 부채문제 중 가장 심각한 것이 가계부채문제다.

과도한 정부부채는 원인인가 결과인가?

경기가 침체되면 국민소득이 늘지 않고 소득이 늘지 않으면 세금을 늘리기 쉽지 않다. 거래가 위축되니 거래세도 준다. 결과적으로 생기는 현상이 정부부채 발행 증가다. 이 경우 정부부채 증가는 결과다. 정부부채가 늘더라도 재정투입을 확대해야 경제가 성장한다는 것이 케인지안의 주장이다. 하지만 최근에는 재정적자가 쌓이고 정부부채가 일정 수준, 즉 부채수용력을 넘으면 오히려 경제성장을 저해한다는 연구결과가 주목을 받고 있다. 이 경우에는 과도한 정부부채가 '결과'가 아니라 경제회복과 성장을 가로막는 '원인'이 된다. 결과라면 이미 결정된 것이니 고칠 수도 없고 논란이 많지 않다.

원인이라면 이야기가 달라진다. 신속히 고쳐야 한다.

정부부채가 경제에 문제를 일으키는 원인이 되지 않으려면 가장 먼저 해야 할 일이 정부 부채수용력을 측정하는 것이다. 그리고 이 범위 안에서 부채를 사용해야 한다. 아직 부채수용력에 여유가 있으면 늘리는 것이 경제에 도움을 줄 수 있지만, 이미 부채수용력을 초과한 경우라면 계속되는 부채증가가 국가신용등급을 떨어뜨리고 국채이자율을 상승시켜 시스템 위험을 야기할 수도 있다. 평상시에 부채수준을 잘 관리해야 진짜 필요할 때 긴요하게 쓸 수 있다. 통화정책에서 평상시 금리수준을 어느 정도 높여놔야 경기침체기에 과감히 낮출 수 있는 공간이 생기는 것과 비슷한 이치다. **부채정책과 통화정책은 축구처럼 공간창출능력이 성패를 좌우한다.** 축구는 움직임과 패스, 개인돌파를 통해 공간을 창출하지만 부채는 부채수용력 결정요인들을 움직여야 한다. 부채수용력은 6장에서 상세히 다룰 것이다.

정치적 관점에서 보면 정말 실천하기 힘든 게 정부부채를 낮추는 일이다. 증세 부담 없이 편하게 늘려서 자유롭게 쓸 수 있다고 생각하기 쉽기 때문이다. 미국에서도 과거 40년을 볼 때, 재임 시에 정부부채수준을 낮춘 대통령은 빌 클린턴 딱 1명밖에 없다.

04

변동성의 변동성이 높은
외화부채

토마하미사일을 산악지형으로 발사한 이유

미국이 이라크를 공격한 걸프전은 최첨단 무기의 경연장이었다. 특히 토마하미사일은 당시 세계의 가장 큰 주목을 받았다. 토마하미사일은, 현지의 지형지물을 미사일에 탑재된 컴퓨터에 입력해 미사일 스스로가 목표물을 찾아가도록 하는 최첨단미사일이다. 미사일 스스로가 지형이 맞는지를 실시간으로 확인하면서 목표를 향해 날아가므로 날씨에 영향도 받지 않고 발사조정실에서 이래저래 신경 쓸 일도 없다. 1991년 당시로선 스스로 지형지물을 피하고 찾아가는 똑똑한 미사일로서 전 세계의 주목을 받았다.

그런데 토마하미사일에는 단점이 하나 있다. 어찌 보면 장점이 곧 단점이다. 지형지물 정보를 미리 입력시키고 이를 비교해 파악하며 날아가다 보니 사막처럼 모든 지형이 비슷비슷한 경우에 경로를 잡는 데 문제가 발생할 수 있다. 누구보다 미사일의 한계를 잘 아는 사람들은 개발자들이다. 개발자들은 사막을 가로지르는 직선경로는 아니라 동쪽으로 돌아 산악지형을 통해 바그다드로 접근하는 경로를 주장했다. 산악지형이면 장애물이 많으므로 레이더를 피해 낮게 비행하는 미사일이 불편할 것 같은데 말이다. 하지만 토마하미사일의 경로 찾기 특성상 산악지형의 굴곡이 오히려 경로파악을 쉽게 할 수 있다는 이유를 들었다. 지형에 변동성이 있어야 토마하미사일이 정확한 경로를 잡기가 더 수월하다는 말이다. 이라크 사막지형은 가도 가도 지형에 큰 변화가 없다. 무언가 중간에 기준이 될 만한 지형이 있어야 경로 잡기가 편한데, 비슷한 굴곡의 사막만 지속되면 컴퓨터가 경로를 잡는 데 혼란이 올 수 있다. 거기다 가끔씩 폭풍이 몰아쳐서 사막의 굴곡지형이 뒤바뀌곤 한다. 평상시에 밋밋하다가 사막에 폭풍이 불면 급변하는 지형은 토마하미사일로선 아킬레스건이었다.

이처럼 아무런 변화 없이 밋밋한 것이 항상 좋은 것만은 아니다. 문제는 이 산악지형이 미국과 적대적인 이란과의 국경지대인데다, 그 바로 위쪽은 러시아라는 데 있었다. 미군 수뇌부는 바그다드를 향해 발사된 토마하미사일이 러시아를 향해 발사되었다는 오해를 받을 가능성을 우려했다. 미사일 경로에 대한 미국의 공식 발표는 없었다. 명중된 미사일에 바그다드가 불길에 휩싸인 모습만이 CNN을 통해 전 세계에 중개됐을 뿐이다.

평상시 밋밋함은 위기의 씨앗

외화부채는 달러 같은 외화로 표시된 부채다. 외화부채를 사용하면 외화로 갚아야 한다. 그러다 보니 원화와 달러와의 교환비율 즉 환율의 영향을 많이 받는다. 외화부채는 국경 간 자본유출입을 유발하므로 정책적으로 주의를 기울여야 한다.

이라크의 사막지형처럼 한국의 외환시장은 평상시에 밋밋하고 변동성이 작다. 평상시에 거래가 미미하기 때문이다. 사막의 폭풍이 사막의 지형을 뒤바꾸어버리듯 사건만 터지면 변동성이 급증한다. '변동성의 변동성'이 크다는 말이다.[7] 너도나도 할 것 없이 사거나 팔거나 모두 한쪽 방향으로 쏠리기 때문이다. 모두들 원화는 팔고 달러를 급히 사려고 하니 원-달러환율이 급등한다. 달러로 조달한 외화부채 상환부담도 급증한다. 문제는, 외국인들의 자본유출이 급증할 때 이를 방어할 수단이 외환보유고밖에 없다는 점이다. 만일 싸게 샀던 달러를 이익실현을 위해 비싸게 팔려는 금융회사나 일반회사들이 시장에 많다면 원화의 급격한 평가절하를 막을 수 있다. 시장에서 치고받고 싸우다가 정 안 되면 외환보유고를 투입하면 된다. 외환보유고는 쌓아놓았더라도 안 쓰는 게 최선이다. 핵무기처럼 말이다. 쓰기 시작하면 걷잡을 수 없이 줄어드는 경우가 많다.

평상시 변동성 없이 잠잠한 한국 외환시장은 이라크 사막처럼 오히려 위험할 수 있다. 상황을 평가할 아무런 기준도 지표도 없기 때문이다. 평상시에 움직이고 변동하고 흘러가야 건강한 것은 외환시장뿐만이 아니다. 개인도 기업도 국가도 마찬가지다. 생전 부부싸움

안 하던 부부간에 갈등이 생기면 심각해지기 쉽다. 기업도 마찬가지다. CEO들이여, 조직에 아무런 이견도 갈등도 충돌도 없다면 정말 위험하다는 징조임을 알라. 조직의 리더는 만장일치와 일사천리에서 오는 밋밋함을 즐겨서는 안 된다. 평상시에 변동성이 없으면 위기가 올 때 크게 당한다.

05

죽은 부채정보:
왜 여의도에 커피숍이 이렇게 많을까

죽은 정보, 바보 장군 그리고 바보 정책

4성 장군이 병원을 방문했다. 총을 맞고 후송된 부상병들을 위로하기 위해서였다. 부상병들을 유심히 살펴보니 총상을 당한 신체부위가 대부분 다리와 팔이었다. 장군은 옆에 있던 보좌관에게 지시했다. "병사들 군복 부위 중에서 총에 많이 맞는 팔다리 부분을 대폭 강화하라." 군사전문가로서의 조언도 덧붙였다. "강화된 보호장비 때문에 군복이 무거워지면 기동력이 떨어지니 총격을 많이 당하는 팔다리 부분을 집중 강화하라." 주변의 부상병들과 보좌관들은 장군의 세심한 배려에 매우 감동받은 모습이었다. 하지만……. 우리는 이런 장군을 '바보 장군'이라고 부른다. 잘 생각해보자. 왜 입원한 부상병들이 팔다리에 집중적으로 총탄을 맞았을까? 머리나 가

습, 하복부에 총을 맞은 군인들은 대부분 현장에서 죽었기 때문이다. 죽었으니 병원에 입원할 수 없고 장군과 인터뷰할 수 없다. 역설적으로 지금 병원에 입원한 부상병들은, 생명과 직결되지 않아 별로 강화할 필요가 없는 팔다리에 총격을 당한 군인들이다. 죽은 자들은 말이 없다. 데이터도 죽는다. 지혜로운 장군이라면, 극소수에 불과한 부상병만이 총격당한 부위 또는 아예 머리나 심장같이 부상자 명단에 없는 바로 그 부위를 강화하라고 지시할 것이다.

2차 세계대전 때 실제 발생한 일이다. 독일군으로부터 총격을 받고 귀환한 미군 전투기들을 분석해보니 몸통, 양 날개, 앞쪽 코 부리 부분이 집중 총격을 받았다. 비행기 전체를 강화하면 좋지만 그러면 비행기가 무거워져 기동력이 떨어지고 연료도 많이 든다. 그래서 총탄자국이 발견된 몸통과 양 날개를 강화하려 했다. 이에 반기를 든 것이, 천재 통계학자 에이브러햄 발트다. 그는 미 해군에 제출한 보고서에서, 강화할 부분은 총탄자국이 많은 곳이 아니라 '총탄자국이 없는 부분'이라는 도발적 주장을 했다. 바로 엔진과 연료탱크, 그리고 꼬리날개였다. 여기에 총격을 받은 전투기는 대부분 격추되고 귀환하지 못했기 때문이다. 발트의 제안을 받아들인 미군은 2차 세계대전뿐 아니라 한국전쟁과 베트남전쟁에서도 피격되는 전투기 수를 획기적으로 줄였다. 지금은 잘 알려진 '생존편향survivorship bias'이란 통계적 오류다.[8] 전체 데이터를 보지 못하고 살아 돌아온 데이터만을 분석함으로써 발생하는 오류다. 잘못된 데이터는 잘못된 분석을 낳고, 잘못된 분석은 엉뚱한 정책과 전략을 낳는다.

정부가 보이지 않는 데이터를 제대로 읽어내지 못하면, 심혈을 기울여 분석하고 만들어낸 정책이 무용지물이 되기 쉽다. 남편이 병사해서 3가지 일을 동시에 하며 홀로 자식들을 키우느 싱글맘을 생각해보자. 애들 학교 보내야 하고, 매일 쌓여가는 공과금 내야 하고, 고장 난 수도관을 고쳐야 하고, 갑자기 애가 아프면 조퇴해서 병원에 데려가야 한다. 아침, 점심, 저녁 3가지 일을 모두 떠맡아야 함은 물론이다. 정부가 이런 싱글맘을 돕기 위해 설문조사를 한다고 치자. 싱글맘의 생계형부채를 도와주기 위한 설문조사라고 생각해도 된다. "무엇이 가장 필요하십니까? 어떻게 도와드릴까요?"

하지만 진짜 도움이 필요한 사람은 편지나 이메일을 읽을 시간도, 서류를 써낼 여유가 없다. 시간적 여유보다 뇌의 여유가 없다. 경제적으로 가난하면 뇌에도 여유가 없어진다. 도움이 절실한 이들로부터 제대로 피드백을 받지 못하고 그나마 여유가 있는 사람들로부터 회신을 받아 정책을 입안하면, 마치 엔진을 피격당해 귀환치 못한 비행기는 고려하지 못한 채 귀환한 전투기 총탄자국만 보고 강화할 부분을 결정하는 것과 같다. 엉뚱한 정책이 나온다는 말이다.

자영업의 죽은 정보와 생존편향

한국에서는 영세자영업자들이 조달한 부채가 전체 가계부채의 3분의 1을 넘어섰다. 사업대출이란 명목으로 기업대출로 잡히는 부분까지 포함하면 그 규모는 훨씬 크다. 과도한 가계부채에는 자영업자들의 부채가 한몫했다는 의미다. 자영업 중 가장 대표 사업이 치킨집이다. 최근에는 커피집도 있다. 은퇴한 분들이 창업하기 쉽고 어느 정도 수익성이 된다고 생각하기 때문이다.

그렇다면 치킨집의 수익성이 그렇게 좋을까? 그렇지 않다면 왜 아직도 많은 분들이 치킨집을 선택하는 것일까? 바로 죽은 정보 때문이다. 치킨가게를 창업하면 대부분은 실패한다. 성공한 사람들은 지극히 드물다. 그런데 우리가 접하는 치킨가게 사장은 모두 성공한 사장님들이다. 실패한 사람은 TV 출연도 없고, 인터뷰 기사도 없고 유명강사로 초청받지도 못하기 때문이다. 실패한 치킨가게 주인들은 말이 없다. 망한 치킨집은 죽은 정보가 된다. 그러니 실제로는 거무튀튀한 레드오션이 청명한 블루오션으로 보일 수밖에 없다. 실패한 치킨가게 정보가 쏙 빠지고 단지 살아남아 잘되는 치킨집만 보고 창업을 판단하면 실패할 수밖에 없다. 이런 통계적 오류를 생존편향이라고 한다.

얼마 전 오랜만에 여의도를 방문했을 때 발견한 사실 하나가 있다. 거의 모든 건물 1층에 커피숍이 있었다. 동행한 사람의 이야기를 들어보니 수시로 문을 닫고 다른 커피숍으로 바뀐다고 한다. 여의도는 낮에 회사원들로 붐비는 곳이니 커피가 잘 팔릴 테고, 또 그런 커피숍이 눈에 쏙 들어올 것이다. 게다가 스타벅스의 성공사례 또한 흔히 듣는 이야기니, 우리 주변에는 성공한 커피숍만 있는 것 같다. 사실은 실패한 커피숍이 수없이 많은데 말이다. 실패한 커피숍은 말이 없는 죽은 정보다. 부채를 차입하는 사람은 물론 부채를 제공하는 금융기관도 죽은 정보를 제대로 파악하지 못하면 부채실패를 맛볼 수밖에 없다.

06

부채정책과
1인자의 오류

알고도 못 고친다, 1인자의 오류

최고권력자가 직접 나서서 추진하는 정책은 실행력이 높다. 그만큼 잘못되면 위험도 높다. 깊은 생각 없이 그냥 밀어붙일 수도 있고 아무 비판 없이 무조건 수용될 가능성이 높기 때문이다. 부채 이슈를 포함해 모든 경제 이슈는 그 이슈와 연결된 복잡한 생태계가 있다. 시간이 걸려도 관련된 연결고리를 잘 찾아 따져봐야 한다. 그렇지 않으면 좋은 의도와 달리 엉뚱한 바보 정책이 나온다. 지금 한국은 대통령 지시로 과도부채문제를 해결하기 위해 정책을 고안 중이다. 부채정책을 세울 때 명심할 교훈을 담은 3가지 사례를 제시한다. **우윳값 반으로 줄이기를 부채 반으로 줄이기로 대체해 생각하고, 철 모으기를 빚 갚을 자금(소득) 모으기로 바꾸어 생각하고, 참새와의 전쟁을 부채와의**

전쟁으로 전환해 생각하면 배워야 할 중요한 교훈이 들어 있는 스토리들이다.

로베스피에르와 반값 우유정책

프랑스혁명 후 정권을 잡은 막시밀리안 드 로베스피에르Maximillien de Robespierre는 무언가 국민들에게 줄 것을 고민하고 있었다. 절대왕정을 무너트린 국민들은 그만큼 혁명정부에 기대가 컸다. 당시 국민들이 가장 불만스러워했던 것은 높은 우윳값이었다. 프랑스인 주식인 우윳값이 비싸 제대로 사 먹지 못하니 국민들의 불만이 커질 수밖에 없었다. 로베스피에르는 국민들의 염원에 부응하기 위해 '반값 우유' 정책을 발표했다. 국민들은 환호했다. 유통경로를 따라 소매상, 도매상들은 줄줄이 우윳값을 반으로 내려야만 했다. 최종적으로 우유생산자인 축산농가도 우윳값을 반으로 낮추어야 했다. 이때 축산농가들은 어떤 반응을 보였을까? 우유를 생산하려면 젖소가 필요하고 젖소를 기르려면 건초 등 사료값이 많이 든다. 젖 짜는 기구와 노동력도 필요하다. 지금까지 80프랑의 비용을 들여 100프랑에 팔았는데, 50프랑에 팔아야 하는 상황이다. 축산농가는 로봇이 아니다. 다른 국민들을 위해 스스로의 생존을 포기하는 성인군자도 아니다. 그들이 내린 결정은 젖소사육 포기다. 도축해 고기로 파는 것이 유리해졌기 때문이다. 젖소가 줄어드니 우유생산이 줄어들고 우윳값은 다시 폭등하기 시작했다. 국민들의 불만은 다시 고조되었다. 거의 프랑스혁명 전야 같은 분위기였다.

위기를 느낀 로베스피에르는 이번에는 건초농가에 건초값을 반으로 내리라고 칙령을 내렸다. 건초생산농가 역시 바보가 아니다. 8프랑을 들여 10프랑에 팔았는데 5프랑에 팔라니! 그들은 건초생산을 중단해버렸다. 건초값이 폭등하니 불 난 데 기름 부은 격으로 우윳값은 더욱 폭등했다. 주변 참모들 대부분은 이런 정책이 문제가 있음을 알고 있었다. 하지만 직언하지 못했다. 단두대 공포정치를 휘두르는 로베스피에르에게 직언을 하기는 쉽지는 않았을 것이다. 결과는 어땠을까? 쿠데타가 일어나 로베스피에르 역시 단두대에서 처형되었다. 그가 붕괴한 주요 원인으로 우윳값 폭등을 지적하는 역사학자들이 많다. 정말 바보 같은 정책이었다. 하지만 최근에도 국내외적으로 이런 정책적 실수를 저지르는 경우가 종종 있다.

이런 실수를 저지르는 이유는 2가지 중 하나다. 둘 다 바보와 관련된다. 하나는 정책입안자가 전체 생태계 그림을 보지 못하는 바보이거나, 다른 하나는 정책입안자는 바보가 아닌데 국민을 바보로 생각하는 경우다. 세상은 생각처럼 단순하지 않다. 문제도 복잡하거니와 문제와 얽힌 이해관계자들도 많다. 특히 최고권력자가 직접 지시한 정책은 이런 오류에 빠지기 쉽다. 주변에 '알아서 기는 바보'들만 있으면 이런 상황이 발생할 확률은 급증한다.

마오쩌둥과 토법고로 운동

장이머우張藝謀가 연출한 〈인생〉이란 영화가 있다. 마오쩌둥毛澤東이 주도하는 중국대약진운동 당시 한 가족의 굴곡 어린 삶을 통해 중국의 굴곡진 역사를 다루었다. 이 영화를 보면 토법고로土法高爐 운동에 매진하는 농촌이 나온다. 부족한 식량생산을 늘리기 위해선 강철농기구가 필요했다. 그런데 당시 중국은 제철소가 없어서 마을마다 대장간 화로 같은 조그만 화로를 만들어 강철을 생산해내겠다는 정책을 펼쳤다. 최고권력자인 마오쩌둥의 지시이다 보니 마을마다 강철을 생산하는 데 혈안이 되어 있었다. 하지만 강철이란 그렇게 생철을 부어 녹이고 굳힌다고 제대로 생산되는 것이 아니다. 정교한 기술이 필요했다. 이것은 농가가 잘할 수 있는 일이 아니었다.

상부의 지시가 떨어졌으니 성과는 보여야 되겠고……. 과연 어떤 결과가 나왔을까? 바로 '1인자의 오류'가 극명해졌다. 어떻게든 성과를 보이기 위해 농가의 거의 유일한 강철제품인 농기구를 분해하여 제출하는 진풍경이 벌어졌다. 강철농기구를 만들기 위해 강철을 생산하려 하는데, 우습게도 강철농기구를 분해하고 파괴해버리는 역효과가 발생한 것이다. 우습다기보다 슬픈 이야기다. 전체 그림을 보지 못하고, 정책수용자의 반응을 제대로 예측하지 못했을 때 나타나는 참사다. 있던 농기구마저 없어져버리고, 기술부족으로 인해 녹인 강철로 제대로 된 농기구를 만들어내지 못하니 당연히 농업생산량이 급감했다. 중국대약진운동 당시 4,000만 명이 아사하는 데 일조한 정책이었다.

수천 년간 양식을 수탈한 적과의 전쟁

비슷한 일이 또 있었다. '참새학살사건'이다. 마오쩌둥이 식량생산을 독려하기 위해 농촌시찰을 갔다가 밭에서 곡식 낟알을 쪼아 먹는 참새를 보았다. 그리고 지시했다. 애써 지은 농사를 망치는 "참새를 박멸하라!" 1인자의 지시로 인해 중국에서 어떤 일이 벌어졌을까? 1958년 한 해 동안 2억 1,000마리의 참새가 제거되었다. 베이징에는 '참새박멸총지휘부'까지 설치되었다. **"수천 년간 우리 양식을 수탈하며 죄악을 저질러온 적, 이제야 관계를 청산할 때가 왔다."** 마오쩌둥의 참모 궈모러郭沫若가 한 말이다. 이것은 침략을 일삼는 북방의 이민족을 향해 한 말이 아니었다. 참새를 지칭하는 말이었다. 그 결과는 어땠을까? 참새가 박멸되었으니 곡식 수확이 늘었을까? 아니다. 참새가 먹은 것은 곡식 낟알뿐만이 아니다. 참새의 주식은 바로 해충들이다. 천적인 참새가 없어졌으니 해충들 세상이 되어버렸다. 곡식들은 낟알이 맺기도 전에 죽어버렸다. 참새박멸작전을 펼쳤던 해에 희대의 흉작을 기록했다. 자연생태계는 그렇게 단순하지 않다. 나중에 일이 크게 잘못된 것을 알고 소련에서 참새 20만 마리를 수입했으나 소용없었다.

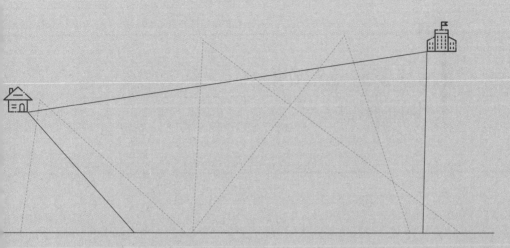

4장

트릴레마,
부채를 보는 새로운 시각

01

왜 반란군 테러 진압이
어려운가?

퍼트레이어스 사령관과 테러 진압의 트릴레마

탈레반, 알카에다에 이어 ISIS까지 미국이 반란군 진압에 어려움을 겪는 이유는 무엇일까? 표면적으로 드러난 이유는 여러 가지가 있겠지만, 근본 이유는 '트릴레마' 때문이다.

우리가 잘 아는 딜레마는 2가지 목표나 선택 안 중에서 2개를 동시에 달성하지 못하는 경우를 일컫는다. 트릴레마는 추구하는 목표가 3개인 경우에 발생한다. **목표가 3개인 경우에, 2개는 동시에 달성할 수 있지만 3개 모두를 동시에 달성할 수 없는 것이 트릴레마다. 혹자는 불가능한 삼위일체**Impossible Trinity**라고도 한다.**

미국의 이라크 반란군 진압전략을 머리에 떠올려보자.[9] 이라크에서 반란군과 전쟁을 수행하는 미국 입장이라면 추구하는 목표가

반란군 괴멸

자국 군인 보호   민간인 구분 대응

3가지다. 첫째는 반란군을 괴멸시키는 목표, 둘째는 작전수행 중인 미국 군인을 보호하는 목표, 그리고 셋째는 작전지역에서 반란군과 민간인을 구분해 대응함으로써 민간인을 최대한 보호하는 목표가 그것이다. 반란군 진압의 트릴레마란, 이 3가지 목표 중 2가지 목표는 동시에 달성할 수 있지만 3가지 모두는 동시에 달성할 수 없다는 것이다. 왜 그럴까?

첫째, 이라크 내 반란군을 괴멸시키고 동시에 자국 군인 즉 미국 군인들을 보호하는 2가지 목표는 동시에 달성할 수 있다. 하지만 이 2가지 목적에 집중해 작전을 편다면, 이라크 민간인의 보호는 쉽지 않다. 민간인이 간첩이나 정보원 활동을 할 수도 있고 혹은 반란군이 민간지역에 숨어 들었을 수도 있다. 이때 민간인 보호라는 목표가 걸림돌이 되어서 제때에 과감한 작전을 펼치지 못하면 반란군도 진압하지 못하고 미군의 희생만 커질 수 있다. 반란군을 효과적으로 진압하고 동시에 미군을 최대한 보호하려면 이라크 민간인 보호를 포기해야 한다. 이런 무차별 강경진압이 이라크 점령 후 미국의 초기전략이었다. 이라크 민간인 희생이 늘 수밖에 없었던 이유다.

데이비드 퍼트레이어스David Petraeus 사령관이 새로 부임해 전쟁의 개념을 '전쟁지역 주민의 마음을 얻는 것'으로 새롭게 정의하면서 비로소 민간인 희생이 줄어들었다. **퍼트레이어스 장군은 이라크전쟁이 딜레마가 아닌 트릴레마 상황임을 인식하고 있었다.** 민간인 희생이 축소되는 것과 비례해 민간인의 게릴라 가입도 줄고 후원도 줄어들었다. 게릴라전을 위주로 하는 반란군은 토착주민들의 지원이 없으면 전쟁 자체를 수행할 수 없다.

둘째, 이라크 반란군을 진압하는 과정에서 반란군과 민간인을 구분해 대응할 수는 있지만 이렇게 되면 작전수행 중인 아군, 즉 미군의 보호가 힘들어진다. 조심조심 민간인을 구분해가며 작전을 수행하다 보면 미군의 희생이 늘어나기 마련이다. 반란군을 진압하는 데 있어서 민간인을 구분해 대응하는 게 중요한 이유는 휴머니즘적인 이유뿐만이 아니다. 전략적 차원에서도 중요하다는 사실이 경험을 통해 밝혀졌다. 민간인 사상자가 발생하면, 의도된 공격은 아니었다 하더라도, 민간인 여론이 반란군 쪽으로 쏠리게 된다. 조사결과, 민간인이 테러리스트가 되기로 결심하는 가장 큰 동기는 가족을 비롯한 자기 주변 사람들이 희생되는 것을 목격하는 것이다. 민간인이 1명 살해될 때마다 새로운 반란군이 10명 생겨나는 결과를 낳았다는 말이다. 퍼트레이어스 사령관이 부임해 점령지 민간인을 최대한 보호하는 전략을 사용하면서부터 민간인의 반란군 전환은 급속히 감소했다. 민간인 보호라는 목표 때문에 무차별적이고 과감한 정비작업이 불가능하니 반란군 진압과정에서 미군의 보호의 효율성이 떨어질 수밖에 없다. 미군 사상자가 늘어나는 것은 정치적으로 지속가능하지 않다. 미국 내에서 이라크전쟁에 대한 반대여론이 급증하고 미군을 우선적으로 보호해야 한다는 정치적 목소리가 커지기 때문이다.

셋째, 민간인도 보호하고 작전에 투입된 미군도 동시에 보호하는 경우를 생각할 수 있다. 하지만 이 경우에는 반란군의 완전한 진압이 불가능하다. 민간인을 보호하고 미군을 보호하기 위해 조심하는 동안 반란군은 도망쳐버리거나 반격을 가해오기 때문이다. 나폴레옹처럼 군대 희생자를 신경 쓰지 않는 경우라면 모를까, 지금처럼 인간생명이 존중되고 국민여론에 의해 전쟁 지속 여부가 좌지우지되는 상황에서는 반란군의 뿌리를 뽑기가 사실상 쉽지 않다.

결론은 이렇다. 미국은 반란군을 진압하는 과정에서 트릴레마에 빠졌다. 반란군은 이 같은 트릴레마를 역으로 이용하기도 한다. 미군 사상자가 늘어날수록, 미군의 이라크 주둔은 정치적 생명력을 잃어갈 수밖에 없다. "왜 우리 젊은이들을 희생시키는가?"라는 격정적 주장에 대응할 명분을 찾기 힘들다. 미국이 이라크에서 미군 철수를 결정한 이유다. 트릴레마 시각에서 보면, 미군보호와 민간인보호라는 2가지 목표를 선택하고 반란군 완전궤멸이란 목표를 포기한 것이다. 이라크에 이어 아프가니스탄에서도 비슷한 상황이 벌어졌다. 오바마 전 대통령은 2016년까지 미군을 철수하겠다고 말했지만 아무런 대책 없이 철수하면 ISIS가 발흥해 제2의 이라크가 된다는 우려 때문에 철수가 연기되었다.

트릴레마 시각이 필요한 이유

부채문제이든 군사외교 문제든 왜 트릴레마가 중요할까? 그리고 왜 지금 트릴레마의 관점에서 이슈를 논의하는 게 필요할까? 첫째, 세상이 아주 복잡해지고 불확실해졌기 때문이다. 기술도 복잡해지고 이해관계도 복잡해지고 원인과 결과의 연결고리도 복잡해졌다. 국가나 기업이 추구하는 전략적 목표도 다양해질 수밖에 없는 이유다. 2개 중 하나를 선택하는 딜레마의 프레임만으론 부족한 시대가 왔다. 둘 중에서 하나를 선택하는 것은 익숙하지만 셋 중 둘을 선택할 때는 더욱 체계적 사고와 훈련이 필요하다. 잘못하면 3가지 목표 중 하나도 얻지 못하거나 하나밖에 얻지 못하는 경우가 허다하기 때문이다. 트릴레마가 발생하는 메커니즘을 깊이 있게 이해해야 트릴레마를 해결할 수 있고 더 나아가 활용할 수도 있다.

둘째, 트릴레마는 무엇을 포기하고 무엇을 선택하는 것이 합리적인지를 체계적으로 고민할 수 있게 해준다. 획기적 해법의 출발점은 '지적 겸손함'이다. 불가능한 것은 불가능하다고 인정해야 새로운 아이디어가 들어설 공간이 뇌에 생긴다. 불가능한 것을 인정하지 않고 고집부리고 과거 수단에만 집착해 억지로 달성하려다 보면 힘만 빠지고 하나의 목표도 제대로 성취하지 못한다. 무엇이 불가능한지를 이해하는 것은 마치 무엇을 모르는지를 아는 것과 비슷하다. 무엇을 모르는지조차 모르는 사람은 허둥대다 실패하기 마련이지만, 무엇을 모르는지를 아는 사람은 어려운 상황에 효과적으로 대처할 수 있다. 안 되는 것을 억지로 무리해서 모두 얻으려다 보면 개인이든 조직이든 국가든 위기를 맞이하고 결국 무너진다.

셋째, 역설적으로 들릴 수 있지만, 목표가 3개인 경우로 생각의 틀을 확장하면 목표가 2개인 딜레마 문제는 의외로 쉽고 기발하게 풀릴 수 있다. 만일 딜레마 문제를 트릴레마 문제로 확장해 생각할 수 있으면, 트릴레마의 정의상 2개의 목표는 달성할 수 있으니 자연스럽게 딜레마가 해결되는 셈이다. 트릴레마를 분석하는 과정에서 딜레마에 대한 기발한 해법이 나올 수도 있다는 말이다.

넷째, 트릴레마를 정확히 이해하고 활용하면, 적이나 경쟁자가 직면한 트릴레마의 약한 고리를 공격할 수도 있다. 소로스_{George Soros}는 1992년 영국의 파운드화 위기 때 파운드화를 공격해 엄청난 돈을 벌었다. 국제금융의 트릴레마를 정확히 이해하고 확신한 덕분이다. 통화정책의 독립성, 자유로운 국제간 자본이동, 고정환율제도라는 3가지 정책목표는 동시에 달성될 수 없다는 트릴레마다. 이런 경우에는 포기할 것은 포기하고 2가지 목표에 집중하는 게 합리적이다. 모두에 집착하면 위기가 온다. 1997년 아시아 외환위기 때 한국도 3가지를 모두 지키려다 위기를 맞이했다. 지금 중국도 이 트릴레마에 빠져 있고 앞으로 어떻게 진행될지 귀추가 주목된다.

다섯째, 한국에만 적용되는 특이한 이유인데, **바로 북한 때문에 트릴레마 상황이 자주 발생한다.** 정치·외교·군사적 목표뿐 아니라 경제목표를 달성하고 경제 문제를 해결함에 있어서도 한국에는 북한이라는 변수가 하나 더 있다. 더 거창하게 표현하면 남북평화통일이라는 원대한 목표가 하나 더 있다고 생각할 수도 있다. 다른 국가들에게는 딜레마인 문제가 우리에게는 트릴레마가 되는 경우가 종종 있다는 말이다. 우리가 남들이 못 보는 트릴레마를 정확히 꿰뚫어 보고 해결하는 능력을 겸비해야 하는 또 다른 이유다.

트릴레마를 통한 딜레마 해결: 케네디 vs 흐루쇼프

딜레마에 빠졌을 때, 한 개의 차원을 더해서 트릴레마 구조를 생각해낼 수 있다면 딜레마를 해결할 수 있다. 트릴레마 구조를 생각해낼 수 있는 능력은 남들이 보지 못하는 것을 볼 수 있는 투시력이요, 상황을 뒤엎어 새롭게 규정하는 재정의력이다. 재정의력의 구체적 내용은 『예술과 경제를 움직이는 다섯 가지 힘』의 '재정의력' 부분을 참조하기 바란다. 딜레마 상황에서는 하나를 선택해야 한다면 다른 하나는 버려야 한다. 만일 새로운 차원의 옵션을 첨가해 딜레마 자체를 트릴레마로 전환시킬 수 있다면 딜레마를 풀 수 있다. 트릴레마가 딜레마를 무력화시키는 것이다.

쿠바 미사일 배치를 둘러싼 미국과 소련, 즉 케네디_{John F. Kennedy} 대통령과 흐루쇼프_{Nikitta S. Khrushchyov} 서기장과의 딜레마 문제를 살펴보자. 쿠바에 배치될 미사일에만 국한해 생각하면 전형적인 딜레마 문제다. 케네디 대통령은 둘 중 하나를 선택해야 한다. 소련이 쿠바에 핵미사일을 배치하는 것을 허용하거나, 아니면 소련과 전쟁을 벌이는 것이다. 전자는 미국인들로부터 겁쟁이라고 비난받을 터이니 택할 수 없고, 그렇다고 전쟁을 선택하면 양국 간 전면전이 벌어져 핵무기가 사용되는 3차 세계대전이 불가피하다. 이러지도 저러지도 못하는 딜레마다. 우리가 흔히 알고 있는 결과는, 결단력과 용기를 갖

춘 케네디가 전쟁을 선포했고 소련이 슬그머니 물러섰다는 것이다. 과연 정말 그랬을까? 아무런 대가 없이 수치스러움을 무릅쓰고 흐루쇼프가 물러섰을까? 만약 그랬다면 흐루쇼프는 당장 소련의 서기장에서 쫓겨났을 것이다. 그런데 그는 멀쩡하게 권좌를 지켰다.

역사적 사실은 이렇다. 막후에서 새로운 차원의 옵션이 첨가되어 딜레마가 딜레마가 아닌 상황 즉, 트릴레마가 되어서 문제가 해결되었다. 당시 소련이 가장 위협을 느꼈던 무기는 터키에 배치된 미국의 대륙간탄도미사일$_{ICBM}$이었다. 바로 턱밑에서 모스크바를 겨누고 있는 대륙간탄도미사일은 치명적 위협이었다. 이에 맞대응하기 위해 선택한 전략이 바로 미국 턱밑 쿠바에 핵미사일을 배치하는 것이었다. 비공식 비밀경로를 통해 서로의 입장을 확인한 순간, 케네디 입장에서는 새로운 전략이 추가되었다. 케네디가 직면한 문제는 2개에서 3개로 확대되었다. 기존 문제 즉, 쿠바 핵미사일 설치 차단 그리고 소련과의 핵전쟁 회피라는 2가지 딜레마적 목표에 더해 터키에 계속 대륙간탄도미사일을 유지할 것인가가 고려대상에 덧붙었다. 이제 케네디가 직면한 문제는 딜레마가 아니라 트릴레마로 전환되었다. 역설적이지만, 딜레마에서 동시에 풀기 힘들었던 2가지 문제를 트릴레마에서는 풀 수 있다. 트릴레마 상황에서는 3가지 목표를 동시에 달성하기 불가능하지 2가지 목표는 달성 가능하다.

어찌 보면 케네디가 용기 있게 딜레마를 푼 것처럼 보인다. 하지만 이 게임은 딜레마 게임이 아닌 트릴레마 게임이었다. 소련이 핵미사일을 철수시킨 20일 후에 터키에서 미국의 대륙간탄도미사일 주피터가 비밀리에 철수되었다. 지금은 알려진 사실이지만, 당시에 주피터 철수를 아는 사람은 거의 없었다. 과연 누가 승자인가? 케네디도 승자고 흐루쇼프도 승자다. 당초 계획한 것을 얻었으니 흐루쇼프가 더 큰 승리를 거두었는지도 모르겠다. 잘 보이지 않는 그러나 상대방이 매력적이라고 생각하는 협상안을 만들거나 찾아내어 딜레마를 트릴레마로 전환시켰기에 문제가 풀린 것이다.

연쇄살인범 변호사의 트릴레마

변호사 특히 형사범죄를 다루는 변호사들도 트릴레마에 빠지는 경우가 있다. 변호사가 의뢰인을 변호함에 있어서는 반드시 갖추어야 할 능력과 지켜야 할 의무가 있다. 첫째, 의뢰인 변호를 잘하기 위해 정확한 정보를 체계적으로 수집하고 분석할 수 있는 능력competency을 갖추어야 하고, 둘째, 의뢰인과의 커뮤니케이션 과정에서 획득한 정보는 반드시 기밀을 지키고 의뢰인을 위해서만 사용해야 할 의무confidentiality가 있으며, 셋째, 특히 형사범죄의 경우, 법원의 요구가 있을 때 솔직히 정보를 밝혀야 할 의무candor가 있다. 그런데 이

[도표 09] 형사변호사의 트릴레마

변호사 정보능력

의뢰인 기밀유지

법원에 정보제공

3가지 의무를 동시에 지키기가 불가능하다는 게 '형사변호사의 트릴레마'다. 변호인이 유능해서 많은 정보를 획득했고 이 정보를 의뢰인을 위해서만 쓴다면, 의뢰인에게 불리할 것이 뻔한 정보를 법원에 솔직히 제공하는 것은 어렵다. 변호사가 획득한 정보를 법원의 요청에 따라 제공한다면, 의뢰인과의 커뮤니케이션 과정에서 획득한 모든 정보는 의뢰인을 위해서만 사용해야 한다는 의무를 지키지 못하게 된다.

문제는 형사사건 중에서 연쇄살인범과 같이 극악한 범죄자의 경우, 과연 변호사가 어디서 균형을 잡아야 하는지는 참으로 어렵다는 것이다. 혹자는 "연쇄살인범인데 무슨 말이냐, 법원에 모든 정보를 제공해야지"라고 주장할 수 있으나 그러면 이는 연쇄살인범 용의자는 변호사의 보호를 받을 자격이 없다는 말과 같다. 변호사가 법원의 요청에 응해 정보를 솔직히 제공하고, 의뢰인에 대한 충실의 무도 준수했다면 즉 의뢰인에게 불리하지 않았다면, 변호사가 획득한 정보가 별 유용성이 없는 정보였다는 것을 반증한다. 다시 말해 이 경우 변호사가 유용한 정보를 획득할 능력이 있는 유능한 변호사가 되기를 포기한 것이다.

영화를 보면 자주 나오는 장면이 있다. 의뢰인이 변호사에게 무슨 말을 하려고 할 때, "아 그 이야기는 저에게 안 하는 게 좋겠습니다"라고 말하며 변호사가 오히려 정보받기를 거부하는 것이다. 왜 그런지 의아했었는데 바로 형사변호사의 트릴레마 때문이다.

리플리 증후군과 거짓말 트릴레마

"거짓말을 장기간에 걸쳐 일관되게 하지는 못한다." 거짓말은 일관성과 장기성을 동시에 달성하기가 불가능하다는 말이다. 2가지 가능성이 있다. 하나는 거짓말을 일관성 있게 할 수 있으나 단기간에만 가능하다는 것이고 다른 하나는 거짓말을 장기간에 걸쳐 할 수 있으나 일관성이 떨어진다는 것이다. 바로 거짓말탐지기의 작동 원리이기도 하다. 동일한 상황을 다른 식으로 질문해 대답이 일치하는가를 본다. 처음 질문과 1시간 후에 한 다른 버전의 동일한 질문에서는 같은 대답을 제시할 수 있다. 하지만 뇌의 집중력을 분산시키는 다른 질문들을 중간에 넣고 2시간 후, 하루 후, 이틀 후, 일주일 후에 다른 형태로 같은 질문을 하면 거짓말을 일관성 있게 하기는 정말 힘들다. 왜 그럴까? 진실은 하나이지만 거짓말은 그 나머지 모든 가능성을 포함하고 있기 때문이다. 이 모든 가능성에서 일관성을 유지하기란 인간의 뇌로선 쉽지 않은 일이다

거짓말탐지기에 포착되지 않고 장기간에 걸쳐 일관성 있게 말하는 사람이 있다면 2가지 가능성이 있다. 하나는 그 사람이 진실을

말하고 있는 것이고, 다른 하나는 허위사실을 진실이라고 스스로 진짜 믿고 있는 경우다. 즉 자신이 거짓말을 한다는 생각을 추호도 안 하는, 보다 정확히는 못하는 사람이다. 일종의 정신질환인 리플리 증후군Ripley Syndrome이다. 리플리란 용어는 미국의 심리 스릴러 소설가 패트리샤 하이스미스Patricia Highsmith가 1955년에 쓴『재능 있는 미스터 리플리The talented Mr. Ripley』로부터 유래한다. 가난한 주인공 톰 리플리가 재벌집 아들인 친구를 필립 그린리프를 죽인 후에 계속 거짓말이 거짓말을 낳으며 필립 행세를 하며 살아가는 내용이다. 이 소설은 1960년에 프랑스에서 〈태양은 가득히〉라는 제목으로 영화화되었다. 1960년대의 레오나르도 디카프리오라 할 수 있는 알랭 들롱이 주인공 톰 리플리 역을 맡았다. 미국에서는 〈보랏빛 정오Purple Noon〉라는 제목으로 개봉되었다. 1990년에는 하버드대 출신 배우 맷 데이먼 주연으로 〈재능 있는 미스터 리플리〉란 이름으로 다시 영화화되었다.

리플리 증후군이 발생하는 이유는 이렇다. 경제적 또는 사회적으로 성공하려는 성취욕은 크지만 현실적으로 이를 달성할 능력이 없을 때, 혹은 꿈을 실현할 수 있는 통로가 봉쇄되어 있을 때, 불가능한 현실 대신 가상의 세계를 만들어내고 이를 사실이라고 믿고 살기 때문이다. 성취욕이 능력에 비해 큰 사람에게 많이 발생하는데, 현실과 이상 간의 격차를 뇌가 견뎌내지 못하면 인지부조화가 극단으로 치닫게 되고, 이런 식으로 가상의 허구세계를 만들어 뇌의 폭발을 방지하는 것이다. 가상의 세계를 현실로 스스로 믿고 거짓말을 계속하다 보면 거짓말이 거짓말인지를 스스로의 뇌가 파악하지 못한다. 스스로가 뇌를 속이는 것이다. 그러니 거짓말탐지기에도 안 걸리고, 일반인들이 거짓말할 때 발생하는 얼굴 빨개지기, 호흡 빨라지기, 눈동자 초점 흐려지기, 땀나기 같은 생리적 증상도 발생하지 않는다.

리플리 증후군에 걸리면 장기적으로 들통나지 않고 일관되게 거짓말을 할 수 있다는 점에서 거짓말 트릴레마를 극복할 수도 있다. 그래서 최근에는 이를 사회에 심각한 해악을 끼치는 중죄로 보고 있다. 최고의 스파이가 되려면 지속적인 훈련을 통해 거짓말 트릴레마를 극복할 수도 있어야 한다. 이렇게 보면 리플리 증후군에 걸린 사람은 최고의 스파이 후보자다.

02

경제
트릴레마

국제금융 트릴레마(먼델-플레밍 트릴레마)

부채문제도 경제 문제다. 사실 떼어놓고 생각하기 힘들다. 부채 트릴레마를 논의하기에 앞서 경제의 트릴레마를 먼저 논의하는 이유다. 경제에서 트릴레마 하면 가장 먼저 떠오르는 것이 국제금융의 트릴레마다. 먼델Robert A. Mundell과 플레밍Marcus Fleming이 주장했다고 하여 먼델-플레밍 트릴레마라고도 한다.

개방경제하에서 경제를 운영하는 국가는 다음의 3가지 정책목표를 달성하고자 한다. 국경 간 자본흐름의 자유로움 보장, 환율의 안정성 확보(고정된 환율을 의미), 그리고 금리를 위주로 한 통화정책의 독립성이 그것이다. 먼델과 플레밍은 이 3가지 정책목표는 동시에 달성할 수 없는 목표라고 주장했다. 2가지 목표는 달성할 수 있지만 말이다. 바로 국제금융의 트릴레마다. 3가지는 본질적으로 동시에 달성 불가능하니 하나는 포기해야 한다는 주장이다. 불가능한 것을 무리해서 달성하려다 보면 오히려 가장 약한 고리가 끊기면서 경제가 위기를 맞게 된다. 1997년에 우리가 경험한 외환위기도, EU가 겪었던 경제위기도, 최근 자본시장개방과 관련해 중국이 겪는 어려움도 국제금융 트릴레마에 해당되는 예들이다. 왜 그런지를 3가지 경우로 나누어 살펴보자.

첫째, 자유로운 국경 간 자본이동을 허용하고 동시에 고정환율을 유지하는 목표를 세운 경우다. 과연 이 경우 통화정책의 독립성을 유지할 수 있을까? 자본이 급속히 대량으로 유출되는 경우를 생각해보자. 외국인들이 원화로 투자했던 투자자금을 달러화로 바꾸어 가지고 나가니, 원화는 공급이 늘고 달러는 수요가 늘어, 원화가치가 하락할 수밖에 없다. 즉 원-달러환율이 오른다. 환율을 이전과 같이 유지하려면, 금리를 높여 외국인들에게 원화에 투자할 유인을 제공해야 한다. 여기서 갈등이 생긴다. 경기가 침체되어 금리를 내리는 것이 중앙은행이 원하는 정책이라도 마음대로 금리를 내릴 수 없다. 환율을 고정시켜 떠나가는 자본을 붙잡기 위해, 울며 겨자 먹기 식으로 금리를 올릴 수밖에 없다. 중앙은행 원래 의지와 관계없이 금리를 올린 것이니 통화정책의 독자성 또는 독립성은 포기한 것이나 마찬가지다.

둘째, 자본이동을 자유롭게 허용하고 동시에 통화정책의 독자성을 목표로 삼은 경우다. 트릴레마에 따르면 이 경우는 환율안정성 즉 고정환율을 포기해야 한다. 자본유출 예를 다시 생각해보자. 국

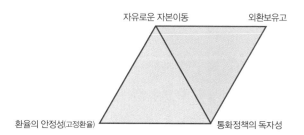

[도표 10] 국제금융 트릴레마

자유로운 자본이동

외환보유고

환율의 안정성(고정환율)

통화정책의 독자성

내에서 빠져나가는 자본이 많아져 원화가치가 과도하게 하락하는 경우, 침체된 국내경기부양을 위해 금리를 내리거나 최소한 그대로 유지하려 한다면, 원화의 평가절하를 그대로 놔둘 수밖에 없다. 소위 안정된 환율이라 인식되고 있는 고정환율제도를 포기해야 하는 경우다. 억지로 환율수준을 고정시키려 한다면 외부로부터 공격을 당하기 쉽다. 1997년 한국의 외환위기, 1992년 영국의 외환위기가 바로 이 경우다. 한국도 경제위기를 겪으면서 고정환율제도를 포기하고 변동환율제도로 전환하였다.

여기서 떠오른 질문 한 가지! '**과연 고정된 것이 안정된 것인가?**' 고정된 환경에서는 그렇지만 변동하는 환경에서는 그렇지 않다. 움직이는 버스 안에서는 버스의 움직임에 맞추어 다리 관절도 같이 움직여야 안정된 균형을 잡을 수 있다. 뻣뻣이 막대같이 서 있으면 넘어진다. 이렇게 보면 **안정을 결정하는 것은 '고정'이나 '변동' 그 자체가 아니라 '환경과의 일관성'이다.** 다음에 다룰 '부채 트릴레마'에서 고정된 이자지급을 융통성 있게 전환하는 것도 유사한 이유다. 환경이 급변하고 불확실한데 이자가 빡빡하게 고정되어 있으면, 덜컹거리는 버스 안에서 빳빳이 서 있는 막대기처럼 쓰러지기 쉽다. 지금은 부채도 유연성이 부가되는 시대다.

셋째, 환율을 고정적으로 유지하고 동시에 통화정책의 독자성을 목표로 삼을 수 있다. 국경 간 자본이동에 제약이 가해지는 경우다. 자본시장이 완전히 개방되어 있지 않다는 뜻이다. 지금 중국이 선택하고 있는 정책이다. 자유로운 자본이동을 포기하고 환율안정성과 통화정책 독자성을 선택했기 때문에 지불해야 할 비용도 있다. 위안화의 국제화가 어려워진다. 자본이동이 어려워서 위안화를 보유한 외국인들은 자유롭게 중국 자산에 투자하기도 힘들고 자본을 자유롭게 빼나가기도 힘들다.

그렇다면 국제금융의 트릴레마는 도저히 해결될 수 없는가? 그렇지는 않다. 현실적으로 가장 많이 사용되는 정책은 외환보유고를 충분히 쌓는 것이다. 자본의 자유로운 이동을 허용해 자본유출입 변동성이 크더라도, 그리고 통화정책을 독자적으로 수행한다 하더라도, 외환보유고가 충분히 축적되어 있으면 환율을 어느 정도 일정 기간 안정시킬 수 있다. 하지만 아무리 많이 쌓아도 외환보유고에는 한계가 있다.

금융통합 트릴레마(슈마크의 트릴레마)

먼델과 플레밍이 주장한 국제금융의 트릴레마는 국제간 자본이동에 초점이 맞추어진 트릴레마다. 이제 자본이동 외에 은행, 증권, 보험 등 금융 비즈니스를 국제적으로 자유롭게 수행하는 경우를 생각해보자. 한국의 금융산업은 자산이나 수익 차원에서 국내 비중이 압도적이지만 글로벌 금융사들은 국제영업 비중이 높다. 특정국 금융사가 다른 국가들에서도 자유롭게 영업을 할 수 있는 상황을 금융업의 국제적 통합, 줄여서 '금융통합'이라고 정의하면 이와 관련된 트릴레마를 생각할 수 있다. 여기서 통합이란 시장의 통합이요 거래의 자유로움이다. 슈마크_{Dirk Schoenmaker}는 금융통합, 금융안정, 금융정책의 독자성(혹은 금융정책의 주권)이라는 3가지 목표는 동시에 달성할 수 없다고 주장했고 이를 '금융통합의 트릴레마'라 불렀다.

트릴레마이니 이 또한 무엇을 포기하느냐에 따라 3가지 경우로 나뉜다. 첫째, 금융이 국제적으로 통합되어 외국 금융사가 자유롭게 국경을 넘어 활동하는 상황에서 금융안정을 유지하려면 독자적인 금융정책을 포기해야 한다. 여기서 금융정책의 독자성 포기란, 국경을 넘어 영업하는 금융사에 문제가 발생할 때 자국의 이익만을 고집하지 않고 각국이 정책을 협력하고 조정해야 한다는 뜻이다. 예를 들어 비용이 발생할 때 사전에 정해진 규칙에 따라 '부담을 공유'하는 것이다. 둘째, 금융이 통합된 상태에서 각국이 금융정책을 독자적으로 수행하는 목표를 유지하려면 금융안정을 포기해야 한다. 금융 비즈니스는 국제화되어 있는데 정책과 감독은 국가 간 협력이 쉽지 않기 때문에 글로벌 금융시장이 불안해지고 위기를 자주 겪는다. 셋째, 각국이 국제간 공조 없이 금융정책을 독자적으로 수행하고 동시에 금융안정을 확보하려면 금융통합을 희생시키는 수밖에 없다. 글로벌 금융위기가 빈번해지면서 최근에 종종 제기되는 주장이다. 금융안정성과 금융정책의 독자성이 주권의 영역이다 보니 정

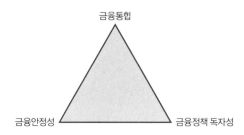

치적으로 명분 있는 옵션이 된다.

　금융통합의 트릴레마는 포괄영역은 다르지만, 그 작동원리는 국제금융의 트릴레마와 유사하다. 국제적으로 국경을 넘어 자유롭게 흐르는 것이 자본에서 금융 비즈니스로 변화되었고, 안정시키려는 것이 환율안정에서 금융안정으로 전환되었고, 주권국가가 독자성을 유지하려는 정책이 통화정책에서 금융정책으로 바뀌었다고 생각하면 된다. 구조가 비슷한 이유는 트릴레마의 작동원리가 비슷하기 때문이다. 국제금융 영역에서 트릴레마가 발생하는 근본 이유는 정부가 수행하는 정책과 규제의 포괄범위가, 민간이 수행하는 비즈니스의 포괄범위와 일치하지 않기 때문이다. 자본이동이든 금융사 비즈니스이든 전 세계를 대상으로 하는 데 반해, 통화정책이나 금융정책은 특정한 주권국가에만 국한되기 때문이다. 양자 간에 이런 괴리가 생기면, 경제 시스템에 불안정성이 야기된다. 먼델–플레밍 트릴레마에서는 환율의 불안정이고 슈마크의 트릴레마에서는 시스템 리스크로 대변되는 금융의 불안정이다.

경제 세계화의 트릴레마

하버드대 정치경제학자인 대니 로드릭(Dani Rodrik)은, 정치 차원을 더해서 국제금융의 트릴레마를 경제 세계화의 트릴레마로 확장시켰다. 경제의 세계화, 정치적 민주화 그리고 각국의 주권 확보는 동시에 달성하기 불가능한 목표라는 주장이다. 세계화 흐름 속에서 경쟁력 높은 외국기업이 국내에 진출하면 경쟁력 약한 국내산업이나 기업은 퇴출위기를 맞게 된다. 이곳에 고용되었던 사람들도 실업자가 된다. 민주화된 국가에서는 국민들과 노동조합의 정치적 목소리가 커진다. 정치세력을 좌지우지할 투표권을 갖고 있기 때문이다. 20세기 초 경험했던 금본위제도하의 세계화 시기에는 아직 참정권의 확대 정도가 미미했다. 이해관계집단의 정치적 목소리가 약했다는 말이다. 그래서 각국이 이를 무시하고 독자적으로 세계화를 추진할 수 있었다.

지금은 상황이 다르다. 경제 세계화의 트릴레마 관점에서 보면, 영국이 EU를 탈퇴한 것은 세계화(정확히는 유럽화)를 포기한 것이고, 제조업이 쇠락한 러스트 벨트(Rust Belt)를 기반으로 대통령에 당선된 트럼프 대통령이 자유무역에 제약을 가하는 것도 투표권을 우선시해 세계화를 포기하는 것이다. 민주화된 주권국가에서 정권을 선택하는 것은 자국 국민들이지 다른 나라 기업이나 국민들이 아니기 때문이다. 세계를 포괄하는 통합된 세계정부가 수립되거나 아니면 패권국이자 기축통화국인 미국 대통령을 뽑는 데 한국 국민이나 프랑스 국민들도 투표할 수 있으면 문제가 해결될 수도 있겠지만 현재로

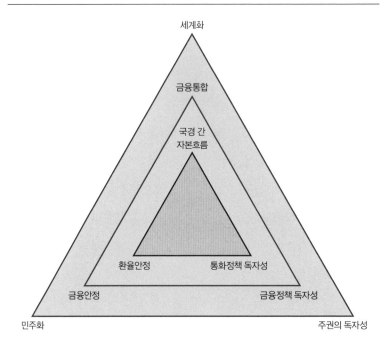

선 공상과학소설에서나 나올 법한 이야기다. 국제금융 트릴레마에서 자본이동의 자유로움을 조정하고 금융통합 트릴레마에서 시장통합의 정도를 조절하듯, 세계화 트릴레마에서는 세계화의 정도를 조절하는 게 가장 현실성이 높은 대안으로 논의되고 있다. 시대에 따라 부채의 빡빡한 정도도 변하고 세계화의 정도도 변한다.

3가지 트릴레마의 비교와 작동원리

[도표 12]는 3가지 트릴레마를 하나의 그림으로 나타낸 것이다. 포괄영역에 차이가 있을 뿐 트릴레마가 작동되는 원리는 유사함을

보여준다. 모두 유사하게 국경을 넘나들고 국제적으로 행해지는 자유로운 흐름이 있고(자본흐름, 금융 비즈니스, 무역 포함 국제간 거래), 고정되고 안정되게 유지하고자 하는 무엇이 있으며(고정환율, 금융안정, 민주화), 주권 차원에서 정책적으로 지키고자 하는 독자성이 있다(통화정책의 독자성, 금융정책의 독자성, 주권의 독자성). 트릴레마가 보여주는 것은, 다음 3가지는 동시에 달성할 수 없다는 것이다. 3가지란 글로벌 차원에서 움직이는 무엇인가의 자유로움, 특정 국가 차원에서 얻으려는 무엇인가의 안정성, 그리고 특정국가가 지키려는 정책적 독자성이다. 예를 들면, 글로벌 차원에서 무엇인가가 자유롭게 움직이는 상황에서 특정 국가가 무엇인가 안정성을 유지하려면, 국제적 정책협력을 위해 정책적 독자성을 포기해야 한다는 의미다.

고위험 대규모 장기투자의 트릴레마

투자의 트릴레마는 한마디로 '위험이 높은 투자 안에 대규모 자금을 장기에 걸쳐 투자하기 힘들다'는 것이다. 첫째, 위험이 별로 없는 국채나 금 같은 안전투자라면, 대규모 자금을 장기적으로 투자할 수 있다. 안전자산이라면 시간의 불확실성을 견딜 수 있기 때문이다. 둘째, 위험이 높은 투자라도 단기적이라면 대규모 자금을 투자할 수 있다. 극단적으로 하루 동안 투자라면 해볼 만하다. 한걸음 더 나아가 위험이 높은 투자라도 장기간에 걸쳐 해볼 수 있는데, 그 투자금액이 작은 경우다. 실패해도 큰 부담이 되지 않기 때문이다.

국가경제를 운영하다 보면, 기업을 경영하다 보면, 가계를 꾸리

[도표 13] 고위험, 대규모, 장기투자의 트릴레마

위험투자

대규모투자   장기투자

고 자식들을 키우다 보면, 위험이 높은 투자대상에 대규모 자금을 장기간 투자해야 하는 경우가 생긴다. 국가는 경제성장을 위해, 기업은 지속적 이익창출을 위해, 가계는 자식들의 교육을 위해 꼭 필요하다. 지금은 정체성위기를 겪고 있지만 과거 NASA야말로 대규모 위험투자를 장기적으로 수행한 기관이었다. 이 기관이 달 착륙, 화성탐사, 목성탐사, 지구와 비슷한 조건의 행성 찾기, 인공위성과 GPS까지 역사에 획을 긋는 성과를 쏟아낼 수 있었던 것은 장기간에 걸쳐 대규모 위험 프로젝트를 수행할 수 있었기 때문이다. 1950~1970년대는 자본주의를 대표하는 미국과 공산주의를 대표하는 소련 간에 사활을 건 이데올로기 냉전시대여서, NASA는 공산주의 타도라는 명분하에 어떠한 정치적 반대논리도 쉽게 잠재울 수 있었다. 소련과 동구권이 붕괴한 이후, 자본주의를 위협하는 적이 없어져서 엄청난 재정이 소요되는 프로젝트는 정당성을 찾기 힘들어졌다. 예산을 확보하기도 굉장히 어려워졌다.

최근에는 정부 대신에 사업에 성공한 독지가들이 재단을 설립해 대규모 위험투자를 장기적으로 수행하고 있다. 특히 생명과학 분야는 그야말로 대규모 자금이 장기적으로 들어가는 위험이 지극히 높은 투자다. 대규모 글로벌 제약회사들이 투자를 하고 있지만 무엇보다 사업성이 전제된다. 슈퍼바이러스에 대한 백신개발 등 사업성 판단이 어려운 분야 그러나 투자가 절실한 분야는 마이크로소프트를 창업한 빌 게이츠가 재단을 만들어 과감하게 투자하고 있다. 각국 정부는 국부펀드를 만들어 민간보다 길고 넓은 관점에서 투자하고 있지만 집중적 투자보다 분산투자 성격이 강하다.

가족 입장에서 보면 교육투자야말로 위험이 높고 대규모 자금이 장기간 소요되는 투자대상이다. 이 3가지는 동시에 달성할 수 없으니 '교육투자의 트릴레마'다. 교육은 백년대계라는 말도 있지 않은가. 한국도 미국도 많은 젊은이들이 학자금부채문제로 어려움을 겪고 있다. 다음번 경제위기는 학자금부채로부터 올 수 있겠다는 생각도 든다. 교육과 같이 위험하지만 반드시 장기적으로 투자해야 하는 분야에 과연 투자가 가능한 국가냐 아니냐가 미래경쟁력을 좌우할 것이다. **'교육투자의 트릴레마'를 어떻게 풀 수 있느냐가 한국의 미래를 좌우한다는 말이다.** 한국도 국가재정에만 의존하는 데는 한계가 있다. 학자금대출 같은 부채 형태의 자금조달방식은 위험이 높고 장기간 대규모 자금이 필요한 투자대상에 적합하지 않다. 학자금금융도 부채 차원을 넘어 획기적 전환이 필요한 시점이다. 학자금부채문제의 새로운 해결방안에 대해서는 '소득나눔 학자금' 즉 '학자금지분'을 다루는 7장에서 자세히 논의할 것이다. **소득나눔 학자금은 교육투자의 트릴레마를 해결하는 방법이다.**

트럼프 경제정책의 트릴레마

　트럼프 대통령이 미국 경제성장의 핵심으로 심혈을 기울이는 것은 인프라 투자다. 인프라 투자를 통해 경제가 성장하면 금리가 높아지고 달러화는 당연히 평가절상 즉 강세가 된다. 그런데 트럼프 대통령은 미 달러화의 강세를 원하지 않는다. 만성적자인 무역수지 적자를 축소하는 것 또한 트럼프 대통령의 핵심 경제정책이기 때문이다. 무역수지 적자의 최대 희생자라고 생각되는 러스트 벨트 지역은 트럼프 대통령 당선의 일등공신이다. 미 달러가 강세가 되면 수출가격은 비싸져서 수출은 줄고, 수입가격은 싸져서 수입은 늘게 된다. 무역수지 적자가 오히려 확대된다는 말이다.

　인프라 투자를 통한 확장적 재정정책, 무역수지 개선에 도움이 되는 약 달러정책, 그리고 인플레이션 억제로 대변되는 미국 연방준비제도이사회(이하 연준)의 독립적 통화정책, 이 3가지는 동시에 달성될 수 있는 목표가 아니다. 트럼프 대통령은 이 트릴레마를 어떻게 해결할까? 성장을 위한 인프라 투자 확대 목표와 무역수지 개선을 위한 달러 약세 목표는 정치적으로 양보할 수 없으니 연준의 금리결정에 영향력을 행사하려 할 가능성이 높다. 가장 쉬운 방법은 금리 인상에 거부감이 있는 연준 의장을 임명하는 것이다. 아니면 생각은 달라도 말은 잘 듣는, 달리 표현하면 정부정책에 순응하는 연준 의장을 임명하는 것도 하나의 방법이다. 어떤 이유에서든 인플레이션이 기대되는 상황에서 금리 인상을 주저하는 연준 의장이 임명되면 트럼프 트릴레마를 해결할 수도 있다. 정확히 표현하면, 트릴레마가

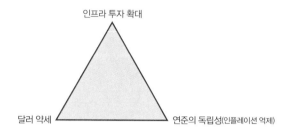

[도표 14] 트럼프 경제정책의 트릴레마

인프라 투자 확대

달러 약세

연준의 독립성(인플레이션 억제)

해결되는 것이 아니라 인플레이션 억제로 대변되는 연준의 독립성을 포기하는 것이다.

　폴 볼커Paul Volcker 의장 직전에 연준 의장을 역임한 '윌리엄 밀러William Miller'가 생각나는 대목이다. 카터 대통령이 임명한 밀러 연준 의장은 고용 증가와 달러 약세를 통한 수출 증가에만 집착해 인플레이션을 방치했다. 그가 연준 의장으로 재직했던 1978~1979년에 미 달러화는 독일 마르크화 대비 35%, 일본 엔화 대비 45% 평가절하됐다. 그래서 인플레이션 방치로 미 경제를 어려움에 빠지게 한 역대 최악의 연준 의장으로 평가받게 되었다. 당시 《이코노미스트》 지는 "닉슨 대통령이 아서 번즈Arthur Burns(밀러 직전의 연준 의장)에게 성냥불을 켜게 만들고, 카터 대통령이 윌리엄 밀러에게 휘발유를 붓게 만들었다"고 밀러를 격렬히 비난했다. 트럼프 대통령이 제롬 파월Jerome H. powell을 연준이사회 새 의장으로 임명했다. 제2의 윌리엄 밀러가 될지 아니면 세간의 우려를 씻고 인플레이션을 억제하며 미 연준의 독립성을 지킬지 두고 볼 일이다.

03

부채
트릴레마

빡빡한 부채, 민주적 부채, 건전한 부채의 트릴레마

'빡빡함'이라는 부채의 본질적 특성 때문에도 트릴레마가 발생한
다. 부채와 관련된 첫 번째 트릴레마는 '빡빡한 부채', '민주적 부채',
그리고 '건전한 부채'라는 3가지 정책목표는 동시에 달성하기 어렵다
는 것이다. '빡빡한 부채'란 상환이 규칙적으로 고정되어 있고 차입
자 여건에 관계없이 의무화되어 있는 부채다. 왕과 같이 힘 있는 사
람이 부채를 사용하면, 자기 마음대로 툭하면 부채를 안 갚기 일쑤
였다. 이런 시대에는 부채를 빡빡하게 만들어 반드시 갚도록 만드는
것이 부채의 발전을 의미했다. 부채가 빡빡하지 않으면, 좀비기업들
이 어정쩡하게 자본을 계속 사용하게 되어 경제 전체의 성장과 발전
을 가로막는다. 과도한 부채가 나쁜 것이지 부채 자체는 장점이 많

다. 물론 시대에 따라 장단점과 그 정도가 바뀐다.

'민주적 부채'는 부채를 활용할 수 있는 주체가 대폭적으로 확대되어 대중화된 것을 말한다. 이전에는 왕이나 국가만 채권을 발행했지만, 시대가 변하면서 기업들도 채권을 발행하게 된다. 처음에는 대기업만이 부채를 사용했으나, 시장이 발전하면서 중소기업들도 담보 없이 부채를 사용할 수 있게 된다. 가계도 마찬가지다. 부자만이 자금을 빌릴 수 있던 시대를 지나 누구나 자금을 빌릴 수 있는 시대가 되었다. 부동산 같은 담보가 있으면 당연한 일이고, 담보가 없어도 신용만으로 자금을 빌릴 수 있는 시대가 되었다. 한걸음 더 나아가 신용이 없어도 아이디어만으로 돈을 빌릴 수 있는 자금조달 수단도 생겼다. 크라우드펀딩Crowd funding이 대표적 예다.

학자금부채는 대학생의 미래, 즉 미래소득을 예상하고 대출해준다. 부채 사용이 대중화되면서 민주적 부채라는 정책목표가 더욱 부각되고 있다. 하지만 자금을 제공하는 측에서 보면, 일반대중을 대상으로 하는 민주적 부채는 위험이 높을 수밖에 없다.

'건전한 부채'는 가장 많이 들어본 정책목표다. 기업이 이익을 내지 못하면 기업부채가 부실화된다. 경제가 제대로 성장 못하고 재정이 악화되면 정부부채가 부실화된다. 가계부채도, 소득이 부채를 감당 못하면 부실해진다. 부채가 건전성을 유지하려면 '부채수용력' 범위 안에서 사용되어야 한다. 국가경제가 건전성을 유지하기 위해선 정부부채뿐 아니라 기업부채와 가계부채도 건전해야 한다.

왜 3가지 부채목표를 동시에 달성하는 게 어려울까? 첫째, 빡빡한 부채와 건전한 부채라는 2가지 목표는 동시에 달성할 수 있지만

이 경우에는 민주적 부채라는 목표를 희생해야 한다. 부채의 빡빡함과 건전성이 유지되려면 자금이 공급되는 대상이 선별적으로 축소되어야 하기 때문에 부채의 대중성 또는 민주성이 희생된다. 학자금대출도 줄어들고 중소기업대출도 줄어든다.

둘째, 빡빡한 부채와 민주적 부채라는 2가지 목표가 추구될 경우에는 건전성이란 목표가 희생된다. 빡빡함이란 부채의 본질은 유지한 채 부채의 대중성을 확대하려면, 결국 누군가가 부채위험을 부담해주어야 한다. 위험총량불변의 법칙 때문이다(총량불변의 법칙은 5장의 주제다). 가계부채가 부실화되면 은행이나 정부가 위험을 부담하는 수밖에 없으므로 은행이나 정부부채의 건전성이 약화된다.

셋째, 부채의 민주화가 유지되고 동시에 건전함까지 달성하려면 부채의 빡빡함을 포기해야 한다. 융통성 없는 상환조건, 빡빡하고 고정된 의무적 상환조건이 변하지 않는 한 민주적이고 건전한 부채는 동시에 달성할 수 없는 목표다.

국가부채, 세금 축소, 재정 확장의 트릴레마

재정정책 트릴레마

1950년대 아이젠하워 Dwight D. Eisenhower 대통령 이후 최대의 인프라 투자, 트럼프 대통령이 미국 경제성장을 위해 선택한 정책이다. 그러면 건설경기를 비롯해 미국의 경제가 좋아질 테니 수출하는 우리로선 좋기만 할까? 그렇지 않다. 미국이 공항과 고속도로에 대규모로 투자하는 것이 한국에게는 위험요인이 될 수 있다. 북한 때문이다. 무슨 생뚱맞은 소리인가? 미국 인프라 투자 확대가 어떻게 북한, 궁극적으로 한반도 긴장과 관련된다는 말인가? 전투기가 출격 가능한 비행장이 많아지기 때문인가? 아니다. 비행장이 문제라면 오산이나 오키나와가 더 낫다. 미국 인프라 투자 확대가 북한 위험을 높이는 이유는 '재정정책 트릴레마' 때문이다.

경제에서 가장 잘 알려진 트릴레마는 국제금융의 트릴레마다. 이 자율, 금리, 자본이동 간의 트릴레마는 통화정책과 관련된다. 그런데 최근에는 '재정정책의 트릴레마'가 급격히 부각되고 있다. 재정 확장, 세금 축소 그리고 국가부채의 축소(또는 유지)는 동시에 달성키 어려운 목표란 말이다. 2가지 목표는 달성할 수 있지만 3가지 목표를 동시에 달성하지는 못한다. 첫째, 세금을 줄이면서 재정을 확장할 수는 있는데 이때는 국채발행을 통해 자금조달을 늘릴 수밖에 없다. 국가부채가 증가한다. 둘째, 세금도 줄이고 국가부채도 줄이려면 재정지출도 축소할 수밖에 없다. 셋째, 재정지출을 늘리는데 국채발행을 늘리지 않으려면 세금을 늘릴 수밖에 없다. 재정정책의

재정 확장

국가부채 축소   세금 축소

트릴레마가 논의되는 상황은 경제성장률이 침체되고 경기가 안 좋은 상황이다. 경제성장률이 높으면 재정지출 확대, 국채발행 등을 논의할 필요가 없다.

앞에서 트럼프 경제정책의 트릴레마를 설명했다. 인프라 투자 확대, 무역적자 축소를 위한 약세 달러, 그리고 인플레이션 억제 정책 간의 트릴레마다. 여기서 인프라 투자가 재정 확장의 대표적 예가 된다. 트럼프 정부는 세금의 축소정책을 추진하며 동시에 국가부채의 증가 없이 재정 확장을 목표로 하고 있으니 이 또한 트럼프 경제정책의 트릴레마다.

트릴레마 구조에서 3가지 목표를 동시에 모두 달성하는 것이 불가능하다면 언제, 어떤 조건하에서 무엇을 포기하는 것이 유리한가를 생각해야 한다. 첫째, 재정 확장의 포기다. 재정정책은 그 자체가 궁극적 목표가 아니라 경제정책을 달성하기 위한 수단 중 하나다. 재정정책과 양대 축을 이루는 통화정책 수단에 여유가 있으면, 금리인하나 통화공급 확대로 경기를 부양할 수 있다. 통화정책 공간에 여유가 있으면, 재정정책의 트릴레마 중 재정지출 확대를 포기할 수 있다.

둘째, 국가부채 축소의 포기다. 세금 축소는 정치적으로 인기 있고, 국가부채의 과도함은 시스템 리스크를 일으키기 때문이다. 국가부채수준에 여유가 있으면 3가지 목표 중 세금 감소와 재정지출 확대를 선택하고 국가부채를 늘릴 수 있다. 이를 위해선 먼저 정부부채의 부채수용력이 산출되어야 한다. 그리고 그 산출방법과 수준에 대해 공감대가 이루어져야 한다. 현재 한국의 부채수준이 한국경제가 감내할 수 있는 최대한의 부채수준 즉 부채수용력보다 작으면 부채를 더 사용해도 문제없다. 부채수용력 근처이거나 이미 넘어섰다면 추가적인 국가부채 사용은 위험이 높은 정책이다.

셋째, 세금 축소 목표의 포기다. 경제성장이 뒷받침되거나 새로운 세원발굴이 가능하거나 정치적 공감대가 전제되면 증세를 통해 재원을 확보할 수 있다. 국가부채에 지나치게 의존하지 않고 재정지출을 확대할 수 있다는 말이다. 하지만 증세에는 항상 정치적 부담이 따른다.

재정정책 트릴레마의 해결책

재정정책의 트릴레마와 관련해 한 가지 주목할 포인트가 있다. 한국을 비롯해 일반적인 국가들은 재정정책의 트릴레마를 겪어야 하지만 예외적으로 그렇지 않은 국가들이 있다. 2가지 유형의 국가들이 트릴레마를 해결할 수 있는 방안을 갖고 있다. 하나는 사우디아라비아, 노르웨이, UAE 같은 산유국 또는 자원부국이다. 다른 나라들에는 없는 자산이 있기 때문에 자산으로부터 유입되는 수익을 통해 세금을 거두지 않거나 부채를 발행하지 않고 재정투입을 확대할 수 있다. 다른 유형은 미국이다. 세금을 더 걷지 않고, 아니 오히려 줄이면서 인프라 투자를 늘리겠다는 것이 트럼프 대통령의 공약이다. 엄청난 규모의 인프라 투자재원을 마련하려면 국채 의존도가 높을 수밖에 없다. 흥미로운 점은, 미국은 국채발행을 늘려도 가격을 떨어뜨리지 않을 수 있는 '힘'을 갖고 있다는 점이다. 일반적으로 국채발행이 증가하면 국채가격이 떨어지기 마련이다. 발행수준이 과도해지면 그만큼 신용도와 안전성이 떨어지므로 투자자들은 더 높은 이자를 요구한다. 요구하는 이자율이 높아지면 국채가격은 더 떨어진다.

국채가 과도하게 발행될 때 나타나는 진짜 심각한 문제는 국채가격의 폭락이다. 달리 표현하면 엄청난 이자를 지불해야 자금을 조달할 수 있다는 말이다. 그리스 위기 때처럼, 매년 지불하는 이자가 원금의 50%에 근접하는 극단적인 경우도 있다. 미국은 당연히 그리스와 다르지만, 국채발행이 과도해지면 '안전자산safe asset'으로서의 미 국채 위상은 흔들릴 수밖에 없다. 미 국채가 흔들린다는 말은 달러의 기축통화 위상이 흔들린다는 말이다. 여기까지만 보면, 미국도 '재정정책의 트릴레마'에서 자유롭지 못해 보인다. 인프라 투자 확대를 위해 함부로 국채를 찍어내기 힘들 것 같다는 말이다.

과연 그럴까? 아니다. 미국은, 산유국을 제외하고 세계에서 유일하게 '재정정책의 트릴레마'를 해결할 기발한 정책수단을 갖고 있는 국가다. **미국은 경제적으로는 기축통화국이지만 국제정치적으로는 패권국이다.** 패권국은 전 세계의 '긴장감' 정도를 조정할 수 있는 국가다. 경제적 위기든 군사적 위기든 지구상에서 긴장감과 위기감이 높아지면 누구든 최고의 안전자산인 미 국채를 찾게 되어 있다. 이라크 전쟁, 시리아 내전, 그리스 위기, 브렉시트_Brexit 등 세계경제에 불확실성과 위험이 커지면 너도나도 미국 국채를 찾게 된다. 국채발행 확대 시에 가격이 떨어진다는 것은 수요기반이 고정되어 있다는 전제하에서다. 이것은 대부분 국가들에 해당되는 논리지만 미국은 다르다. 만일 국지적 긴장감이 증가하면 미 국채의 글로벌 수요는 오히려 확대된다. 가격은 떨어지지 않고 오히려 오를 수 있다. 이자는 떨어진다. 국채발행으로 인한 부작용 없이 간단히 재정정책의 트릴레마가 해결된 것이다.

미 인프라 투자 확대가 왜 북한 위험을 늘릴까

긴장감이 필요하다고 미국이 중국이나 러시아와 직접 대결하지는 않을 터이다. 이란과 쿠바도 위험요인이 제거된 상태다. 가능성이 높은 곳은 북한이다. 게다가 북한의 핵실험까지 겹쳐 국제적 공감대를 얻기 쉽다. 이렇게 보면 미국이 전대미문 수준으로 인프라 투자를 확대한다는 것은 한국에는 결코 좋은 뉴스가 아닐 수도 있다. 성동격서聲東擊西란 말이 있다. 소리는 동쪽에서 내고 공격은 서쪽으로 하는 것이다. 띄우는 건 비행기고 항공모함이지만, 실제 얻고자 하는 것은 인프라 투자 확대다. 흥미로운 사실 한 가지가 있다. 한국과 달리 미국 국가안전보장회의National Security Council: NSC에서는 재무무장관이 정식 멤버다.

학자금부채 트릴레마

대학교육을 위한 학자금조달도 트릴레마 상황이다. 대학교육과 학자금부채의 트릴레마는 대학교육 확대(대중화), 정부부채 축소, 그리고 가계부채 축소라는 3가지 목표는 동시에 달성할 수 없다는 것이다. 첫째, 대학교육에는 돈이 든다. 대학교육을 대중화하고, 동시에 가계의 학자금 부담을 줄이려면 정부가 예산지원을 늘릴 수밖에 없다. 정부재정이 더 많이 소요되는 것이다. 둘째, 대학교육 확대를 추진하면서 정부가 예산제약으로 지원을 늘리지 못하면 가계나 대학생 본인의 부담이 늘 수밖에 없다. 한국이든 미국이든 학자금대출 규모가 급증하고 있는 이유다. 셋째, 대학교육 확대정책을 포기하면, 정부나 가계가 대학교육비에 돈을 더 쓰지 않아도 된다. 이 옵션은 현실적으로 한국에서 시행하기 힘들다. 한국에서는 대학교육이 사치품이 아니라 생필품이 되었기 때문이다. 대학을 나오지 않아도 잘살 수 있는 사회에서 가능한 옵션이다.

정부부채에도 한계가 있고, 부모님이 부담하는 가계부채에도 한계가 있다면 대학생 개인이 자금을 조달하는 수밖에 없다. 학자금대출은 가계나 학생 입장에서 보면 부채다. 가계부채를 구성하는 주요 항목이다. 대학교육은 '교육투자의 트릴레마'에서 이미 설명했듯이 고위험 대규모 장기투자의 특성 때문에 부채 형태로 자금을 조달하는 것이 적절하지 않다. 학자금부채는 대학교육을 받는 사람이 극소수이고 가계도 부채 부담이 크지 않았던 과거에 적합했던 방식이다. 대학교육이 대중화되어 대학생의 규모가 급증하고 필요한 학

자금 규모도 급격히 증가한 상황에서는 부채에만 의존한 학자금조 달은 지속가능하지 않다. 정부가 무한정 부담을 지고 가는 것도 불 가능하다. 전통적 부채 틀을 벗어나 학자금부채를 획기적으로 혁신 할 필요가 절실한 이유다. 전통적인 '빡빡한' 부채에만 국한해서 학 자금조달을 생각하면 해법을 구하기 불가능하다. 부채의 융통성과 민감성을 높이고 부채 차원을 넘어서야 한다. 1688년 명예혁명 이후 로 세상을 지배해온 '빡빡한' 부채는 330여 년 만에 처음 강력한 도 전을 받고 있다. 아마도 첫 물꼬는 학자금부채에서 터질 것이다.

부채 트릴레마 해결방법

그렇다면 부채 트릴레마를 어떻게 해결할 수 있을까? 해결책에 는 몇 가지 방향이 있다. 첫째는 3가지 목표를 모두 달성할 수 있 게 새로운 차원을 첨가하는 것이다. 즉 트릴레마 문제를 쿼딜레마 quadilemma 문제로 확장할 수 있다면 부채 트릴레마가 해결된다. 이것 이 가장 완벽한 해법이다. 둘째, 3가지 목표를 모두 100% 달성할 수

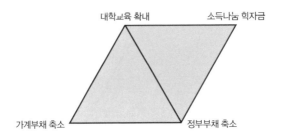

[도표 18] 소득나눔 학자금을 통한 학자금부채 트릴레마 해결

대학교육 확대   소득나눔 학자금

가계부채 축소   정부부채 축소

는 없는 상황이니, 모두 조금씩 양보해 3개 목표를 80%씩 달성하는 것을 목표로 한다. 즉 코너 솔루션이 아니라 중간지점을 선택하는 것이다. 셋째, 트릴레마의 정의에 충실해, 1가지 목표를 버리고 나머지 2개의 목표를 추구한다. 목표 간에 우선순위를 정하는 것이다.

첫째, 트릴레마 문제를 쿼딜레마 문제로 확장하는 방안이다. 빡빡한 부채, 민주적 부채, 건전한 부채는 동시에 달성할 수 없다는 트릴레마는 부채를 전통적 부채로 국한해 생각하기 때문에 발생한다. 학자금부채의 경우 융통성 있고 민감한 학자금이 도입되면 트릴레마가 풀릴 수 있다. 바로 소득나눔 학자금이다. 트릴레마에 1가지 차원이 첨가되면 고려대상이 궁극적으로 4개가 된다. [도표 18]처럼 정삼각형 2개가 붙은 마름모꼴로 변화한다. 혹자는 다이아몬드 형태라고도 한다. 바로 1차 세계대전 때 기관단총이 난사되는 참호를 넘은 마크4 탱크 형태다. 이 형태는 자전거에도 있다. 자전거가 아무리 첨단화되어도 바뀌지 않는 것이 마름모 또는 다이아몬드 형태의 프레임이다.

국가부채 축소, 세금 축소 그리고 재정 확장을 동시에 달성할 수 없다는 재정 트릴레마는 재정조달 수단으로 국가부채만을 생각하

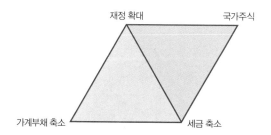

[도표 19] 국가주식을 통한 재정 확대 트릴레마 해결

재정 확대 국가주식

가계부채 축소 세금 축소

기 때문에 생긴다. 이 경우도 국가부채 외에 국가주식을 도입하면 트릴레마가 풀린다. 국가부채도 줄이고 세금도 줄이면서 재정 확장이 가능하다. 15세기 제노바에서 국가주식(정확히는 '국가 내 국가' 주식)을 도입한 이유도, 재정 트릴레마를 해결하기 위해서였다. 세금을 혐오하는 국민들의 불만을 잠재우고 과도해진 부채를 축소하면서 전쟁용 재정을 확장하기 위함이었다. 재정의 성격만 전쟁에서 인프라 투자로 바뀌었지 현재도 모든 것이 유사하다. 학생의 미래소득이냐 국가의 미래소득이냐에 차이가 있을 뿐 모두 '소득나눔(지분)' 형태가 해결책이라는 것이 이 책의 주장이다.

둘째, 3가지 목표를 조금씩 양보함으로써 완벽하지는 않지만 동시에 달성하는 전략이다. 부채의 트릴레마의 경우, 상태독립적이고 융통성 없는 빡빡한 부채를 조금 유연하게 변화시킬 수 있다. 예를 들어 소득수준에 따라 상환액이 변한다거나 상황에 따라 이자와 원금 지급일이 조정될 수 있다면, 이런 완화된 목표하에서는 민주적 부채와 건전한 부채라는 목표를 동시에 달성할 수 있다. 미국에서 활용되고 있는 '소득의존 상환제도'는, 소득이 낮을 경우 이를 고려해 이자지급

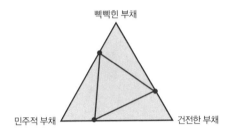

을 줄여준다. 또한 아무리 부채의 대중화 시대라도 상환가능성이 미미한 대상을 사전에 선별해낼 수 있다. 이런 대상에게는 부채가 아닌 사회복지 차원에서 자금이 제공되는 것이 합리적이다. 국제금융 트릴레마도 유사한 전략이 가능하다. 자본흐름의 완전한 자유로운 이동을 허용하는 것이 아니라 필요에 따라 약간 통제하는 것 즉, 고정환율은 포기하되 필요시 약간 개입하는 것, 금리결정 시 독자성을 유지하지만 미국 연준의 금리결정을 주요변수로 함께 고려하는 것이다.

셋째, 3가지 목표 간에 우선순위를 정할 수 있다면, 우선순위가 높은 2개의 목표를 먼저 선택한다. 목표를 순차적으로 달성하는 것이다. 부채 트릴레마의 경우, 국민적 공감대를 기반으로 우선순위가 정해진다면 한 가지 목표를 연기하는 데 있어 부담을 줄일 수 있다. 회사채발행이 우량대기업만의 전유물이던 시절에는, 부채의 빡빡함과 건전함을 우선시하고 부채의 대중화와 민주화를 포기했었다. 이런 시절에는 신용등급이 낮은 중소기업이나 벤처기업 그리고 일반 개인이 부채를 쓰기 어려웠다. 지금으로선 상상하기 어려운 해결책이다. 부채

대중화가 우선순위에서 밀릴 수 없다는 말이다. 그렇다고 부채의 건전성을 포기하면 그대로 경제위기로 치닫게 된다. 남아 있는 것은 오직 하나, 부채의 빡빡함이다. 우선순위에서 밀린다기보다 개선의 여지가 있다는 뜻이다. 부채 트릴레마를 해결하려면 바로 이 빡빡함을 직접 공격해야 한다. 전통적 부채를 넘어선다고 생각해도 좋고 부채를 재정의한다고 생각해도 좋다.

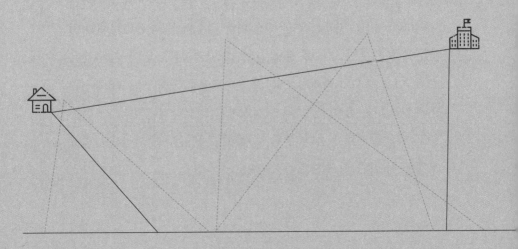

5장

부채총량불변의
법칙

01

총량불변의
법칙

삶이 그대를 속일지라도 고통총량과 악역총량은 불변

삶이 그대를 속일지라도
결코 슬퍼하거나 노여워하지 말라
슬픔의 날을 참고 견디면
기쁨의 날이 오고야 말리니

마음은 미래에 살고
현재는 언제나 슬픈 것
모든 것은 지나가고
지난 것은 그리워지나니

한국에서도 많은 사람들의 사랑을 받는 푸시킨_{Aleksandr S. Pushkin}의 시 「삶이 그대를 속일지라도」를 인용했다. 아무리 현재가 고통스러워도 참고 견디면 기쁨의 날이 온다는 것은 결국 한 사람이 일생 동안 겪는 고통의 총량이 정해져 있음을 전제로 한다. 지금 고통이 많다는 것은 미래에는 고통이 적고 즐거움만 남아 있다는 뜻이니 희망을 갖고 잘 견디라는 뜻이리라.

물리학 법칙 중에 에너지불변의 법칙이 있다. 닫힌 폐쇄 시스템에서 에너지는 새로 생성되거나 사라지지 않고 다른 형태로 변화할 뿐이라는 법칙이다. 위치에너지가 운동에너지로, 운동에너지가 열에너지로, 열에너지가 전기에너지로 변화할 뿐이라는 말이다. 세상을 살아가면서도 곳곳에서 '총량불변의 법칙'을 볼 수 있다. 경영자의 악역도, 사회의 폭력도, 개인의 희망도, 위험부담에도 총량불변의 법칙이 적용된다. 살아가면서 곳곳에서 접하게 되는 다양한 총량불변의 법칙을 먼저 살펴보고, 부채총량불변의 법칙 성립조건, 약화 이유, 경제의 총부채가 중요한 이유를 상세히 살펴보겠다.

경영자 악역총량불변의 법칙

조직을 운영하다 보면 누군가는 맡아야 할 악역이 생기기 마련이다. 도덕적으로 문제를 일으킨 직원, 조직에 명백한 해를 입힌 직원, 성과가 지극히 안 좋은 직원에 대해 과감한 결단을 내려주는 것은 경영자의 중요한 임무다. 흥분한 고객을 무마하는 일, 조직원들을 독려하는 일부터 해고를 통보하는 일까지 조직이 돌아가기 위해 필요한 악역이 존재한다. 개인 차원에서는 고통스러운 일이지만 조직 전체를 위해선 반드시 누군가가 담당해야 할 악역이다.

누가 이 악역을 주로 하느냐는 조직에 따라 다르다. 본부장이 하지 못하면 부사장이 해야 하고 부사장이 하지 못하면 사장이 해야 한다. 밑에서 잘 처리해주면 윗사람은 편하다. 어쨌든 조직을 운영하기 위해 경영진이 해야 할 악역의 총량은 정해져 있다. 누가 어떻게 하느냐가 다를 뿐이다. 이것을 '경영자 악역총량불변의 법칙'이라고 이름붙일 수 있겠다.

악역은 곧 책임감이기도 하다. 책임감이 없으면 누가 욕먹어가며, 서로 상처를 입혀가며 악역을 하려 하겠는가. 마음이 아프지만 가지를 치고, 잡초를 뽑아내야 나무가 잘 자란다. 하다하다 안 되면 악역은 결국 최고경영자 몫이 된다. CEO들이여 슬퍼하지 마라. 어느 조직이나 악역이 있기 마련이다. 그 때문에 연봉도 많이 주고 자동차 기사와 비서도 제공하는 것이다. 세상에 공짜가 없다는 것도 어찌 보면 총량불변의 법칙의 다른 표현이 아닌가!

감정총량불변의 법칙

격투기를 빼고 가장 격렬한 경기는 아메리칸 풋볼 즉, 미식축구다. 엄청난 체구의 선수들이 엄청난 속도로 부딪힌다. 그래서 1년에 몇 명씩 사망자가 발생한다. 이렇듯 선수들은 격렬하게 충돌하지만 미식축구에서 관중들이 충돌하는 경우는 거의 없다. 선수가 아닌 관중들이 가장 격렬하게 충돌하는 경기는 축구다. 오죽하면 축구 때문에 전쟁까지 발발하랴. 결론부터 말하자. 축구에서 관중들의 충돌이 잦은 이유는, 경기를 보는 동안 관중들이 누적된 스트레스와 감정을 분출시킬 배출구가 지극히 제한되어 있기 때문이다. 미식축구처럼 게임 자체가 엄청나게 격렬하면 태클할 때마다, 선수들이 부딪히고 넘어질 때마다 관중들의 스트레스도 같이 발산된다. 그렇다면 농구는 어떠한가? 미식축구처럼 넘어지고 쓰러지는 경기도 아닌데 관중 충돌은 미미하다. 이유는 골이 자주 들어가기 때문이다. 관중들이 스트레스를 날리는 가장 좋은 배출구는 자기편이 골을 넣는 것이다. 농구는 미식축구와는 또 다른 감정분출 메커니즘을 가지고 있다. 축구경기는 1:0 경기가 흔하지만 농구경기에서는 1:0 경기가 없다. 90:82처럼 숫이 수없이 많이 들어간다. 그때마다 관중들은 환호하고 스트레스를 날린다.

축구는 미식축구나 농구가 갖고 있는 감정의 분출구를 갖고 있지 못하다. 축구경기는 옐로카드와 레드카드가 있어서 미식축구 같은 태클이 어렵다. 신체의 부딪힘도 모호하고 골도 기껏해야 한두 골, 많아야 서너 골이다. 그래서 한 골이 들어가면 미친 듯이 열광하는 것이다. 그러니 경기시간 내내 관중들의 감정과 스트레스는 배출되지 못하고 **더욱 진하게 응축**되기 마련이다. 이때 조그마한 성냥불 하나가 관중들의 감정을 폭발시켜 격렬한 관중충돌로 이어진다. 그래서 축구 때문에 전쟁도 일어나는 것이다. 굳이 이름을 붙인다면 폭발하는 '감정총량불변의 법칙'이다. 농구처럼 골을 통해 혹은 미식축구처럼 격렬한 충돌을 통해 간접적으로 감정이 분출되지 못하면 관중들 스스로가 폭발하기 쉽다. 인간의 뇌가 감당할 수 있는 스트레스나 참을 수 있는 감정의 양은 정해져 있기 때문이다. 이렇게 분출 못하면 저렇게 분출하게 되어 있다.

폭력총량불변의 법칙

몇 년 전 미국에서 폭력범죄가 급속히 감소했다는 것이 큰 뉴스가 된 적이 있다. 원인분석도 다양했다. 먼저 경찰 측 분석이다. 범죄란 바이러스 전파와 같아서 허브 역할을 하는 핵심집단이나 인물이 있기 마련이다. 정보능력과 네트워크 분석능력 확대를 통해 범죄의 허브와 거점을 선점했기 때문에 범죄가 줄었다는 주장이다. 결국 경찰이 잘했다는 말이다. 스티븐 레빗Steven Levitt 같은 경제학자는 20여 년 전부터 낙태를 합법화시킨 것이 범죄감소의 결정적 요인이라고 했다. 낙태 합법화는 경제적 능력이 없는 10대 싱글맘의 확대를 줄였고 이와 함께 부모의 제대로 된 돌봄이 결핍된, 그래서 범죄로 빠지기 쉬운 아이들의 수가 줄었다고 본 것이다.

원인분석이 중요한 이유는 원인이 무엇이냐에 따라 처방과 대응책이 달라지기 때문이다. 또 다른 이유는 누가 칭찬받아야 하고 누가 비난받아야 할지가 결정된다는 데 있다. 경찰의 네트워크 분석능력 확대 때문이라면 범죄 감소의 공은 경찰에게 돌아간다. 그리고 경찰이 정보 시스템을 강화하겠다고 하면 예산받기가 훨씬 쉬워질 것이다. 범죄자가 대부분 감옥에 들어가서 범죄가 줄었다는 주장이 옳다면, 앞으로도 웬만하면 범죄자들을 감옥에 더 수감하려할 것이다. 낙태 허용이 범죄예방에 큰 공헌을 했다면, 낙태 금지를 주장하는 사람들은 상대적으로 힘을 잃을 것이다.

이와 관련해서 세간의 주목을 끈 도발적인 주장도 있었다. 미국 텍사스대 마이크 워드Mike Ward 교수는 미국에서 범죄가 줄어든 결정적 이유가 인터넷을 통한 폭력적 게임이 급증했기 때문이라고 말했다. 폭력적인 게임이나 영화에 노출되면 특히 감수성이 예민한 청소년들이 부정적 영향을 받는다는 게 우리가 알고 있던 상식인데, 이와 반대되는 주장이다. 워드 교수 주장의 근거는 폭력총량불변의 법칙이다. 물론 워드 교수가 그렇게 이름붙이지는 않았다. 인류 진화의 역사를 고려할 때, 아직도 인간의 뇌에는 폭력에 대한 욕구가 뿌리 박혀 있다. 그래도 그렇지 어찌 만물의 영장인 교양 있는 인간이 아직도 폭력적 욕구를 내포하고 있단 말인가. 폭력이라고 하니까 받아들이는 데 거부감이 생긴다. 폭력적이라는 말을 좀 더 교양 있게 표현하면 공격적이라는 말이다. 공격적인 성향이 신체적 공격으로 발현된 것이 폭력이다.

이렇듯 인간의 뇌에 폭력에 대한 욕구가 잠재되어 있다면 어떻게든 발산시켜야 뇌가 편해진다. 폭력은 배출구가 필요하다는 일종의 카타르시스 효과다. 다양하고 현실감이 넘치는 폭력적 게임이 인터넷을 통해 확산되면서 청소년들이 인터넷 게임을 통해 폭력성을 발산한다는 것이다. 폭력욕구가 인터넷을 통해 배출됨으로써 실제 폭력이 줄었다는 주장이다. '폭력총량불변의 법칙'이라고 부를 수 있겠다. 그렇다면 실제 폭력을 줄이기 위해 폭력적인 인터넷 게임을 정부가 정책적으로 지원해야 한다는 이상한 결론이 나온다. 그래서 워드 교수가 게임회사에서 돈을 받은 것이 아니냐는 반론도 거셌다.

주장의 옳고 그름을 떠나 큰 논란을 일으켰던 주장이다. 상식적으로 생각하면, 욕구불만 해소라는 긍정적 효과와 폭력에 대한 학습이라는 부정적 효과 중 어느 것이 더 큰가에 따라 결론이 달라진다.

위험부담총량불변의 법칙

포드Ford가 자동차를 대량생산하기 시작한 지도 100년이 지났다. 자동차기술만큼 지속적인 기술발전을 이룬 산업도 흔치 않다. 브레이크, 타이어, 안전제동장치의 기술혁신은 눈이 부실 정도다. 그런데 놀라운 사실이 하나 있다. 자동차기술이 이토록 발전했음에도 불구하고 자동차 사고율이 크게 떨어지지 않는다는 것이다. 독일 명품 자동차회사의 실험 결과, 제동능력이 크게 향상된 자동차도 사고율이 떨어지지 않았다. 왜 그럴까? 쉽게 말하면, 이전에는 눈이 내리면 차를 운전할 생각을 하지 않았던 사람들이 이제는 제동기술을 믿고 폭설에도 차를 끌고 나오기 때문이다. 이전에는 횡단보도 한참 전부터 미리 신경 써서 브레이크를 밟았던 운전자들이 이제는 고성능 브레이크를 믿고 바로 몇 미터 앞에서 제동을 걸기 때문이다. 기술이 발전하면 자동차의 안정성이 증가하는 것은 당연하다. 하지만 **증가된 안정성은 저축되지 않고 급회전, 급정지, 악천후 운전 등을 통해 소비된다.** 기술발전 이전이나 이후나 부담하는 위험총량이 동일한 것은 이 때문이다.

반대의 경우도 있다. 몇 년 전에 한국에서 교차로 신호등체계가 바뀌었다. 좌회전 이후에 직진을 주다가 직진 이후에 좌회전을 주는 체계로 말이다. 신호체계를 전환하려 할 때 반대도 많았다. 운전자들이 신호변경 순서를 착각해 교차로에서 빈번하게 사고를 일으킬 것이라는 이유에서였다. 상식적으로 이해가 되는 반대다. 그런데 결과는 어땠을까? 신호체계가 바뀐 후에 교차로 사고는 늘지 않았다. 이전보다 훨씬 더 뇌의 에너지를 소모해가며 신경 쓰고 주의를 기울였기 때문이다. 자동차 제동기술 발전 경우와는 반대로 신경 써서 운전함으로써 결국 부담하는 위험총량은 변하지 않았다.

'위험은 저축되지 않는다. 소비될 뿐이다.' 위험부담에 여유가 생겼을 때 이를 소비해 새로운 전략을 시도하고, 새로운 곳을 탐험하고, 새로운 도구를 개발한 조상들이 생존가능성이 높았음은 물론이다. 그리고 우리는 이들의 후손이다. 위험부담총량불변의 법칙이 진화의 산물로서 인간의 본질적 특성이라면 고치기 힘들다. 고치기 힘들다면 받아들이고 적합한 정책과 해결책을 세우는 게 지혜로운 자세다.

02

부채총량불변의
법칙

부채총량불변의 법칙이란?

경제에서도 에너지불변의 법칙과 비슷한 법칙을 생각할 수 있다. 바로 부채총량불변의 법칙The law of debt conservation이다. 부채총량불변의 법칙이란, 부채는 다른 형태로 전환되기는 하지만 사라지지는 않는다는 법칙이다. 부채총량은 일정하다는 의미다. 에너지란 '일'을 하게 만드는 '힘'이다. 열에너지도, 전기에너지도, 위치에너지도 마찬가지다. 이런 점에서 **부채도 에너지다.** 부채는 자기자본에 대비되는 타인자본이다. 자본이기 때문에 기업과 가계를 작동하게 하는 힘이요, 궁극적으로 경제를 움직이는 힘이다. 에너지라면 당연히 에너지불변의 법칙이 적용되므로 부채에도 부채총량불변의 법칙이 성립한다.

기업이 부실해지면 그 기업이 은행에서 대출받아 사용하고 있는 부채도 부실부채가 된다. 부실화가 심해지면 은행이 부담을 줄여주기도 하고 심지어 없애주기도 한다. 그렇다면 이때 기업부채는 없어진 것인가? 아니다. 기업부채가 이름만을 달리해 은행의 부채가 된다. 기업대출이 부실해지면 은행은 충당금을 쌓는데 충당금은 일종의 부채다. 부실대출금 처리에 필요한 자금을 조달하기 위해 채권(은행채)을 발행하면 이 또한 부채다. 기업이 사용하는 부채는 은행의 입장에서 보면 자산이다. 자산에서 부채를 차감한 순자산 관점에서 보면, 은행의 자산이 줄어드는 것은 부채가 증가한 것과 마찬가지다. 한 단계 더 나가보자. 만일 기업대출 부실화로 충격을 받은 은행마저 부실화되면 어떤 일이 벌어질까? 정부(한국자산관리공사, 예금보험공사)가 부실채권을 인수한다. 이 공적자금은 부실채권정리기금채권이란 정부채권을 발행해 조달한다. 정부가 발행하는 채권은 정부의 부채다. 결국 은행의 부채가 정부부채로 전환되는 것이다. 가계부채도 마찬가지다. 가계부채가 은행부채로, 은행부채가 정부부채로 전환될 뿐이다.

부채총량불변의 법칙과 과도부채와의 관계

부채총량불변의 법칙이 성립한다는 것은 경제 시스템 전체적으로는 부채총량이 일정하게 유지된다는 뜻이다. **부채총량불변의 법칙이 성립하는 경제에서는 부채가 급격히 증가하기 힘들다.** 하나가 늘면 하나가 줄기 때문이나. **하지만 부채총량불변의 법칙이 붕괴되거나 약화되면 부채가 과도해지기 쉽다.** 하나가 늘 때 다른 것도 같이 늘 수 있기 때문이다. 그렇다면 최근 부채가 급격히 증가하고 과도해진 것은 부채총량불변의 법칙이 성립하지 않기 때문이 아닐까. 어떤 이유로 부채총량불변의 법칙이 와해되었을까? 이 이유들을 체계적으로 파악하면, 과도부채문제를 해결하는 데 새로운 아이디어를 얻을 수 있다. 과도부채문제의 해결을 위한 색다른 출발점이다.

부채총량불변의 법칙에서 말하는 부채총량은, 부채의 절대적 부채규모가 아니라 GDP 대비 부채비율이다. 경제가 성장하면 자본수요가 증가하므로 부채규모 자체가 증가하는 것은 지극히 자연스러운 현상이다. 문제는 GDP 대비 부채비율이다. 절대적 부채규모는 커도 GDP 규모가 더 크면 부채비율은 크지 않다. 경제성장을 통해 부채를 충분히 갚아나갈 수 있다는 의미다. 가계나 기업도 소득이 충분히 많으면 부담하는 부채가 많아도 큰 문제가 되지 않는다. 따라서 부채총량불변의 법칙에서 부채총량을 GDP 대비 비율로 이해하는 것이 합리적이다.

앞으로 상세히 살펴보겠지만 부채총량불변의 법칙이 성립하려면 만족해야 할 조건들이 있다. 그런데 경제여건의 변화에 따라 이들 조건들이 성립하지 않게 되었다. 결과적으로 총량불변의 법칙이 깨지는 경우들이 생겨난 것이다. 미국의 경우를 보자. 1980년대 중반까지 부채총량불변의 법칙이 견고하게 성립했다. 시기에 따라 정부부채가 많을 때도 있고 민간부채(기업부채와 가계부채의 합)가 많을 때도 있었지만 양자를 합한 총부채는 GDP 대비 150% 정도로 거의 일정하게 유지되어왔다. 하나가 늘면 다른 하나가 줄었기 때문이다. 사정이 달라진 것은 1980년대 중반부터다. 정부부채와 민간부채가

같이 증가해 총부채수준이 지속적으로 증가했다. 부채총량불변의 법칙이 깨진 것이다.[10]

한국의 경우, 1997년 외환위기 이전까지는 대부분의 부채를 기업이 사용했다. 위기 직전 기업부채비율이 400%에 달했고 정부부채나 가계부채는 미미했다. 외환위기 이후 2007년까지는 기업부채가 급속히 줄면서 정부부채와 가계부채가 급격히 증가했다. 기업 부실부채를 인수하는 과정에서 정부부채가 증가하고, 기업의 부채 사용 감소로 인해 투자와 고용 그리고 가계소득이 축소되어 이를 메꾸기 위해 가계부채가 늘어났다. 이때까지는 부채총량불변의 법칙이 성립했다. 서브프라임 위기를 맞은 2008년 이후 현재까지 10년간을 보면 기업부채는 약간 증가했지만 가계부채와 정부부채는 더욱 급격히 증가했다. 부채총량불변의 법칙이 와해된 것이다.

그렇다면 왜 부채총량불변의 법칙이 깨졌을까? 왜 결과적으로 부채가 급증했을까? 대답을 찾기 위해서는 먼저 왜, 어떤 조건하에서 부채총량불변의 법칙이 성립하는가를 살펴보는 게 자연스러운 출발점이다. 이 조건이 만족되지 못하면 부채총량불변의 법칙이 무너지기 때문이다.

부채총량불변의 법칙 성립조건

첫째, 부채의 '빡빡함' 그리고 이를 유발하는 부채의 **'의무성'**이나 **'상태독립성'**이 부채총량불변의 법칙을 야기한다. 빡빡함이란 어떤 상황이 발생하든 그 상황과 관계없이, 의무적으로 갚아야 한다는 뜻이다. 의무이면 반드시 지켜야 한다는 말이고, 반드시 지켜야 한다는 것은 제약이다. 제약이 있으면 우리가 취하는 말, 행동, 의사결정에도 한계가 생긴다. 악역총량불변의 법칙도 마찬가지다. 조직을 운영하기 위해 해도 되고 안 해도 되는 게 악역이 아니라 반드시 의무적으로 해야 하는 역할이 악역이므로 '악역총량불변의 법칙'이 생긴다. 부모가 자식들을 제대로 키우려면 반드시 의사소통해야 할 것들이 의무적으로 존재하므로 '잔소리총량불변의 법칙'도 성립한다. 반드시 의무적으로 갚아야 하니까 부채총량불변의 법칙이 생긴다.

둘째, 부채 간에 **대체적 관계** 또는 **대체성**substitutability이 강할수록 부채총량불변의 법칙이 성립할 가능성이 높다. 총량불변의 법칙은 무엇(A)과 다른 무엇(B) 간에 성립한다. 양자 간의 관계가 이것이 아니면 대신하여 저것이 가능한 대체재 관계여야 총량불변의 법칙이 성립한다. 설비투자를 할 때, 정부부채를 통해 자금을 조달할 수도 있고 기업부채를 통해서도 조달할 수 있기 때문에 양자는 대체적 관계에 있다. 투자자의 관점에서 보면, 회사채 중에서도 초우량 신용등급인 AAA회사채는 안전자산이란 차원에서 국채와 대체재의 관계에 있다. 국채발행이 증가하면 구축효과에 의해 AAA회사채 발행이 줄어든다. 구축효과는 다른 것을 밀어내는 효과다. 필요한 총량이나 수용가능한 총량은 일정하므로 A가 늘면 B가 줄고, A가 줄면 B가 늘어야 한다는 것이 총량불변의 법칙이다. 바꾸어 말해 대체적 관계가 없으면 총량불변의 법칙이 성립하지 않는다. 결국 가계부채, 기업부채, 정부부채 간의 관계가 대체적 관계이고 그 관계가 강할수록 부채총량불변의 법칙은 잘 성립한다. 반대로 3가지 부채의 성격과 용도가 달라지고 독자성이 부각되면 총량불변법칙이 와해되기 쉽다.

셋째, 부채총량불변의 법칙은 6장에 설명할 **부채수용력**과도 관련된다. 총량을 '감당할 수 있는 총량'이라고 해석하면 총량이 수용력이 되기 때문이다. 총량불변의 법칙에서의 총량은 다양하게 해석할 수 있다. 제공할 수 있는 총량, 보유하고 있는 총량, 해야만 하는 총량, 감당할 수 있는 총량 등 그 의미가 광범위하고 다양하다. 감당할 수 있는 총량 즉, 수용력은 총량의 특별한 경우다. 부채총량불변의 법칙에서 총량은 바로 이 감당할 수 있는 총량으로 이해되는 경우가 대부분이다. 부채수용력은 차입주체가 감당할 수 있는 최대의 부채량이므로 이를 넘어서면 신용등급하락, 채무불이행 같은 문제가 발생한다. 그래서 정부부채수준이 정부부채 수용력에 접근하게 되면 가계부채나 기업부채에 문제가 생겨도 이를 이전해 흡수할 여유가 없어진다. '저것 줄이고 대신 이것을 늘리기' 어렵단 말이다. 결국 가계부채, 기업부채, 정부부채 간의 대체적 관계와 부채총량불변의 법칙은 아직 부채 사용에 여유가 있을 때 즉, 부채가 부채수용력 범위 내에서 사용되고 있을 때 성립한다.

부채총량불변의 법칙 약화 이유

그렇다면 역으로 **언제 부채총량불변의 법칙이 성립하지 않는가?** 아직까지 부채의 빡빡함과 의무성에는 큰 변화가 없으니 대체성 차원에서 원인을 찾아보자. 대체성이 감소하거나 없어지면 총량불변의 법칙은 성립하지 않을 것이기 때문이다. 과연 '이것 아니면 저것' 즉 대체효과를 가능하게 했던 가정과 전제조건에 어떤 변화가 있었던 것일까?

정부부채와 기업부채 간의 대체성 감소

■ 부채의 민주화 혹은 대중화

정부부채와 기업부채 간 대체성이 감소된 이유 중 하나는, 과거에 비해 국채와 대체재 관계에 있는 AAA회사채 비중이 감소했기 때문이다. 1980년 초·중반까지는 신용등급이 아주 높은 회사만이 회사채를 발행할 수 있었지만, 금융시장이 발전하고 민주화되면서 회사채 발행이 신용등급이 낮은 회사들까지 확대되었다. 은행의 경우도 과거에는 대기업만이 대출을 받을 수 있었지만 지금은 중소기업대출도 급증했다. 자영업대출과 학자금대출도 결국 부채민주화 혹은 대중화의 예다.

국채와 대체관계가 없는 저신용등급 회사채 비중이 크게 확대된 것이 국채와 회사채 간 대체효과를 감소시키는 요인으로 작용했다. 예를 들어 국채발행이 증가하면 대체재인 AAA회사채 발행은 감소하겠지만 그 비중이 전체 회사채 발행의 5% 미만이라면 회사채 전체 입장에서는 별 영향을 받지 않는다. AAA회사채가 회사채 전체의 80%를 차지하던 시대와는 다르다는 말이다. 담보채나 보증채의 비중이 대폭 줄고 전적으로 신용에 근거한 회사채가 늘어난 것도(우리는 이를 회사채시장의 발전이라 부른다) 국채와 회사채 간의 대체효과를 감소시켰다. 무담보 회사채의 활성화는 담보가 부족한 기업들의 자금조달을 개선시키는 효과가 컸지만 AAA와는 거리가 멀다.

부채의 대중화는 부채 트릴레마를 야기하는 하나의 요인일 뿐만 아니라 부채총량불변의 법칙을 약화시키는 요인도 된다. 결국 부채문제를 복잡하게 만드는 요인임은 부인할 수 없다. 대응방안은 둘 중 하나다. 하나는 부채의 민주화, 대중화를 통제하는 것인데, 이것은 시대의 흐름과 시대정신에 어긋난다. 부채를 특정계층의 전유물로 되돌릴 수는 없다. 다른 하나는, 지금 문제가 되고 있는 부채를 경제상황에 적합하게 재정의하는 것이다. 학자금부채든, 정부부채든 말이다. 바로 이 책의 주제다.

■ 초우량기업의 현금보유 확대: 현금은 단순히 (−)부채가 아니다

기업이 회사채를 발행하는 이유는 자본이 부족해 이를 외부로부터 조달하기 위함이다. 그런데 한국의 삼성, 미국의 구글, 애플 같은 초우량기업들은 현금보유가 넘쳐나서 회사채를 발행하지 않는다. 과거처럼 국채발행이 줄었다고, '얼씨구나 이 기회를 이용해 회사채를 발행해야지'라고 생각하며 회사채를 발행하지 않는다는 이야기다. 현금이 많고 잘나가는 기업들은 외부자금에 의존할 필요가 없다. 국채와 대체재 관계에 있는 초우량기업이 회사채 발행을 하지 않으니, 국채와 회사채 간 대체성이 감소하고 부채총량불변의 법칙이 잘 성립하지 않게 된다.

외부로부터 자금조달에 제약이 많아 트라우마를 겪었던 기업들은 현금보유를 선호한다. 현실적으로 현금은 단순히 (−)부채가 아니라 경기침체나 위기 시에 헤징수단으로서 역할을 하기 때문이다. 원

하면 언제나 외부에서 자금을 조달할 수 있는 기업은 현금을 부채의 대체재라고 생각한다. 필요할 때 어려움 없이 부채조달을 할 수 있으면 굳이 현금을 쌓지 않는다는 말이다. 삼성전자나 애플이면 후자에 속할 것 같은데 현금유보를 늘리는 이유는, 서브프라임 위기를 겪으면서 아무리 초우량기업도 자금이 순식간에 고갈될 수 있음을 경험했기 때문이다.[11] 전통적으로 기업금융이론에서는 현금을 단순히 (−)부채로 보고 자본구조에서 현금의 독립성을 인정하지 않았다. 즉 현금과 부채 간의 대체성을 가정했다. 하지만 경제위기를 겪으면서 부채를 통해 현금을 대체할 수 있다는 생각이 바뀌었다. 이 또한 다른 차원의 대체성 감소다. 그래서 AAA등급 회사는 현금을 선호하지 회사채를 잘 발행하지 않는다. 회사채 중에서 AAA등급채권을 찾기 어려운 이유다. 요약하면 **기업 입장에서 부채와 현금 간의 대체성이 깨진 것이 부채총량불변의 법칙 성립 가능성을 축소시켰다.**

참고로 기업이 현금을 보유하는 논리는 그대로 외환보유고에도 적용할 수 있다. 미국, 일본, 영국, EU국가 등 국제통화를 보유한 국가들은, 언제든지 자국통화로 자금을 조달할 수 있기 때문에 외환보유고를 쌓을 필요가 없다. 돈이 생기면 부채를 갚는 것이 유리하다. 하지만 한국처럼 국제통화를 보유하고 있지 못한 국가들은, 자금조달에 제약이 있는 기업이 현금을 보유하듯, 외환보유고 쌓는 것이 필요하다. 두 유형의 국가들을 동일한 시각에서 비교하는 것은 잘못이다.

■ 자금용도의 대체성 감소: 인프라 설비투자 비중 감소

자금용도 차원에서도 대체성이 줄었다. 인프라 및 설비투자처럼 정부부채와 기업부채의 자금용도 간에 대체성 있는 용도의 비중이 줄었고 반면에 사회복지, 고령화, 실업대책 등 정부에게만 적용되는 용도의 비중이 커졌다. 정부지출이 인프라 및 설비투자 중심일 경우에는 국채용도가 회사채와 용도가 비슷해 양자 간에 관계가 높았지만 사회복지, 정치적 용도의 정부지출이 늘면서 양자 간의 관계도 줄어들었다. 인프라 설비투자의 경우에는 회사채로 조달하는 부분이 증가하면 국채를 통한 조달은 당연히 줄었지만, **지금은 회사채 발행과 관계없이 정부부채는 언제나 증가한다.** 흔히들 국채발행에는 하방경직성이 있다고 말한다. 회사채와는 다른 용도가 있기 때문이다. 대표적인 국가가 일본이다. 일본은 경기가 좋아져서 기업이 부채 사용을 증가시킬 때도 정부는 부채를 축소하지 않고 국채발행을 계속 늘렸다. 결과적으로 양자 간의 대체효과가 감소됨으로써 부채총량 불변의 법칙이 무너지게 되었다. 한국도 점점 이와 비슷해져간다.

정부부채와 대체성 없는 가계부채의 비중 확대

앞에서 기업부채 중에서 국채와 직접적 대체재 관계에 있는 AAA 회사채 비중이 감소했기 때문에 양자 간 관계가 약해졌다고 했다. 기업부채 외에 민간부채를 구성하는 다른 하나의 축은 가계부채다. 조금 더 넓은 시각에서 생각해보자. 기업부채는 정부부채와 그나마 대체성이 있지만 가계부채는 사용용도 면에서 대체성이 없다. 과거 20년을 보면 정부부채와 대체재 관계가 있는 기업부채가 줄고 이런

대체관계가 없는 가계부채비중이 증가했다. 민간부채 중에서, 기업부채가 줄어들고 가계부채가 증가한 것도 국가부채와 민간부채 간의 (−)관계를 저하시키는 역할을 했다. 즉 부채총량불변의 법칙이 성립하지 않게 만드는 데 가계부채도 한몫을 했다는 말이다.

경제정책 차원에서 보면 정부는 기업투자를 어느 정도 대체할 수 있지만 가계소비를 대체하기는 힘들다. 또한 가계부채는 기업부채처럼 시장의 원리에 입각한 구조조정이 어려워서 그 부담을 정부가 떠안을 가능성 높다. 가계부채는 정부부채의 또 다른 이름이라고 생각되는 이유다. 이렇게 되면 가계부채 증가는 국가부채를 감소시키기는커녕(이래야 부채총량불변의 법칙이 성립하는데) 시차를 두고 국가부채를 증가시킬 가능성이 크다. 가계부채를 줄이기 위해 정부부채를 늘리는 경우는 부채총량불변의 법칙이 성립한다. 하지만 이 정책은 정부부채가 부채수용력 안에 위치하고 있어 아직 여유가 있을 때 가능하다. 정부부채가 부채수용력 근처에 접근하면 정부부채를 늘려 가계부채를 줄이기 어렵다.

미 국채와 다른 국채들과의 대체성 감소

■ 안전자산 수요 확대

국내 관점에서 국채와 회사채 간의 차이가 크게 부각되면서 부채총량불변의 법칙이 약화되었음을 설명했다. 시각을 넓혀 국제적 관점에서 보면, 기축통화국인 미국의 국채는 다른 AAA국채와 차이가 있음이 부각되었다. 전 세계를 대상으로 하는 '글로벌 부채총량'이 있다면, 이런 대체성 감소는 '**글로벌 부채총량불변의 법칙**'의 성립 가능성을 약화시킨다. '미국 국채' 아니면 '다른 선진국 국채'라는 논리가 성립하지 않기 때문이다. 미 국채는 대체재가 없어서 상황에 관계없이 계속 수요가 증가한다. 특히 서브프라임 위기 이후 '안전자산'의 중요성이 부각되면서, 미국 국채의 차별성이 부각되었다. 안전자산이라도 다 같은 안전자산이 아니라는 말이다. 안전자산수요가 급증하면 기축통화 국채에 대한 수요는 지속적으로 증가한다.

■ 국채를 흡수하는 새로운 투자자와 새로운 용도

미국의 경우, 외국 중앙은행 등 글로벌 안전자산을 선호하는 외국인 투자자가 확대되어 국채가 외부로 흡수되었기 때문에 국내시장이란 폐쇄 시스템에서 적용되던 부채총량불변의 법칙이 약해졌다. 현재 미 국채의 50% 정도를 외국인이 갖고 있다. 미 국채발행이 늘어나도 외국의 수요 확대가 미 국채를 매입해주기 때문에, 미국 국내시장에서는 회사채시장의 영향을 받지 않고 국채발행량이 결정된다. 글로벌 경제위기 시기와 같이 안전자산이 고갈되는 경우에 특히 미 국채의 안전자산으로서의 수요가 확대된다. 기축통화국 국채는, 스스로 새로운 수요자와 용도를 만들어낼 수 있으므로 부채총량불변의 법칙이 성립하지 않는다. **트릴레마를 논의하는 장에서, 미국은 재정 트릴레마 혹은 국가부채 트릴레마를 쉽게 해결할 수 있다고 했는데, 이는 미 국채가 부채총량불변의 법칙을 적용받지 않는 것과 일맥상통하는 이야기다.**

미 국채에 대한 새로운 수요기반 역할을 한 또 다른 기관은 미국 연준이다. 2008년 서브프라임 위기 이후, 연준을 위시한 선진국 중앙은행이 양적완화를 위해 국채매입을 크게 늘렸는데, 이 또한 과거와 다른 새로운 국채흡수 시스템이다. 새로 선임된 연준 의장의 핵심역할은 4조 5,000억 달러에 달하는 매입자산을 원활히 축소하는 것이다. 연준은 통화정책 차원에서 시장에 화폐공급을 늘리기 위해 국채를 매입한다. 국채를 매입하면 시장에 돈이 풀린다. 일반적으로 통화정책 차원에서는 회사채를 매입하지 않으므로 국채와 회사채 간에 대체성이 없는 용도다.

부채전쟁과 부채수출

'이것'이 '저것'으로부터 차별화된다는 것은 이전에 성립했던 이것과 저것 간의 대체성이 축소 내지 상실된다는 의미다. 이것을 저것으로 대체할 수 없으므로 이것이 줄면 저것이 는다는 원칙도 깨졌다. 결과적으로 대체성에 기반을 둔 부채총량불변의 법칙은 흔들릴 수밖에 없다.

국내 차원에서는 부채총량불변의 법칙이 약화된 것이 사실이다. 그렇다면 시각을 글로벌 차원으로 확대해서 생각하면 어떨까? 글로벌 시장에서도 약화됐을까? 혹시 미국이나 선진국 부채가 다른 지역의 부채로 전환된 것은 아닌가? 과거 10년을 보면 세계적으로 부채가 늘었지만 그 정도가 심한 곳은 이머징 국가들이다. 특히 글로벌 관점에서 부채비율이 낮았던 중국마저 미국 발 서브프라임 위기 극복과정에서 부채비율이 급증했다. 글로벌 금융위기 극복과정에서 중국의 부채수용력이 많이 소진된 것이다. 이런 관점에서 볼 때, 중국은 미국 발 금융위기의 진정한 승자가 아닐 수 있다. [도표 21]

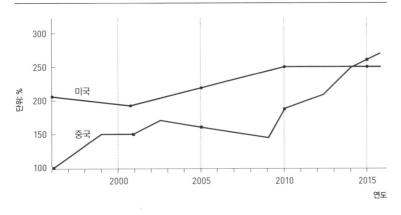

[도표 21] 미국과 중국의 GDP 대비 총부채 비율 비교

은 2008년 서브프라임 위기 이후 중국의 총부채가 급증했음을 잘 보여준다. 미국 경기가 좋은 시기에는 미국에 수출을 많이 해 소득을 늘릴 수 있었지만, 서브프라임 위기 이후 미국경기가 침체되어 소비가 줄어서 중국 입장에서는 정부지출을 늘려 경기를 부양할 수밖에 없었다. 중국의 부채 특히 정부부채가 급증한 이유다.

미국을 중심으로 선진 각국 차원에서는 부채총량불변의 법칙이 깨진 것 같아 보이지만, 이머징 국가까지를 고려한 전 세계 차원에서는 아직 성립할 수도 있다. 에너지보전의 법칙은 닫힌 세상을 전제로 한다. 열린 세상에서는 성립하지 않을 수 있다는 말이다. 부채도 에너지의 일종이다. 각국 차원에서는 부채총량불변의 법칙이 약해졌지만, 전 세계를 대상으로 한 부채총량 즉 전 세계 부채총량불변의 법칙은 여전히 성립할 수 있다. 화성이나 금성의 외계인이 지구 전체를 대상으로 한 '지구채earth bond'에 투자하지 않는 이상 지구경제는 닫힌 경제이기 때문이다. 글로벌 경제가 수용할 수 있는 부채총량이 고정되어 있다면, 미국을 위시한 일본과 EU의 양적완화는 마치 선진국들이 산업혁명과 경제개발과정에서 환경을 먼저 오염시킨 것처럼 이미 정해져 있는 '글로벌 부채수용력'를 먼저 소진시키는 행위다. 부채도 먼저 사용하는 국가가 최고란 말이다.

자국의 부채수용력을 소진한 후에 타국의 부채수용력까지 소진시키는 정책은, 의도했든 안 했든 다른 국가들을 희생시키는 것이다. 서브프라임 경제위기 때 미국이나 유럽, 일본이 어려운 상황이 되자 사정이 괜찮았던 중국이 경기를 부양해 경제회복을 시도했다. 그 과정에서 중국의 정부부채가 급속히 증가하게 된다. 중국의 부채수용력이 소진되기 시작한 것이다. 만일 중국까지 부채수용력을 소진하면 그나마 부채에 여유가 있는 국가는 아이러니컬하게도 러시아, 캐나다 정도다. 이런 의미에서 현재의 글로벌 경제전쟁은 화폐전쟁이라기보다 **부채전쟁**debt war'이다. 다른 국가들로 하여금 부채를 과도하게 사용하게 만들어 부채수용력을 소진시킨다. 다른 나라에 인플레이션을 수출하듯 **부채를 수출**'하는 것이다.

03

왜 '총부채'가 중요한가:
케인즈를 놓아주어야 할 때

왜 정부부채만으론 부족한가?

우리는 흔히 국가별로 GDP 대비 정부부채 비율만을 비교해 국가 부채 비율이 높다 또는 낮다고 이야기하곤 한다. 단순히 정부부채 비율만을 비교해 국가의 부채 상황을 판단하면 잘못된 결론을 낳기 쉬움에도 불구하고 말이다. 왜 그런지 이유를 살펴보자.

첫째, 정부부채만 보더라도 각국 정부부채의 부채수용력이 다르다. 부채수용력은 6장에서 상세히 다룰 것이다. 예를 들어 미국 정부의 실제 부채수준이 GDP 대비 100% 수준인데, 미국 정부의 부채수용력이 200%라면 이 100%는 문제없는 수준이다. 문제를 일으키지 않고 쓸 수 있는 최대수준의 반 정도만 쓰고 있는 것이다. 한국의 정부부채는 40% 정도다. 만일 한국의 부채수용력이 30%라면 이미 과도한 수준이고 50%라면 한계가 그리 멀지 않다는 의미다. 따라서 현재 한국 정부부채수준이 40%여서 미국의 100%보다 낮기 때문에 더 안정적이다 또는 한국은 정부부채를 더 많이 써도 된다는 것은 틀린 주장이다.

둘째, 정부부채 외에 기업부채, 가계부채도 직간접적으로 정부부채와 연결되어 있다. 따라서 미래에 정부부채화될 가능성이 있기 때문에 같이 고려하는 것이 합리적이다. 부실화된 가계부채는 정부부채화될 가능성이 가장 높고, 기업부채 중에서도 '시스템적으로 중요한 기업Systemically Important Corporation: SICO'이 부실화되면, 경제충격 최소화를 위해 지원해야 하니 정부부채화될 가능성이 높다. 예를 들어 정부부채가 다 같이 40%인데, 한 국가 A는 기업부채와 가계부채가 모두 100%를 초과하고 있고 다른 국가 B는 모두 20% 수준이라면, 두 국가의 정부부채만을 비교해 각국 정부의 부채수용력을 가늠하는 것은 잘못된 판단이란 말이다. 두 국가의 가계와 기업의 부채수용력이 각각 80%로 동일하다고 가정하면 A국의 기업부채와 가계부채는 이미 부채수용력을 넘어섰으므로 부실화 가능성이 높고 정부부채화될 가능성도 높다. 두 나라 정부부채의 수용력이 모두 50%로 측정되었다면, B국은 아직 여유가 있지만 A국은 이미 부채수용력을 넘어 부실화된 가계부채와 기업부채가, 겉으로 보기에는 아직 여유가 있어 보이는 10%의 정부부채수용력을 이미 소진시키고 있을지도 모르기 때문이다. 결국 A국과 B국의 정부부채수용력은 얼핏 같아 보여도 확연히 다르다. 가계부채와 기업부채가 정부부채에 영향을 끼치므로 정부부채만 따로 떼어내 판단하고 비교한다면 잘못된 결론에 이르기 쉽다. 그래서 각 부문별 부채와 이들 간의 상호작용까지를 포괄하는 총부채 개념이 필요하다.

쉽게 설명하기 위해 A와 B를 국가가 아니라 부채를 쓰고 있는 두 가정이라고 생각해보자. 두 가족의 조건이 모두 같다. 가장의 소득도 같고 소득대비 부채 사용량도 동일하다. 가족구성도 부모, 아들 하나, 딸 하나로 동일하다. 한 가지 다른 점은 아들과 딸의 돈 쓰는 방식이다. A가족의 경우, 아들과 딸 모두가 소득을 초과해 방만하게 부채를 쓰고 있고, B가족의 아들과 딸은 그렇지 않다. 이 경우, 겉으로 같아 보여도 A가장의 부채수용력과 B가장의 부채수용력은 완전히 다르다. A가장의 부채수용력은 자신이 쓴 부채뿐 아니라, 아들과 딸이 쓴 부채 특히 부실화된 부채를 감당해야 하므로 이미 많은 부분이 소진된 것이나 다름없다. 두 가장의 부채수용력이 동일하다고 파악하는 것은 잘못된 판단이다. 이 사실을 아는 은행은 두 가장에게 같은 조건으로 자금을 대출하지 않을 것이다. 심지어 A가장에게는 대출을 거부할 수도 있다.

셋째, 정부부채수용력을 결정하는 요인은 실로 다양하다. 부채규모뿐 아니라 부채의 만기, 외국인 투자 비중, 부채의 표시통화(원화, 미 달러화)가 부채의 위험성을 판단하는 데 중요한 지표가 된다. 영국은 부채수준은 높으나 평균만기가 15년이나 되므로 상환걱정을 안 해도 된다. 일본은 국채의 대부분을 국내 금융기관이 보유하고 있으므로 정부로서 운신의 폭이 넓다. 그리스는 반대로 외국투자자 비중이 높다. 외국투자자 비중이 높아도 미국 같은 기축통화국 국채면 문제없다. 대체 불가능한 자산이기 때문이다.

넷째, 정부부채비율을 측정하는 기준으로 GDP가 적절한가의 문제다. 결론부터 말하면, GDP 대비 부채비율보다 재정수입(보다 정확히는 재정수입 중에서 부채상환에 쓸 수 있는 부분)을 기준으로 부채비율을 측정하는 게 더 정확하다. 즉 정부부채가 많은가 적은가는 재정수입 창출능력을 기준으로 삼는 것이 합리적이란 말이다. 재정수입은 대부분 세금이다. 노르웨이처럼 해양유전도 있고 국부자산의 운용수입 비중이 큰 국가에서는 세금 외에 다른 재정수입이 의미가 있을 수 있다. 하지만 대부분 국가들은 그렇지 못하다. 재정수입이 어느 정도 GDP의 함수라는 전제하에서는 GDP도 기준으로 사용될 수 있으나, 최근에는 옆으로 새는 게 많아졌다. 정부부채의 경우 재정수입 대비 부채를 부채상환비율Debt Service Ratio: DSR로 볼 수 있다. GDP를 기준으로 사용하는 논리는, 부채상환은 세금으로 하는데 세금은 GDP에 비례한다는 가정에 근거한다. GDP가 늘면 세금도 는다는 가정은 지금도 유효한 것 같은데, 세금이 증가한다고 부채상환재원이 증가하는 것 같지는 않다. 세금이 쓰여야 할 용도가 많아졌기 때문이다.

다섯째, 정부부채에만 국한된 사항은 아니지만, 부채는 (-)자산이요, 자산은 (-)부채란 점에서 부채에서 자산을 뺀 순부채가 더 정확한 부채 개념이다. 자산이 많으면 자산을 팔아 부채를 갚아버릴 수 있기 때문이다. 이 경우 주의해야 할 점이 있다. 부채에서 차감해야 할 자산은 총자산이 아니라 부동산 같은 비유동자산은 제외한 유동성이 높은 금융자산에 국한하는 것이 합리적이다. 특히 부동산이 시스템적으로 중요한 역할을 하는 경제에서는 갑작스런 대규모 부동산 매각이 부동산값 급락 같은 다양한 거시경제 문제를 야기할 수 있다. 따라서 부동산을 팔아서 부채를 갚는 것에 한계가 있음을 인식해야 한다.

총부채와 부채의 흡수, 이전, 전환능력

총부채를 고려하면, 새로운 정책적 시사점이 도출된다. 국가경제적으로 부채를 더 쓰려면 부채수용력에 여유가 있는 섹터의 부채를 증가시키는 게 가장 유리하다. 같은 논리로, 특정한 섹터 부채가 과도하면 여유 있는 섹터의 부채로 이전 또는 전환하는 게 유리하다. 이러한 '부채의 흡수능력과 이전능력' 그리고 한걸음 더 나아가 부채 차원을 넘어 '부채를 지분으로 전환시킬 수 있는 능력'이야말로 **금융 (시장)이 국가경제를 위해 수행해야 하는 핵심역할** 중 하나다. 부채의 흡수, 이전, 전환능력은 **경제의 부채수용력을 높일 수 있는 중차대한 국가전략적 기능**이다. 이런 능력을 구비한 경제라면 과감하게 부채를 활용해 필요한 자금을 조달할 수 있기 때문이다. 이런 기능을 수행하는 시장이 구조조정시장이다. 효율적인 구조조정시장이 국가경제의 부채수용력을 늘린다.

총부채 규모는 같아도 그 구성이 다르면 큰 차이를 발생시킨다. 총부채 규모뿐 아니라 그 구성도 중요하단 말이다. 다음 3가지 경우 중 무엇이 가장 위험할까? 총부채수준은 GDP 대비 200%로서 모두 동일하다. A국은 정부부채 50%, 기업부채 100%, 가계부채 50%, B국은 정부부채 100%, 기업부채 50%, 가계부채 50%, C국은 정부부채 50%, 기업부채 50%, 가계부채 100%이다. A국은 IMF 외환위기 때 한국, B는 일본, C는 현재의 한국과 유사하다고 생각하면 된다. 다른 모든 조건이 일정하다면, 부채 구조조정을 위한 수단이 가장 다양한 기업부채가 많은 것이 유리하다. 은행차입, 채권발행뿐 아니라 주식발행도 할 수 있고 M&A나 기업분할도 가능하다. 필요하면 청산시킬 수도 있다. 이에 반해 가계부채는 부채조정하기가 힘들다. 따라서 가계부채가 상대적으로 많으면 경제 전체에 부담이 크다. 부실부채문제로 가계를 M&A하거나, 분할하거나 청산시키는 것은 불가능하기 때문이다. 그래서 정부가 떠안는 경우가 대부분이다.

정부부채, 과연 민간부채와 다른가: 냉동됐다 깨어난 케인즈가 놀란 이유

국가부채와 정부부채는 다르다

부채총량불변의 법칙은 가계부채, 기업부채 그리고 정부부채를 각각의 차원을 벗어나 전체 차원에서 조망할 수 있게 해준다. 부채총량불변의 법칙에서 말하는 총량은 바로 가계부채, 기업부채, 정부부채를 합한 총부채다. 부채총량불변의 법칙을 논하려면 부채총량 즉 총부채가 어떻게 구성되고 섹터별 부채가 어떻게 연결되어 합해지는지를 이해하는 작업이 선행되어야 한다. 특히 정부부채수준을 논의할 때, 가계부채와 기업부채를 별개로 떼어놓고 논의하는 것은 바람직한 시각이 아니다. 서로가 밀접히 연결되어 있기 때문이다. 언제 정부부채로 전환될지 모른다. **이런 관점에서 보면 정부부채를**

국가부채라고 부르는 것은 잘못된 용어선택이다. 국가부채는 정부부채보다 훨씬 넓은 개념이다. 여기서 말하는 총부채가 바로 국가부채이고 따라서 국가부채는 정부부채 외에 가계부채와 기업부채를 포함함이 마땅하다.

국가부채가 곧 정부부채라는 시각은 정부부채를 바라보는 시각 때문이다. 정부부채는 근본적으로 민간부채와 다르고 따라서 분리해서 생각하는 게 합리적이라는 가정에 근거한다. 이렇게 다른 정부부채가 곧 국가경제를 이끌어간다고 생각하므로 정부부채를 국가부채라고 부르는 것이다. 물론 잘못된 시각이다. 시대에 뒤처진 시각이다. 시대적 상황에 맞게 정부부채를 정확히 이해하려면 정부부채를 바라보는 다양한 시각부터 살펴볼 필요가 있다.

정부부채를 보는 다양한 시각

첫째, 리카르도 동등성 정리Ricardian Equivalence Theorem는 정부가 자금을 세금으로 조달하든 국채로 조달하든 아무런 차이가 없다고 본다. 밀러Merton Miller와 모디글리아니Franco Modigliani가 기업이 자금을 조달할 때 부채와 주식 간에 차이가 없다고 주장한 것(MM 정리)과 같은 맥락이다. 이들 주장에 의하면 주식이나 부채를 얼마만큼 쓰는 게 최적인지 즉 최적자본구조는 존재하지 않는다. 리카르도D. Ricardo가 정부부채든 세금이든 차이가 없다고 주장하는 이유는, 세금은 지금 내야 할 '현재 세금'이고 정부부채란 미래에 갚아야 할 '미래 세금'이기 때문이다. 세금이란 메커니즘을 거치면 정부부채는 결국 국민들이 미래에 갚아야 할 부채가 된다. 정부부채를 증가시킨다는 것은 현재의 세금을 줄이고 미래 세금을 늘린다는 뜻이다. 현재부담이냐 미래부담이냐의 차이만 있을 뿐이다. 리카르도의 시각에 따르면 얼마만큼 세금으로 조달하고, 얼마만큼 국채를 발행하는 것이 최적인가의 이슈는 등장하지 않는다. 모디글리아니와 밀러의 주장처럼 리카르도의 주장도 아무런 마찰요인이 없는 이상적인 세계를 전제로 한다.

둘째, 케인지안Keynesian 입장에서 보면 정부부채는 민간부채와 다르다. 국채는 재정지출의 또 다른 이름이기도 하다. 그러고 보면 정부부채는 별명이 참 많다. 케인지안은 정부부채와 민간부채는 근본적으로 다르다고 본다. 정부부채는 만기가 있지만 매번 차환만 하면 되니 갚을 필요가 없고, 인플레이션 등 다양한 정부정책을 통해 조작이 가능하기 때문이다. 일본 국채 예에서 보듯이, 국내투자자들이 대부분의 국채를 보유하고 있을 경우 아무래도 정부의 영향력하에 있으므로 투자자를 포획할 수도 있다. 이렇게 통제와 조작이 가능하므로 국채발행을 많이 해 재정지출을 늘리는 게 좋다는 주장이다. 과거에는 경제학 주류에서 받아들여졌던 주장인데 최근에는 비난을 받는다. 국민들은 조작이 가능한 로봇이나 바보가 아니다. 동시에 과도한 정부부채는 국가신용등급을 낮추고 신용디폴트스왑CDS 프리미엄을 높여 시스템 위기의 원인이 될 수 있다. 특히 한국처럼 국제통화를 갖고 있지 못한 국가는 외화자금조달에 심각한 어려움을 겪을 수 있다.

셋째, 신고전주의는 정부부채와 민간부채가 비슷하다고 본다. 대체재, 최소한 부분적 대체재 관계에 있다고 주장한다. 특히 AAA등급의 초우량 회사채와 국채 간에는 대체적 관계가 성립하는 경우가 많았다. 국내의 국채수요 기반이 고정되어 있다는 전제하에서 국채발행이 많아지면 회사채발행을 구축하는, 즉 밀어내는 현상이 발생한다. 기업의 회사채발행과 이를 통한 투자활성화를 위해선 과도한 국채발행을 줄이는 게 좋다고 생각한다.

넷째, 라인하르트Carmen Reinhart와 로고프Kenneth S. Rogoff의 최근 모델은 국채의 다양한 기능에 주목하면서 정부부채에 '최적수준'이 존재한다고 주장한다. 이 수준을 넘으면 추가적 부채 사용은 경제성장에 부정적 영향을 끼친다. 정부부채와 민간부채는 궁극적으로 그 본질이 유사하고 부채의 상한선 또는 최적수준이 존재한다고 생각한다. 논란이 많았던 결과이긴 한데, 선진국은 GDP 대비 90%, 신흥국은 60% 정도가 최적수준이라고 주장했다.[12]

정부부채가 아니라 하늘나라부채라도 부채는 부채다

어떤 시각이 맞을까? 어떤 시각이 현재의 복잡한 경제상황을 현실적으로 반영하고 있을까? 닮음과 다름을 가르는 기준에는 차이가 있을 수 있지만, 부채의 본질을 고려할 때, 정부부채도 민간부채와 다르지 않다. 표면적으로 달라 보이지만, '상환의 의무성'이란 부채의 본질은 동일하다. 쉽게 말해 과도하게 쓰면 부도나고 망할 수 있다. 정부부채라고 예외가 적용되지 않는다. 그리스 사태에서 보았듯이 정부부채가 과도하면 경제 전체가 무너진다. **정부부채가 아니라 하늘나라부채라도 부채는 부채다.** 케인지안이 주장하듯, 정부부채는 신경 쓸 필요 없으니 재정지출을 늘리자는 주장은, 국가부채가 적정

수준 안에 있을 때에만 타당하다. 시도 때도 없이 늘린다면 폭발하게 되어 있다.

말도 안 되는 주장이지만, 정부부채는 갚을 필요가 없다는 사람들도 있다. 그리스가 국가부채를 늘릴 때 가장 많이 사용한 논리가 정부부채는 다르다는 것, 잘 안 갚아도 정치외교적으로 해결가능하다는 것, 그리고 과도해 보여도 국채를 발행해 투자하면 경제가 성장한다는 케인지안 주장이었다. 틀린 생각이다. 정말 갚지 않아도 되는 부채가 세상에 존재한다면, 즉 '상환의 의무성'을 벗어난 부채가 있다면 이는 부채의 정의상 부채가 아니다. **미국 최초의 재무부장관이자 최고의 재무부장관으로 칭송받는 알렉산더 해밀턴**Alexander Hamilton**은 '정부부채는 다르지 않다'고 생각한 대표 인물이다.** 미국이 처음 건국되어 신생국일 때 국가부채를 제대로 상환하고 신용도를 높이는 데 경제정책의 초점을 맞추었다. 알렉산더 해밀턴이 구축한 '상환의 의무성'이 철저히 보장된 국채가 당시 패권국이던 영국의 국채를 뛰어넘는 계기를 만들었고 미국의 급속한 성장과 발전을 가능하게 했다.

시각이 다르면 부채 처방도 다르다: 이젠 케인즈를 놓아주어야 할 때다

부채를 보는 시각이 다르면 과도한 부채에 대한 처방도 달라지기 마련이다. 현재 대표 주류 경제학인 라인하르트와 로고프는 GDP 대비 부채비율에서 분자의 부채를 줄이라고 말한다. 반면에 케인지안은 긴축을 통해 분자의 부채를 줄이지 말고 오히려 국채발행을 통해 재정지출을 늘림으로써 분모의 GDP를 키워 부채비율을 줄여야 한다고 주장한다. 그럴듯해 보이지만 말처럼 쉽지 않다. 재정지출을 늘린다고 반드시 경제성장률이 높아지는 게 아니다. 또한 부채 수준이 일정 수준을 초과하면, 경제성장률에 부정적 영향을 끼칠 뿐 아니라 경제의 시스템 리스크를 증대시키는 요인으로 작용한다. 특히 국제통화를 갖고 있지 못해 달러로 자금을 조달해야 하는 신흥국 입장에서는 주의를 기울여야 할 점이 있다. 정부부채비율은, 외국인들이 한국의 위험을 평가할 때 사용하는 지표인 외평채 프리미엄이나 CDS 프리미엄에 영향을 끼치는 핵심변수다. 따라서 현재의 경제상황을 고려할 때 케인지안 주장은 현실성이 떨어진다.

결론은 이렇다. 과도부채 이슈에 관한 한 '이젠 케인즈를 놓아주어야 할 때다.' 케인지안 주장에서 벗어날 때란 말이다. 케인즈의 주장이 틀렸다기보다, 케인즈가 이런 주장을 했던 100여 년 전과 세상이 아주 많이 바뀌었다. 그 당시는 부채가 지금처럼 많지 않았다. 그리고 부채가 많아지면 인플레이션정책을 통해 자연스럽게 그 부담을 덜 수 있었다. 정부정책의 의도와 그 파급효과를 읽어낼 수 있는 국민들도 별로 없었다. 중요한 사실이 한 가지 더 있다. 케인즈 시각은 미국이나 영국 같은 국제통화를 갖고 있는 나라에 더 적합하다. 국제통화를 보유하고 있는 국가는, 기업으로 치면 언제나 은행에서 자금을 조달할 수 있는 신용라인이 있는 기업과 비슷하다. 하지만 지금은 사정이 다르다. 정부가 모든 경제변수를 좌지우지하기에는 경제규모와 복잡성이 지나치게 커졌다. 그동안 부채문제를 계속 부채로 덮어왔기 때문에 부채가 과도해졌다. 인플레이션을 일으키기도 쉽지 않다. 국민들의 경제지식과 경험도 쌓였다. 오히려 정부보다 앞서서 미리 대비하고 헤지한다. 특히 한국은 국제화된 통화를 갖고 있지 못하므로, 기업으로 치면 안정된 신용라인이 없어 그때그때 발로 뛰어 신용라인을 확보해야 하는 기업과 같다. 그런 신용라인이 없는 기업은 부채 사용전략이 확연히 다르다. 아니 달라야 한다. 과도부채문제에 민감할 수밖에 없는 이유다. 자, 이젠 케인즈를 떠나 보내주자. **케인즈가 냉동되어 있었다가 지금 깨어난다면, 100여 년 전에 제안한 자신의 정책 프레임에 아직도 사람들이 집착하고 있는 모습에 깜짝 놀랄 것이다.**

케인즈 시각은 달콤한 유혹이다. 정부부채는 다르고 그래서 무한정 써도 지속가능성을 걱정할 필요가 없다는 극단적인 유혹에 빠지기 쉽다. 최근의 연구결과들은, 부채가 일정 수준을 초과하면 부채 증대를 통한 재정지출 확대가 경제성장을 유도하지 못한다는 결과를 보여준다. 과도부채하에서는 재정지출이 경제성장을 유발하지 못한다는 결론이다. 정부부채가 과도하면 오히려 경제성장을 가로막는 원인이 된다.

최근 들어, 지극히 낮은 금리를 이유로 들어 금리보다 높은 수준의 경제성장률을 달성하기 쉬워졌다는 주장을 하는 사람들이 있다. 이는 부채를 과도하게 써도 된다는 논거로도 사용된다. 그런데 낮은 금리 특히 낮은 장기금리는 낮은 경제성장의 결과다. 성장률이 떨어지니까 그 결과로 금리가 떨어지는 것이라면, 금리가 낮은 상태에서 성장률만 올리기는 지극히 어렵다. 열차가 들어오니까 새들이 날아가는 것이지 새들이 날아가니까 열차가 들어오는 게 아니다. 새들이 날아가는 것(낮은 금리)은 원인이 아니라 결과다. 새가 날아가는 것이 결과인데 원인으로 잘못 인식하면 우스꽝스러운 일이 생긴다. 열차가 빨리 도착하라고 막대기로 전선 위의 새들을 날아가게 만드는 우를 범할 수 있다. 경제정책도 이런 우를 범하는 경우가 의외로 많다. 원인과 결과를 혼동하고 원인을 제대로 파악하지 못하는 것이다. **금리가 낮기 때문에 부채를 과도하게 사용해 경제성장률을 높이기 쉽다는 주장은, 빨리 열차가 도착하라고 막대기로 전선에 앉은 새를 쫓아 날리는 것과 같다.**

정부부채, 기업부채, 가계부채 중 무엇이 닮았나

정부부채, 기업부채, 가계부채 중 무엇과 무엇이 비슷한가, 혹은 다른가? 그리고 어떤 면에서 그러한가의 문제는 부채문제 해결을 위해 정책적 의미가 큰 이슈다. 이들 부채들이 어떻게, 어떤 메커니즘을 통해 상호 연결되어 있느냐의 문제와도 관련된다. 전통적 시각은 부채를 발행하는 주체 즉 정부, 기업, 가계의 자금조달이란 측면이 주로 강조되었다. 그래서 가계와 기업을 합한 민간부채가 하나의 유형이고 정부부채가 다른 유형으로 분류되었다. 이제 부채를 보는 시각을 바꾸어보자. 가계, 기업, 정부가 발행할 수 있는 **증권의 종류**와 이들 증권에 대한 **투자자 범위**를 함께 고려해보면 새로운 통찰력을 얻을 수 있다.

우선 기업은, 은행차입과 회사채발행이 모두 가능하고 더 나아가 주식의 발행까지 가능하다. 정부는 국채발행 외에 은행차입도 가능하지만 지분발행은 불가능하다. 국채의 지분전환에 대한 역사적 고찰과 국가지분발행 가능성에 대해서는 9장에서 상세히 다룰 것이다. 가계부채는 은행차입만이 가능하다. 가계가 채권이나 주식을 발행할 수는 없다. 이런 관점에서 보면 기업이 발행 가능한 증권이 가장 다양하고 그만큼 투자자기반이 가장 넓다. 가계는 투자자기반이 가장 좁고 정부는 중간이다. 투자자 기반이 넓고 다양하다는 말은 그만큼 다양한 증권발행이나 금융계약의 설계가 가능하다는 의미다. 사전적으로 자금조달이 용이하고 사후적으로 문제발생 시 부채구조조정도 원활히 할 수 있다. 즉 운신의 폭이 넓다. 기업은 부채구조조정 과정에서 부채의 주식교환을 활용할 수 있으나 국채나 가계부채에는 적용하기 힘들다. 기업부채의 경우 지분전환이나 지분투자를 통해 인수합병도 할 수 있지만 국가나 가계를 M&A할 수는 없다.

부채의 어떤 측면을 강조하느냐에 따라 무엇과 무엇이 가깝고 먼지가 결정된다. 불특정 다수의 투자자를 대상으로 채권을 발행할 수 있다는 측면에서 보면, 기업부채와 정부부채가 비슷하다. 가계는 은행차입만이 가능하므로 부채구조조정도 은행을 통해서만 하게 된다. 기업부채인 회사채와 정부부채인 국채는 투자자의 투자대상이 된다. 즉 투자자의 포트폴리오를 구성하는 자산이 된다. 안전자산으로서 국채와 AAA회사채는 최소한 부분적으로 대체재이기도 하고 둘 다 자본시장상품이므로 시장에서 가격이 결정된다. 하지만 지분으로 전환할 수 있느냐, 즉 지분증권을 발행할 수 있느냐의 관점에서 보면 전환이 가능한 기업부채와 불가능한 정부부채 및 가계부채로 구분된다. 이 경우는 정부부채와 가계부채가 가깝다.

정부의 책임 또는 부담이란 측면에서 보아도 가계부채는 정부부채에 가깝다. 가계부채가 잘못되었을 때 정부부채로 전환될 가능성이 높기 때문이다. 기업에는 '창조적 파괴'라는 개념을 적용할 수 있지만 가계에는 적용할 수 없다. 가계는 '창조적 구제'의 대상이지 창조적 파괴의 대상이 아니다. 가계는 정치적 투표권을 가지고 있다는 점도 기업과 다르다. 기업은 투표권이 없다. 삼성전자라도 대통령 투표권이 없다. 투표권 때문에 가계부채를 사용하는 가계가 일정 범위를 넘어서면 스스로 자생력을 갖게 된다. 어떻게든 정부가 개입해 처리해줄 수밖에 없는 이유다. 이런 관점에서 보면 가계부채는 정부부채와 함께 생각해야 한다. 심하게 말하면 **'가계부채 특히 학자금부채는 정부부채의 또 다른 이름'**이다.

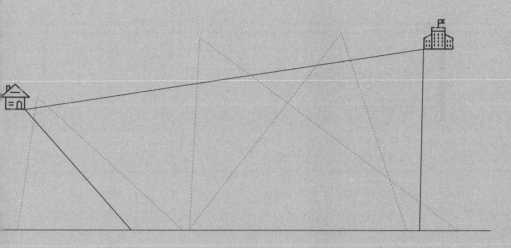

6장

부채
수용력

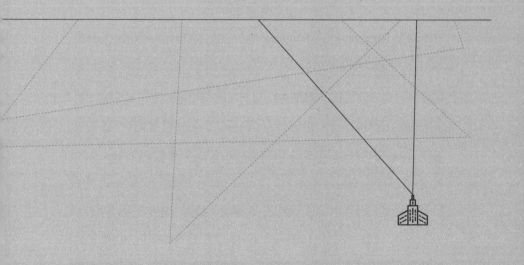

01

부채수용력이란
무엇인가?

문제유발 없이 담을 수 있는 부채의 최대수준

운전을 하다 보면 항상 막히는 길이 있다. 시간도 지체되고 짜증도 나기 쉽다. 길이 막히는 이유는 간단하다. 교통량이 도로의 '차량수용력'을 초과했기 때문이다. 병원에도 '환자수용력'이 정해져 있다. 이를 넘어서면 응급환자조차 제대로 수용하지 못한다. 홍수방지를 위해 설치한 댐도 물을 담아둘 수 있는 수용력에 한계가 있어 이를 넘어서면 견디지 못한다. 그래서 댐 저수량이 수용력 한계에 근접하면 물을 방출하는 것이다. 그렇지 않으면 댐이 무너진다. 우리 뇌도 감당할 수 있는 '스트레스 수용력'에 한계가 있다. 한계를 넘어서면 정신질환이 되거나 폭력이란 형태로 방출될 수 있다. 부채도 마찬가지다. '부채수용력'이란 가계, 기업, 정부가 '문제'를 발생시키지 않고 능히 담아낼 수 있는 최대의 부채수준을 말한다. 여기서 문제가 어떻게 정의되느냐에 따라 부채수용력도 달라진다.

수용력이란, 그 대상이 부채든 도로든 댐이든 뇌든 '담을 수 있는 최대량'이다. 수용력을 넘어서면 심각한 문제가 발생한다. 도로가 차량수용력을 초과하면 교통정체, 병원 입원실이 수용력을 넘어서면 응급환자 사망, 댐의 경우에는 댐 붕괴와 하천 범람, 스트레스가 뇌의 수용력을 넘어서면 판단력 상실, 정신병, 술이나 마약중독까지 야기한다. 자동차, 비행기, 배 등에 수용력을 초과해 사람을 태우면 안전사고가 난다. 부채 사용이 부채수용력을 넘어서면 약하게는 신용등급 하락부터 시작해 부채부실화, 위험 프리미엄 증가 그리고 채무불이행과 파산까지 이르게 된다. 이렇듯 정부부채가 수용력을 초과하면 국가경제가 붕괴한다.

부채상한, 지속가능부채, 최적부채와의 비교

부채수용력과 혼동하기 쉬운 유사한 개념들이 있다. 이런 개념들과 비교하면 부채수용력을 명확히 이해할 수 있다. 부채수용력과 혼동하기 쉬운 개념으로 부채상한debt ceiling이 있다. 부채상한이란, 가정된 경제성장 경로에서 유지될 수 있는 신중하고 지속가능한 부채수준을 의미한다. 부채상한은, 미래의 경제성장률을 먼저 추정하고(먼저 추정한다는 것은 우선적 목표라는 말) 이를 달성하기 위해 유지되어야 하는 지속가능한 최대부채수준이다. 부채수용력은 부채상한과 목표가 다르다. 채무불이행 같은 신용사건을 유발하지 않고 사용할 수 있는 최대부채수준이다. 부채수용력에서는 경제성장률이 목표가 아니라 부채수용력을 결정하는 하나의 중요요인으로 포함된다. 즉 부채상한에서는 경제성장이 목표이고 부채는 부수적 요인인 반면, 부채수용력에서는 부채수준 자체가 측정과 논의의 목표가 된다. 따라서 부채문제에 초점을 맞출 때에는 부채수용력이 적절한 기준이 된다. 지속가능한 부채수준 또는 부채의 지속가능성debt sustainability이란 말도 사용된다. 부채수용력과 관련시켜보면, 한 경제(기업, 가계)의 부채수용력 범위 내에서 사용하는 부채는 지속가능한 부채다. 부채수용력을 초과하는 부채는 지속가능하지 않다. 부채수용력은 기업금융에서 자주 나오는 최적부채수준optimal debt level과도 차이가 있다. 부채는 무조건 많이 사용한다고 좋은 것도 아니고, 안 쓴다고 좋은 것도 아니다. 부채 사용에는 장단점이 동시에 존재하고 이들 간에 상충관계가 있기 때문이다. 기업가치를 최대화할 수 있는 부채수준은 이들이 균형을 이루는 특정 수준으로서 이를 최적부채비율이라고 한다. 거시경제에 적용하면 사회적 후생을 극대화할 수 있는 또는 경제성장률을 극대화할 수 있는 부채수준을 말한다. 이론적 관점에서 보면, 최적부채수준은 자본구조에 관한 상충이론trade-off theory에서 유도되는 개념인 반면, 부채수용력은 조달순서이론pecking order theory에서 나오는 개념이다.[13] 새가 모이를 쪼는 순서를 보면 맛있는 것을 다 먹고 나서 배고프면 다음 것을 먹는다. 기업도 최대한 부채를 사용하고 그것도 모자라면 그때서야 주식을 사용한다는 이론인데, 이때 최대한 사용가능한 부채수준이 바로 부채수용력이다.

02

부채수용력이
왜 중요한가?

과도부채 결정기준

부채수용력이 중요한 첫 번째 이유는, **현재의 부채 사용 수준이 과연 적절한지, 과도한지, 아직 여유가 있는지를 판단하는 기준**이 되기 때문이다. 기준 없이 부채의 과도, 과소, 적정 여부를 판단하는 것은 어불성설이다. 부채수용력을 초과해서 부채를 사용하면 부채의 단점이 장점보다 커지고 문제가 발생한다. 부채수용력은 정부부채, 기업부채, 가계부채 등 각 섹터 차원에서 생각할 수도 있고 이들 전체를 합한 경제의 총부채에 대해서도 생각할 수 있다. 기업별로, 산업별로 부채수용력이 상이하듯이 각 국가의 정부별로 부채수용력이 다르다.

안전자산 창출능력

정부부채 차원에서 보면 부채수용력은 '**안전자산 창출능력**'과도 직결된다. 왜냐하면 부채수용력을 초과해서 발행된 국채는 안전자산이 아니기 때문이다.[14] 국민들에게 사회, 군사, 치안 차원에서 안전을 제공하지 못하는 정부가 정부가 아니듯, 안전자산을 제공하지 못하는 정부는 정부가 아니다. 안전하지 못한 국채는 국채로서 자격이 없다는 말이다. 기업의 경우도, 부채수용력을 초과해서 부채를 과도하게 사용하면 위험이 커지고 이 약점을 악용하기 위한 경쟁기업의 공격도 거세진다. 정부부채 즉 국채가 흔들리는 경우도 마찬가지다. 부채수용력과 관련해 주목해야 할 점이 있다. 부채수용력은 우리가 아닌 '그들'(자금공급자, 투자자, 외국인투자자)이 어떻게 보느냐가 중요하다. 아름다움은 보는 사람에 따라 다르듯Beauty lies in the eyes of beholders, 부채수용력은 부채를 보유하고 있는 채권자에 따라 달라진다Debt capacity lies in the eyes of bondholders!

부채총량불변의 법칙과 관련

부채수용력은, 5장에서 논의한 부채총량불변의 법칙과도 관련되어 있다. 부채수용력이 중요한 또 다른 이유다. 부채총량불변의 법칙에서 총량을 '감당할 수 있는 총량' 또는 '문제없이 담을 수 있는 총량'으로 해석하면 '부채수용력 불변의 법칙'으로 전환해 생각할 수도 있다. 부채총량불변의 법칙이 성립하면, 한쪽 부채가 줄면 다른

쪽 부채가 늘어야 한다. 예를 들어 외환위기 때 기업들의 과도했던 부채비율이 줄면서 정부부채비율이 높아졌다. 기업부채가 정부부채로 전환되었기 때문이다. 그런데 이런 전환이 가능하려면 정부가 문제없이 부채를 늘릴 수 있어야 한다. 즉 부채수용력에 여유가 있어야 한다는 말이다. 만일 정부의 부채수용력도 소진된 상태라면, 기업부채를 받아줄 수 없고 설령 받아준다 해도 국가신용등급 하락 같은 문제가 발생한다.

글로벌 경제의 부채수용력 소진

특정 국가경제의 부채수용력은 정해져 있다. 물론 부채수용력을 결정하는 요인들이 있지만 하루아침에 변화시킬 수 있는 게 아니다. 마찬가지로 글로벌 경제의 부채수용력도 정해져 있다. 글로벌 경제의 부채수용력은 정해져 있는데 국제통화를 보유한 선진국들이 통화남발을 통해 먼저 소진해버리면 이머징 국가들이 사용할 부채가 없어진다. 깨끗하던 공기가 먼저 산업화한 국가들에 의해 오염되어 버리듯 말이다. 주인 없는 공기는 먼저 오염시키는 사람이 임자다. 지구가 정화시키고 흡수할 수 있는 공해의 양은 정해져 있기 때문이다. 지구의 '공해수용력'은 고정되어 있다는 말이다. 글로벌 경제의 총부채수용력이 정해져 있다면, 이 또한 공해수용력과 같다. 정해진 수용력을 먼저 사용하는 게 이익이다. 돈도 중앙은행 부채다. 이자 없는 국채다. 선진국들이 양적완화라는 미명하에 돈을 찍어내면 글로벌 경제가 문제를 유발하지 않고 부담할 수 있는 부채수용력을 넘어선다. 여기서 문제는 통화남발로 인해 발생하는 금융위기다. 공해수용력을 넘어서는 공해가 지구환경을 오염시키듯, 선진국들의 과도한 부채는 세계경제를 오염시킬 수 있다.

03

부채수용력
결정요인

부채수용력이 왜 중요한지를 살펴보았다. 부채수용력이 그렇게 중요하다면 과연 어떠한 요인들이 부채수용력에 영향을 끼치는가를 살펴보는 것이 자연스러운 논의 순서다. 기업부채의 수용력 결정요인은 기업금융에서 많이 논의되고 알려져 있으므로 여기서는 정부부채 결정요인을 중심으로 살펴본다. 정부부채 결정요인은 크게 2가지로 구분할 수 있다. 하나는 경제의 구조적 특성과 관련된 요인들이고, 다른 하나는 국채의 구조적 특성과 관련된 요인들이다.

경제의 구조적 특성

경제성장률

기업 부채수용력을 결정하는 가장 중요한 요인은 영업이익이다.

기업이 얼마나 많은 영업이익을 창출할 수 있느냐가 얼마나 많은 부채를 부담 없이 사용할 수 있느냐를 결정한다. 부채란 이자를 정기적으로 지급하고 만기에 원금을 지급해야 할 의무가 있기 때문에 안정적인 영업이익을 지속적으로 창출하는 것이 중요하다. 기업의 현금흐름이 들쑥날쑥하고 예상하기 힘들 정도로 불확실하면 부채의 수용력이 떨어진다. 다시 말해 부채로 자금을 조달하기에 적합하지 않다는 말이다. 가계부채의 경우라면, 가계소득이 안정적이고 지속적으로 창출될 수 있어야 부채도 충분히 사용할 수 있다.

정부부채도 마찬가지다. 국가경제의 영업이익이 안정적으로 창출되어야 부채수용력도 커진다. 기업은 산업에 따라 비즈니스 성격이 다르고 따라서 영업이익의 원천도 다르다. 제조업체는 물건을 만들어 파는 것이 주 영업이고 서비스회사는 서비스 판매, 자산운용사는 투자수익이 영업이익이 된다. 국가도 비슷하다. 국가에 따라 주특기가 다르다. 한국처럼 수출의존도가 높은 국가는 상품수출이 주 영업이고, 미국이나 영국은 서비스업이, 싱가포르는 도시국가로서 테마섹Temasek 등을 통한 자산운용수입이 주요한 영업이익이다. 국가 차원에서 본다면, 경제가 생산과 판매를 잘한다는 것은 GDP 성장으로 측정할 수 있으니 GDP 성장을 기업의 수익이나 영업이익에 대응하는 개념으로 볼 수 있다. 정부부채를 갚는 돈은 세금 등 재정수입을 통해 나오지만 세금도 궁극적으로 GDP 성장에 의존한다. 경제가 성장해야 세금이 많이 징수되고 그만큼 부채상환재원도 충분해진다.

산업의 다양성

부채수용력을 증가시키려면 영업이익의 규모뿐 아니라 그 변동성이 중요하다. 정부부채의 경우 GDP의 변동성인데(분기별로 측정), 주력산업이 다변화되어 있을수록 변동성이 작아진다. 아무리 1인당 GDP가 높아도 석유생산에만 의존하는 UAE를 선진국으로 분류하지 않는다(세계은행, IMF, UN). 한국은 상품수지 흑자에 크게 의존하고 있는데, 상품수지 흑자를 창출하는 산업들은 다양해서 다변화가 잘 이루어져 있다.

기업도 사업이 다각화된 기업이 부채수용력이 높다. 사업을 다각화하면 이익의 변동성이 줄기 때문이다. 국가경제적으로 규모나 기능면에서 중차대한 기업, 즉 시스템적으로 중요한 기업sico이라면, 잘못됐을 때 국가가 부담을 떠안아야 하므로, 국가부채 부채수용력을 소진시킬 수 있다. 하나의 기업에 지나치게 의존하면, 그 기업이 아무리 분산투자를 잘해도 국가의 시스템 위험이 높아진다. 기업 차원에서는 안정성이 높아지지만 경제 전체로선 안정성이 줄어든다는 말이다. 일종의 '구성의 오류'다. 가계도 마찬가지다. 한 사람이 버는 것보다 맞벌이가 소득의 변동성을 줄인다. 둘 다 같은 직종에 종사하는 것보다 다른 업종에 고용돼 있는 게 가족 전체 관점에서 안정성을 높인다.

경상수지 원천의 다양성

경상수지는 무역수지와 소득수지로 구분되고, 무역수지는 다시 상품수지, 서비스수지로 구분된다. 국가부채의 수용력을 증대시키려면 경상수지의 변동성을 줄여야 하는데, 경상수지 변동성을 줄이려면 무역수지, 서비스수지, 소득수지(자본수출) 간에 다변화가 잘이루어져야 한다. 결론은 이렇다. 글로벌 경제가 침체되면 아무리수출산업이 다변화되어 있어도 상품수출에만 의존하는 것은 한계가 있다. 그래서 상품수출과는 그 성격이 다른 자본수출이 필요한것이다. 한국은 상품수지의 원천은 다변화되어 있으나, 한 단계 높은 경상수지 차원에서 그 원천을 보면 지나치게 상품수지에 집중되어 있다. 서비스수지와 소득수지 비중이 미미하다. **자동차수출이 어려우면 반도체수출이 보완해주지만, 자동차, 반도체, 조선 등 모든 상품수출이어려우면 무엇이 대신해줄 것인가?** 바로 서비스수출 아니면 자본수출이다. 경상수지 원천의 다변화를 위해서는 서비스수지와 소득수지비중을 늘려야 한다. 경상수지 변동성을 줄이면, 정부부채의 수용력도 커진다. 일본이 엄청난 정부부채에도 불구하고 큰 문제가 없는이유는 부채보다 큰 규모의 자산을 보유하고 있기 때문이기도 하지만, 상품수지와 서비스수지가 부족할 때 소득수지(자본수출)를 통해지속적으로 경상수지 흑자를 창출하기 때문이다. 가족도 임금소득외에 금융자산소득이 있다면, 임금소득이 줄어드는 경우에도 금융자산소득을 통해 변동성을 줄일 수 있다.

국제화된 통화의 보유여부: 약국 티켓과 병원 티켓

티켓이 있어야 물건을 살 수 있는 세상을 생각해보자. 약국 티켓을 갖고 있는 사람과 병원 티켓을 갖고 있는 사람은 평상시에는 큰차이가 없다. 몸이 건강하거나 약간 아플 때는 약만으로도 해결가능하다. 그렇지만 응급수술이 필요한 경우라면 약국 티켓이 소용없다. 어떻게 해서든 약국 티켓을 병원 티켓으로 바꾸어야 응급치료를 받을 수 있다. **비유컨대 한국은 약국 티켓(비국제통화)만을 갖고 있는 나라고 일본은 일반병원 티켓(국제통화)을, 미국은 종합병원 티켓(기축통화)을 갖고 있는 나라다.** 평상시에는 큰 차이가 없어 보이지만 경제위기 시에는 그 차이가 뚜렷해진다. 그래서 평상시에 별 쓸데없는 **외환보유고란 병원 티켓**을 잔뜩 쌓아두어야 한다.

필요할 때마다 은행에서 자금을 쉽게 차입할 수 있는 기업은 굳이 현금을 많이 쌓아둘 필요가 없다. 국가도 마찬가지다. 미국이나 일본같이 국제통화를 보유한 국가들은 필요할 때 언제든 자국통화로 자금을 조달할 수 있어서 마음 놓고 부채를 사용할 수 있다. 굳이 외환보유고를 많이 쌓아놓을 필요가 없다는 말이다. 한국의 원화는 국제화된 통화가 아니다. 국제통화를 갖고 있지 못하면, 자금이 필요할 때 외국인들로부터 원화로 자금을 조달하기 어렵다. 마치 국제적으로 유명한 저널에 논문을 개제할 때 반드시 영어로 써야 하는 것과 비슷한 이치다. 한국어로 쓴 논문은 아무리 내용이 뛰어나도 유명한 국제 저널이 받아주지 않으니 개제할 수 없다. 이런 관점에서 볼 때 국제통화를 갖고 있는 국가의 부채수용력은 그렇지 못한 국가에 비해 훨씬 크다. 그러므로 한국처럼 국제통화를 갖고 있지 못한 국가의 부채수용력을 미국, 일본 등과 동일 선상에서 비교한다면 오류를 범하기 쉽다. 국제통화를 갖고 있는 나라는 현재 부채가 많아도 언제든 어려움 없이 자국 정부가 통제가능한 자국통화로 자금을 조달할 수 있으므로, 그만큼 부채수용력이 크다.

현실적으로 자금조달의 필요성이 가장 절실한 시점은 바로 경제 위기 시다. 문제의 심각성이 여기에 있다. 경제가 어렵고 해외투자자들의 신뢰가 떨어지고 환율이 상승(평가절하)하면 사실상 외국인들로부터 자금조달이 어려워진다. 가능하더라도 높은 자본비용을 부담해야 한다. **국제통화를 갖고 있지 못한 국가는 마음 놓고 부채 사용을 늘릴 수 없다.** 항상 안전성을 고려해야 하므로 부채수용력은 작을 수밖에 없는 것이다.

외환보유고와 통화스왑

외환보유고가 많다는 것은, 기업으로 치면 언제나 쓸 수 있는 현금을 많이 보유하고 있는 것과 유사하다. 다른 나라와 통화스왑을 체결하고 있다는 것은, 기업으로 치면 필요할 때 언제든지 쓸 수 있는 은행의 신용라인을 갖고 있는 것과 유사하다. 특히 달러를 찍어낼 수 있는 미국과 통화스왑을 체결하고 있다는 것은, 기업으로 치면 무한정 신용을 공급해줄 수 있는 중앙은행에 신용라인을 가지고 있는 것과 같다. 통화스왑은 양자 간 스왑과 다자간 스왑이 존재하는데 특히 기축통화국인 미국과의 통화스왑이 핵심역할을 한다. 현금을 많이 갖고 있는 기업이 안전성은 높지만 그만큼 기회비용이 큰 것처럼 외환보유고도 기회비용이 만만치 않다. 그래도 비상시를 위해 보유하고 있는 것이 바람직하지만, 모든 문제를 외환보유고를 통해서만 풀려는 생각은 잘못된 생각이다. 외화부채가 많아도 외화자산이 이보다 많으면 순부채는 (−)가 된다. 다른 모든 조건이 유사하면 외환보유고가 많을수록, 통화스왑이 견고할수록, 민간기업의 외화자산이 많을수록 이들이 '(−)부채' 역할을 함으로써 결과적으로 국가의 부채수용력을 증가시킬 수 있다.

재정수익 창출능력과 재정수익의 변동성

GDP 성장을 재정수익 확대로 연결시킬 수 있는 능력이 크면 그만큼 부채수용력이 커진다. 국부운용(자산운용)을 통한 재정수익 창출력이 크면 부채수용력이 높아진다. 예를 들어, 국민연금의 운용수익률이 1%만 증가해도 고갈시점이 수년간 연장되고 정부의 부담이 줄어든다. 국부펀드 운용수익이 높으면 이를 부채상환재원으로도 쓸 수 있음은 물론, 처음부터 국채발행 같은 국가부채에 대한 의존도를 줄일 수 있다. 이 수익을 다른 재정지출 분야에 투입함으로써 재정예산 중 부채상환에 사용될 수 있는 비중을 높일 수 있다. 노르웨이 유전수익같이 세금이나 국채 외의 재정수익 수단이 있으면 그만큼 재정수익에 여유가 있고 부채수용력도 높아진다.

이자율 수준

이자율이 낮으면 그만큼 정부의 상환부담이 줄어들어서 부채를 많이 쓸 수 있다. 정부가 양적완화 등을 통해 이자율 수준을 낮추면, 심지어 (−)금리면, 부채를 많이 써도 부담이 작다. 그런데 이자율이 낮다는 것은 그만큼 경제가 침체되었다는 의미 즉 경제성장률이 낮다는 의미이다. 이자율이 낮으면서 경제성장률이 높은 경우는 보기 힘들다. 저금리는 원인이기도 하지만 낮은 경제성장률로부터 유발되는 결과이기도 하기 때문이다. 경제성장률이 낮으면 경제 전체적으로 소득이 충분히 증가하지 않으니 부채수용력이 줄어든다.

인플레이션

국민들이 예상하지 못하게 정부가 인플레이션을 유발할 수 있다면 정부부채 수용력이 높아진다. 부채를 많이 써도 실제 구매력으로 평가된 부담을 줄일 수 있기 때문이다. 국민들이 똑똑해질수록 국민들 모르게 인플레이션을 유발하기 힘들다. 국민들이 알아차리고 미리 대응하면 기대했던 효과도 거두기 힘들다. 또한 인플레이션과 반대인 디플레이션 시기는 그만큼 부채 부담도 증가한다. 역사적으로 볼 때 인플레이션은 정부부채의 부담을 감소시키는 가장 효과적 정책수단의 하나였다.

경제성장 모델

어떤 경제성장 모델을 선택해 경제성장을 추구하느냐에 따라 어느 섹터의 부채가 특히 증가하는지가 달라진다. 즉 경제성장 모델이 국가 총부채의 구성 즉 총부채 중 특정 섹터 부채가 차지하는 비중에 영향을 끼친다. 수출 중심 성장 모델이면 수출을 주도하는 기업의 부채가 증가하기 마련이고(한국의 성장 모델), 투자 중심 성장 모델이면 정부부채가 증가한다(중국의 성장 모델). 소비 중심 성장 모델이면 가계부채가 높은 수준을 유지한다(미국 등 선진국). 금융 중에서도 소비자금융의 발전은 가계부채를 증대시키는 주요 요인이다.

부채구조조정 인프라 및 제도

〈브레이킹 배드Breaking Bad〉는 미국 TV 드라마 역사상 최고의 작품으로 평가받는 동시에 최고로 흥행한 작품이다. 대부분의 드라마는 나쁜 사람이 이런저런 이유로 좋은 사람이 되어가는 과정을 그리는데 반해, 〈브레이킹 배드〉는 평범한 고등학교 물리 선생님인 월트가 어떻게 마약을 제조해 판매하는 나쁜 사람이 되어가는가를 흥미진진하게 그리고 있다. 이 드라마에서 인상적인 장면이 있다. 상대방 보스와 만나 같이 술을 마시는 장면이다. 목적은 독이 든 술을 마시게 해 상대방을 죽이는 것이다. 적인데 술병 주고 너만 마시라고 하면 상대방 보스는 당연히 안 마신다. 손잡이를 눌러야 독이 나오는 특수 제작된 주전자도 안 통한다. **'어떻게 상대방 보스에게 독이 든 술을 마시게 할까?'** 투명한 술병에 든 독을 탄 술을 내가 먼저 마시면 된다. 그러면 상대방도 믿고 같이 마신다. 문제는 마시면 나도 죽는다는 점이다. 해결책은 무엇일까? 작전은 이렇다. 일단 파티장소를 애리조나 사막 한가운데 있는 외진 장소로 정한다. 미리 가까운 사막에 해독을 위한 응급의료장비를 갖춘 최고의 의료진을 대기시켜놓는다. 독이 든 술을 마시고 나와 상대편 보스가 쓰러지면 아군이 와서 근처 천막에 대기하고 있는 의료진에게 옮겨 위세척과 응급처리를 한다. 상대방 보스는 사막 한가운데 병원에 있을 리 없으니 이동 중에 죽는다. 목숨 건 작전이란 정말 이럴 때 하는 말이다.

죽느냐 사느냐는 독이 든 술을 마신 후 응급처리와 해독을 해주는 의료진과 장비가 있느냐 없느냐에 달렸다. 이 장면을 볼 때마다, 부채구조조정 인프라가 생각난다. 나를 회생시켜줄 의료진과 의료장비가 있으면 술을 좀 더 마셔도 되고 독술을 마셔도 살 수 있다. 부채를 구조조정할 수 있는 인프라, 제도 그리고 인력이 없는 경제는 마치 같이 술을 마시고 해독 못해 죽어가는 상대편 보스와 같다.

부채 및 기업구조조정 인프라가 잘 갖추어져 있으면 부채수용력이 증가한다. 마치 의료진과 의료장비가 잘 갖추어져 있으면 암벽등반가가 좀 더 과감하게 위험을 부담할 수 있는 것과 같은 이치이다. 부채 사용도 채무불이행위험이란 위험을 부담하는 것이다. 특히 사모투자 전문회사Private Equity Fund: PEF나 출자전환은 부채를 주식으로 전환시킬 수 있는 메커니즘이므로 이런 메커니즘이 효율적으로 활용되는 경제에서는 그만큼 부채수용력이 커진다. 한국의 경우, 1997년 외환위기를 맞아 대우그룹을 비롯해 과도하게 부채에 의존하던 기업들이 부실화되었다. 이들을 구조조정하는 과정에서 처음 부채의 주식전환 개념이 도입되었고 PEF의 전신인 기업구조조정 전문회사 등 구조조정기구들이 설립되었다.

시스템적으로 중요한 금융사SIFI와 기업SICO

국가경제 내에 '시스템적으로 중요한 금융회사SIFI' 혹은 '시스템적으로 중요한 기업SICO'에게 문제가 발생하면, 국민경제적 파급효과를 고려해, 정부가 부담을 떠안을 가능성이 높다. 한때 핀란드 주식시장 시가총액 75%를 차지했던 노키아Nokia, 외환위기 직전의 대우그룹은 '시스템적으로 중요한 기업SICO'의 좋은 예다. 모두 정부의 부채수용력을 소진시키는 데 일조했다. 따라서 SIFI와 SICO를 효율적으로 규율해 부실화 가능성을 줄이는 것은, 부채수용력이란 관점에서 보면, 정부부채수용력의 소진을 막는 방법이기도 하다. 왜냐하면 부채총량불변의 법칙에 의해 이들 기업의 부채는 없어지는 것이 아니라 정부부채로 전환되는 것이기 때문이다.

국채의 구조적 특성: '여우 같은 곰', '주식 같은 부채'가 가능한가?

국채의 만기

증권설계의 관점에서 보면 만기가 길다는 것은 그만큼 지분에 가까워진다는 의미이다. 부채는 만기가 있지만 주식은 만기가 없음을 떠올리면 된다. 극단적으로 주식은 만기가 무한대라고 생각할 수 있다. 만기가 길면 그만큼 원금상환 혹은 차환이 가까운 미래에 발생하지 않기 때문에 차입자의 입장에서는 채무불이행 가능성을 피할 수 있다. **트럼프 대통령 취임 후 미국이 인프라 투자 확대를 위해 만기 100년의 국채발행을 검토하고 있는 것도 이러한 이유에서다.** 원금상환이 멀기 때문에 상황에 관계없이 의무적으로 지불해야 하는 상태독립성은 줄어든다. 빡빡함이 감소한다는 말이다. 다시 말해 융통성이나 민감성으로 해석되는 상태의존성은 커진다. 상태의존성 또는 민감성이 커지면 상황이 좋고 나쁘냐에 의존해서 갚아야 할 금액이 융통성 있게 변동하기 때문에 그만큼 채무불이행 가능성이 줄어든다.

영국의 경우, 정부부채 규모는 크지만 국채의 만기가 길기 때문에 안정적이다. 아무나 만기가 긴 국채를 발행할 수 있는 것은 아니다. 영국은 명예혁명 이후 시민들의 민주화투쟁을 거쳐 얻어낸 결과다. 긴 만기의 국채를 발행할 수 있다는 것은 투자자들이 영국 국채를 신뢰한다는 말이다. 위험이 높다고 생각하지 않는다는 말이기도 하다. 영국 입장에서는 그만큼 부채를 더 쓸 수 있다. 결국 만기가 길어지면 부채수용력이 커진다. 미래 현금흐름을 고려할 때, 만기가 1년이면 부채를 1억 원밖에 못 쓰지만, 만기가 10년이면 5억 원을 빌려 쓸 수도 있다. 만일 제로 금리채zero coupon bond 형태로 발행되면 중간에 이자지급 의무도 피할 수 있다. 피한다기보다 미리 한꺼번에 이자를 지불하는 것이다. 중간에 이자지불 의무가 없다. 이런 관점에서 보면 만기가 무한대인 영구채 형태의 제로 금리채가 가장 큰 부채수용력을 가진다. **만기가 길어지고 정기적인 고정이자지급이 줄어들면 국채는 점점 국가주식에 접근해간다.**

국채 국내투자자 기반과 외국인투자 비중

국채를 누가 주로 보유하고 있느냐가 부채수용력에 영향을 끼친다. 내국인이 주로 보유하고 있으면 정부의 경제정책에 의해 크게 영향을 받고, 아무래도 정부의 영향력이 크게 끼칠 수밖에 없다. 일본은 국가부채 규모가 GDP 기준 단연 세계 최고수준이지만 국채 대부분을 국내은행들이 보유하고 있어서 큰 문제가 없다. 국내투자자는 외국인투자자처럼 갑자기 팔아치우고 시장을 떠날 가능성도 낮고, 그럴 경우 정부의 통제력이 작용하기 쉽다. 한국의 국민연금도 지금은 많이 줄었지만 국채투자를 많이 한다. 국민연금같이 한국경제 전반에 걸쳐 다양한 분야에 투자를 하고 있어서, 기금운영의 성패가 한국경제의 성패에 의해 직접 영향받는 투자자를 **보편적**

투자자universal investor라고 한다. 이런 보편적 투자자는 정부의 정책에 협조할 가능성이 높다. 국민연금의 자산배분에서 국채 비중이 가장 높은데 점차 그 비중을 줄이고 있다. 국민연금의 국채 비중 축소는 인구구조와 관련된 이슈로 국민연금 입장에서는 지극히 합리적이지만 국채에 대한 안정적 수요 기반이란 관점에서 보면 그렇지 않을 수도 있다. 국민연금 외에 국채를 흡수해줄 다양하고 견고한 기관 투자자 기반이 존재하면 부채수용력이 커진다.

미국은 중국, 한국 등 외국인의 미국 국채 투자 비중이 매우 높지만 별 문제가 없다. 부채수용력이 무한대에 가까운 기축통화국이기 때문이다. 미국 국채를 팔아치울 정도면 세계경제에 안전투자는 없다고 볼 수 있다. 그리고 미 국채의 수요가 줄거나, 공급을 늘리기 위해 미국은 경제적 차원뿐 아니라 군사·외교적 차원에서 쓸 수 있는 카드가 많다.

외국인 투자자들은 '그들'이다. '그들'은 그들 나름대로의 논리로 투자한다. 우리 정부가 통제할 수 없는 요인에 의해 의사결정을 할 수 있고, '그들'의 눈에 안 좋게 보이면 갑자기 팔고 나갈 수도 있다. 이런 갑작스러운 자본이동은 환율의 변동성을 확대한다. 한국처럼 국제통화를 갖고 있지 못한 국가는 국채에 대한 견고하고 다양한 국내 수요기반을 갖추는 것이 중요하다. 외국인 투자가 평상시에는 좋지만 갑자기 빠져나가면 위기 시에는 나쁠 수 있다. 안정적인 장기투자자라도 국내 국채에 지나치게 외국인투자가 집중되어 영향력이 커지면 한국은행의 통화정책을 무력화시킬 수도 있다. 한국은행은 인플레이션을 잡기 위해 금리를 올리는데, 한국 국채에 대한 외국인 투자가 과하면 국채가격이 올라가고 국채금리는 떨어지기 때문이다.

국채의 상태의존성 증가: 여우같이 민감한 부채

곰 같은 부채와 여우 같은 부채

부채수용력은 채무불이행 같은 신용사건을 유발하지 않고 사용할 수 있는 최대의 부채수준이다. 따라서 채무불이행이 발생할 가능성이 축소된다면 부채수용력은 당연히 증가한다. 극단적으로 채무불이행이 없으면 부채수용력도 무한대가 될 것이다. 주식에는 채무불이행이란 개념이 내포되어 있지 않으므로 주식수용력이란 개념 자체가 성립하지 않는다. 그렇다면 어떻게 해야 채무불이행, 신용등급하락 같은 신용사건의 발생가능성을 줄일 수 있을까? 답은 간단하다. 국채의 상태의존성 또는 민감성을 늘리면 된다. 고정적 원리금을 의무적으로 지불하도록 되어 있는 전통적 국채의 상환 패턴을, 상황에 따라 변동이 가능하게 만드는 것이다.

상태독립성에서 '독립성'의 의미는, 상황에 관계없이 무엇인가가 '고정'되어 있다는 말이다. 부채에서는 원리금 금액과 지급시기가 '고정'되어 있다. '상태'가 사람이라면 남들 신경 안 쓰고 제 갈 길 가는 사람이다. '독립성'의 긍정적 의미는 휘둘리지 않고 듬직하다는 뜻이고, 부정적 의미는 융통성 없고 둔하다는 뜻이다. 상태의존적에서 '의존적'의 의미는, 상황에 따라 변경되고 조정된다는 의미다. 긍정적 의미는 민감하고 예민하고 융통성이 있다는 것이고, 부정적 의미는 자주 변하고 자의적일 수 있다는 말이다. 용어상의 문제인데, 상태 의존성보다는 **'상태민감성'**이라고 표현하는 것이 의미를 명확히 표현하고 이해도 쉬울 것 같다. 이 책에서는 두 용어를 같이 사용한다.

사람뿐 아니라 부채도 민감하지 못하고 둔하면 의도치 않은 문제를 일으키기 쉽다. 복잡한 사회, 갈등이 많은 사회일수록 사람뿐 아니라 자금조달 방식도 민감해져야 한다. 둔한 것이 미덕인 시대도 있었다. 경제에서도 둔하고 빡빡한 것이 효율적인 시대가 있었다. 모든 것이 단순하고 불확실성이 크지 않고 특히 힘 있는 주체가 주로 부채를 사용할 때다. 경제가 복잡해지고 갈등이 심해지고 사회적 약자가 부채를 많이 사용하는 시대에는 이에 대응해 부채도 둔감한 정도를 조정할 필요가 있다. 지금 필요한 부채는 '둔한' 부채가 아니라 **'민감한' 부채다.** 부채도 진화해야 한다. 고정성, 확실성, 견고함을 갖춘 듬직함과 더불어 융통성과 민감함이 함께 필요한 시대다. '여우 같은 곰'이라고나 할까. '날렵한 코끼리'라고나 할까. 바로 **지분의 성격을 겸비한 부채**다. 전통적 부채에 적정한 민감성과 예민함을 더하면 '여우 같은 곰'이 될 수 있다. 옛말에 '곰과는 같이 못 살아도 여우와는 살 수 있다'는 말이 있다. 불확실성이 큰 경제도 **'곰 같은 부채'**와는 같이 못 살아도 **'여우 같은 부채'**와는 살 수 있다. 이 책이 주장하는 핵심은 여우 같은 부채를 만들어내자는 것이다.

그렇다면 민감한 부채, 지분적 성격의 부채는 전환사채와는 어떻게 다를까? 전환사채는 채권인데 특정한 조건하에서 주식으로 전환할 수 있는 옵션이 붙어 있는 채권이다. 어떤 상태든 채권이거나 주식이거나 둘 중 하나여야 한다. 동시에 부채이고 주식일 수는 없다.

'여우가 될 수 있는 옵션을 가지고 있는 곰'과 '여우 같은 곰'은 다르다. 단군신화로 치면 인간이 될 수 있는 옵션을 갖고 있는 곰과, 곰과 인간의 특성을 모두 갖고 있는 곰(예: 상체는 인간, 하체는 곰)은 다르다. 후자는 곰이나 인간과는 다른 중간적 성격의 생명체다.

상태민감성은 부채수용력 결정요인

국채를, 여건에 따라 상환 패턴이 변동하는 국채로 만든다는 것은 부채에 지분적(주식적) 특성을 가미한다는 뜻이다. 국채를 융통성 있는 부채 또는 유연한 부채로 새로 설계할 필요가 있다는 의미다. 한걸음 더 나가면 국가부채에 대응해서 **국가지분**을 생각할 수 있다. 너무 앞선 이야기처럼 들릴지 모르지만, 15세기 제노바로부터 시작해 이미 오래전에 영국, 프랑스에 국가지분이 존재했었다. 보다 정확히는 '국가 내 국가' 지분이다. 이런 관점에서 보면, 국가주식을 논하는 것은 마치 **'오래된 미래'**를 찾는 것과 같다. 이에 대한 상세한 내용은 9장에서 설명할 것이다.

현시점에서 볼 수 있는 상태의존성이 가미된 부채는 쉴러_{Robert Shiller} 교수가 주장하는 GDP 연계 국채나 물가상승을 반영해주는 인플레이션 연계 국채 정도다. 2개 모두 GDP, 인플레이션 등과 같은 **특정한 하나의 상태, 특히 거시경제적 상황에 대해서만 융통성과 민감성이 허용된 국채다.** 하나의 상태뿐 아니라 몇 개의 상태에 대해서 융통성 있는 부채도 생각할 수 있다. 아직 시장의 이해도가 낮아 널리 활용되고 있지는 않지만, 최대한 단순하고 이해하기 쉽게 설계해서 활용도를 높일 필요가 있다. 결론은 이렇다. '상태민감성이 높은 국채'는 그렇지 않은 일반국채 즉 '상태민감성이 낮은 국채'에 비해 디폴트 가능성이 낮기 때문에 부채수용력이 커진다. 문제는, 어떤 상태를 선택해 그 상태에 대한 민감성을 어떻게 높일 것인가이다. 체계적 연구와 시장의 공감대가 절실한 부분이다.

정치체제의 특성

한국 같은 5년 단임 대통령제도는, 재선의 가능성이 원천적으로 막혀 있어서 국채를 과도하게 발행해 재정지출을 확대하려는 유인이 커진다. 국채가 늘어나서 발생하는 부작용은 내 임기가 끝난 후 일이기 때문이다. 그만큼 국채발행과 재정적자를 통제하기 어렵다. 만약 정부부채의 수용력에 여유가 없는 상태라면 그 수용력 소진에 각별히 신경을 써야 한다. 장기적으로는 앞에서 설명한 다양한 결정요인을 통해 정부부채의 수용력을 증가시키는 노력이 필요하다. 단기적으론 급속한 수용력 소진과 남용을 막기 위해 각 대통령 임기 중 늘어난 국가부채를 공시할 필요가 있다. 사후적으로 대통령을 평가하는 지표로 활용해야 한다. 재임 기간 중 경제성장률을 같이 비교해 공시해도 좋다. 필요한 국채발행과 국가부채증가를 봉쇄하자는 이야기가 아니다. 세심히 준비해서 낭비 없이 체계적으로 하자는 말이다. 가계부채 증가 자체보다 가계부채 증가속도가 소득 증가속도보다 큰 것이 문제이듯이, 정부부채 증가 자체보다 정부부채 증가속도가 경제의 소득 증가속도나 경제성장속도보다 큰 것이 문제다.

04

뇌과학으로 본 과도부채와
부채수용력 소진

뇌 관점에서 본 부채

뇌의 관점에서 보면 부채는 과연 무엇일까? 부채를 쓰면 지금 당장 필요한 목돈이 들어온다. 하지만 나중에 돈을 갚아야 한다. 지금은 좋지만 나중에는 나쁘다. 지금은 들어오는 수익이지만 나중에는 나가는 비용이다. 뇌는 현재의 수익(현재 얻는 것)과 미래의 비용(미래 잃는 것)을 비교해 의사결정을 하고 선택을 한다. 뇌과학자들 특히 뇌과학을 바탕으로 경제현상을 연구하는 뇌경제학자들이 밝혀낸 것은, 현재의 수익을 판단하는 부위와 미래비용을 판단하는 부위가 다르다는 사실이다. 다시 말해 위험을 선호하는 부위와 위험을 회피하는 부위가 다르다는 말이다. 같은 부위에서 위험회피의 '정도'에만 차이가 있어 위험선호도가 달라지는 것이 아니다. 측위신경핵^{Nucleus}

Accumbens: NAcc을 자극하면 현재수익성을 추구하는 경향이 강해진다. 앞뇌섬Anterior Insula을 자극하면 위험을 회피하는 경향이 높아진다. 뇌의 두 부분이 모두 제대로 작동해야 현재수익과 미래비용을 합리적으로 비교해 부채 사용 여부와 사용수준을 결정할 수 있다. 한 부분이라도 이상이 생기면 부채 사용에 대해 합리적 판단을 내리기 어려워진다. 과도하게 부채를 사용하게 되고 결국에는 부채수용력을 소진시킨다.

뇌에서 위험을 추구하는 부분과 위험을 회피하는 부분이 다르다는 것은 부채문제 해결책을 모색하는 데 매우 큰 시사점을 제공해준다. 만일 미래손실 또는 파산 가능성을 판단하는 앞뇌섬 부위가 손상되면, 부채 사용으로 인한 미래위험을 제대로 인식하지 못한다. 부채의 현재 매력이 그리 크지 않더라도 미래위험이 워낙 미미하다고 잘못 판단하므로 부채를 과도하게 사용하게 된다. 극단으로 가면 미래에 어떤 일이 발생하든 뇌는 전혀 고려하지 않는다. 앞뇌섬이 잘못되어 발생하는 과도부채문제를 해결하려면, 미래손실을 더욱 명확하고 생생히 알려줄 수 있는 창의적 방법을 고안해야 한다. 문제가 없는 측위신경핵 부분을 아무리 자극하고 강화해도 문제가 해결되지 않는다. 현재 보상을 건드려봐야 별 효과가 없다는 말이다. 만일 '현재 얻는 것(보상)'과 '미래 잃는 것(비용)'을 관장하는 뇌 부위가 동일하다면 그 부분을 자극하거나 억제해 문제를 해결할 수 있다. **하지만 두 부분이 독립적이고 별개라면 문제가 없는 쪽을 아무리 개선해봐야 소용이 없다는 말이다.** 역으로 부채를 과도하게 사용하는 원인이, 현재의 보상을 과대평가하기 때문인 경우를 보자. 측위신경핵

부분이 지나치게 활성화되어 있고 예민한 경우다. 해결책은 이 부분을 가라앉혀야 한다. 무디게 만들어야 한다는 말이다. 미래의 위험과 손실은 제대로 평가한다 해도 지금 이 순간 돈이 내 계좌에 들어오는 것이 좋다면 돈 빌리는 것을 즐기게 된다.[15]

위장된 안정감

과도하게 부채를 사용하게 만드는 원인에는 2가지 가능성이 있다. 하나는 미래손실에 둔감하기 때문이고, 다른 하나는 현재수익에 지나치게 민감하기 때문이다. 실험 결과에 따르면, 미래손실에 둔감한 경우가 훨씬 많다고 한다. 왜 우리는 미래손실에 둔감해지는 것일까?

첫째, 미래는 불확실하고 모호하기 때문에 미래에 일어날 일을 예측하고 판단하는 것은 뇌를 피곤하게 만든다. 미래에 비용이 매우 크다는 것을 알지만 우리 뇌는 미래를 경시한다. 미래를 고려하더라도 그 가중치를 확 줄이기 때문에, 우리 뇌가 인식하는 미래비용은 엄청나게 적어진다. 특히 경제적 여유가 없는 사람들은 뇌에도 여유가 없어져 미래를 제대로 반영하지 못한다. 지금 이 순간에만 집중하니 현재의 이것밖에 안 보인다.

둘째, 미래에 발생할 일은 불확실하고 예측이 어려워서 사람들에게 '**위장된 안정감**false sense of security'을 준다.[16] '미래 일인데 괜찮겠지. 별일이야 있겠어'라고 생각하기 일쑤다. 불확실하면 판단하기도 힘들다. 당연한 말이지만, 위험을 판단하기 힘들다는 것이 위험이 없음을 의미하는 것은 아니다. 하지만 현실에서는, **위험을 판단하기 어려우면 위험이 없다고 결론내리는 경우가 흔히 있다.** 부채 사용으로 인한 미래 위험을 판단하기 힘들면 단순히 위험이 없다고 판단해버린다.

셋째, 학습효과 때문이다. 예를 들어 부채탕감은 대통령 선거공약의 단골 메뉴이고 정부가 부담해주는 경우가 자주 반복되므로 뇌가 이것을 배운다. 그리고 익숙해진다. 익숙해지면 미래비용을 판단하는 뇌 부위가 둔감해진다.

3부

소득나눔 학자금은
시대정신

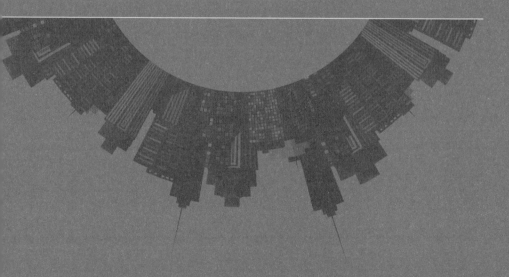

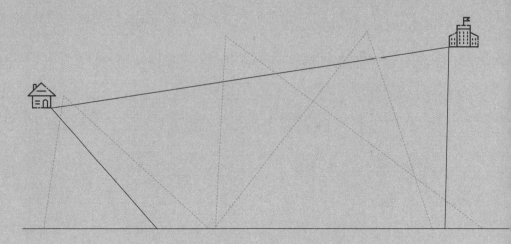

7장

학자금부채를 넘어
소득나눔 학자금으로!

01

부채실패: 대학교육은 부채로
자금을 조달하는 것이 적절한가?

학자금부채와 부채실패 그리고 시대정신

학자금도 시대정신을 반영

시대에 따라 최적의 학자금조달 방식도 변한다. 환경변화에 적응하기 위해, 그리고 시대정신을 반영하기 위해서다. 빡빡한 부채가 시대정신인 시대도 있었다. 규칙, 고정, 확실, 안정이 세상을 지배하던 시대다. 지금은 아니다. 시대가 변했다. 불규칙, 변동성, 불안정, 불확실, 모호함이 시대를 규정한다. 아니 불확실한 시대라면 그래도 낫다. 우주공간에 놓인 미아처럼 도대체 우리가 어디에 있는 것인지, 어디에서 와서 어디로 가는지, 언제 어디서 외계인 같은 경쟁자가 나타날지, 무엇을 모르는지조차 모르는 '미지의 시계'에 살고 있다. 마치 폴 고갱Paul Gauguin의 〈우리는 어디에서 왔는가, 어디에 있는가 그

[그림 12] 폴 고갱, 〈우리는 어디에서 왔는가, 어디에 있는가 그리고 어디로 가는가〉

리고 어디로 가는가〉를 연상시킨다.[1] 고갱의 그림은 어둡다. 파란색
도 청명하지 않고 냉랭하며 노란색도 따뜻하지 않고 칙칙하다.

학자금부채도 냉랭하고 칙칙하게 젊은이들을 누르고 있다. 그렇
다면 학자금부채는 어디로 가고 있는가? 결론부터 말하면 학자금부
채에만 의존하는 학자금조달은 지속가능하지 않다. 시대정신도 아
니다. 지금 같은 미지의 세상에서 학자금대출에만 의존하는 학자금
제도는, 마치 1차 세계대전 때 쉬지 않고 내뿜는 기관단총에 앞에서
소총만 갖고 무모하게 '돌격 앞으로' 하는 젊은 군인들과 같다. 젊은
이들만 대량학살당할 뿐이다. 새로운 경제환경과 시대정신하에서는
이에 적합한 새로운 학자금제도가 필요하다. 탱크가 1차 세계대전
의 참호전을 종결시켰듯이 '소득나눔 학자금income sharing contract'이 바로
탱크를 닮은 학자금이다.[2] '학자금부채'에 대비해 '학자금지분'이라고
도 부른다. 지분持分이란 뜻 자체가 같이 나누어 가진다는 의미다.

참호전 교착상태가 타개됐다고 모든 참호가 없어진 것은 아니다. 참호에만 100% 의존하는 참호전이 바뀌었다는 것이다. 참호는 참호 나름대로 효용이 있다. 지금도 군대에서는 수비를 위해 참호를 구축한다. 우리가 잘 아는 '시장실패'도 시장 자체의 역할을 경시하는 개념이 아니다. 시장의 원리만으로 안 되는 경우가 있으니 이 경우는 시장의 실패를 인정하고 정부개입 등을 통해 다른 해결책을 모색해보자는 것이다. 같이 병행하자는 말이다. '부채실패'도 마찬가지다. 학자금부채가 무용지물이란 뜻이 결코 아니다. 학자금부채에 명백한 문제점이 있고, 점점 더 그 문제가 심각해지고 있음을 인정하자는 말이다. 빡빡함을 특징으로 하는 전통적 부채만으론 한계가 있으니, 이를 뛰어넘는 새로운 차원의 해결책을 모색해보자는 주장이다.

부채 차원을 넘어서는 미래의 학자금조달 방식은 자연스러운 질문에서 출발한다. "기업은 부채와 지분(주식회사라면 주식)을 모두 사용해 자본을 조달하는데, 개인은 왜 부채로만 자본을 조달하는가?" "왜 개인이 발행하는 지분은 없는가?" 미래의 학자금은 학자금부채에만 의존해선 안 된다. 학자금부채 외에 '소득나눔 학자금'으로 불리는 '학자금지분' 그리고 한걸음 더 나아가 교육목적으로만 쓰이는 보완화폐인 '교육화폐'가 공존해야 한다. 그것이 **미래의 바람직한 학자금 생태계**다.

미래로 출발하기 위해선 현재의 좌표를 명확히 파악하는 것이 중요하다. 고갱 그림의 제목처럼 '우리는 지금 어디에 있는가'를 알아야 한다. 그래야 미지의 세계로 여행할 때 길을 잃지 않는다. 이 장에서는 학자금부채의 한계와 실패원인을 살펴보고, 그 해결방안으로 소득니눔 학지금의 각국 사례와 한국에의 도입방안을 제시한다.

학자금부채와 시스템 위험: 다음번 위기는 학자금부채에서 온다!

'국민 4,300만 명이 동일한 문제에 직면해 있다면 그것이야말로 시스템 위기다'. 임기를 마치고 물러난 오바마 전 대통령이 미국 학자금대출에 대해 한 말이다. 가구 수 기준으론 25%를 넘는 수준이다. 규모로 치면 주택담보대출보다 작지만 시스템 위험으로 간주되는 이유는, **젊은이들의 희망 폭락**이 집값 폭락보다 더 심각하기 때문이다. 교육열과 교육의 상대적 중요성을 고려할 때, 한국은 문제가 더 심각하다. 학자금대출에 대한 의존도는 커지는 반면, 연체율은 지속적으로 높아진다. 희망도 소진되는 자산이어서 자꾸 꺾이면 좌절하고 분노하기 마련이다.

정부 대차대조표를 보자. 미국 연방정부가 가지고 있는 가장 큰 자산은 무엇일까? 세금으로 거둬들이는 돈이 거대하니 미수세금일까? 서브프라임 위기 때도 경험했듯이 정부를 통한 모기지 지원이 엄청난 규모이니 모기지대출일까? 아니다. 등수에는 들지만 1등은 아니다. 미국 정부의 대차대조표를 보면, 단일 항목으로 가장 큰 자산은 전체 금융자산의 50%를 차지하고 있는 학자금대출이다. 2~3등과 차이도 매우 크다. 미수세금은 10%, 모기지대출은 7% 정도다. 사정이 이러다 보니, 학자금대출 버블이란 말도 생기고 다음에 미국에서 금융위기가 발생한다면 학자금대출 부실로부터 올 것이라는 예상이 점점 더 힘을 얻어가고 있다.

학자금대출을 줄이면 될 텐데 문제가 그렇게 간단하지 않다. 굳이 표현하자면 학자금대출은 지극히 '**정치적으로 민감한 자산**'이다. 어떤 국가이든, 보수와 진보 어떤 정권이 들어서든 교육비 지원을 낮춘다는 것은 상상하기 힘들다. 정치적으로 민감하다고 꼭 부정적 의미만을 갖는 것은 아니다. 교육투자가 인적자원의 생산성을 높여 경제성장에 공헌하고, 동시에 가난의 대물림을 최소화할 수 있는 가장 효과적인 분배방법이기 때문이다. 특히 뜨거운 교육열을 통해 오늘날 선진국 문턱에 들어선 한국 입장에서는 교육투자의 중요성을 아무리 강조해도 지나치지 않는다. 요약하면, 교육문제는 성장과 분배라는 경제의 핵심과제임과 동시에 부모들과 대학생들의 표를 얻을 수 있는 **정치적 핵심과제**이기도 하다.

그래서 가계의 부실채권이 증가해도 기업 부실채권처럼 효율성만을 기준으로 처리하기 어렵다. 단언컨대 앞으로도 교육비지출은 계속 늘어날 것이고 정부지원도 늘어날 수밖에 없다. 정치적 문제 외에도 현행 대출위주의 학자금제도는 다양한 문제를 갖고 있다. 정부재정을 통한 지원과 떠안기의 한계, 대학생들에 대한 빚 지우기, 교육에 대한 과다수요 등이 그것이다. 특히 학자금대출은 차입자인 학생들에게 과도한 위험부담을 강요한다. 소득이 어느 정도 안정적일 때는 문제가 없지만, 저성장과 실업으로 소득이 불규칙해지면 문제가 커진다. **부채는 정기적이고 고정적인 이자를 먹고살기 때문에 소득도 정기적이고 안정적인 소득이기를 원한다.** 부채란 녀석은 식습관이 까다로워 제때 이자를 먹이지 못하면 쓰러지고 만다. 자기만 쓰러지면 괜찮은데 차입자까지 같이 쓰러뜨린다.

차르 탱크를 닮은 학자금부채

현재의 학자금정책은 주로 대출한도를 늘리고 대출을 쉽게 받게 하는 것이다. 이런 전통적 부채중심의 정책은 문제를 악화시킬 뿐 문제를 근본적으로 해결하지 못한다. 마치 1차 세계대전 때 러시아가 개발했다가 사용하지도 못하고 폐기한 '차르Zhar 탱크'를 보는 듯하다. 차르는 러시아 황제 명칭이다. 차르 탱크는 적군이 설치한 장애물과 참호를 넘기 위해 바퀴 크기를 키우는 방법을 선택했다. 물론 바퀴가 커질수록 파인 구멍을 넘어가기가 용이한 것은 사실이다. 하지만 바퀴만 키우면 무엇 하나! 단단한 보호장비가 없고 특별한 대포가 장착된 것도 아니고, 탱크라기보다 빈폴 자전거 같다는 느낌이다. 차르 탱크나 빈폴 자전거는 모양이 비슷하다. 앞바퀴가 엄청나

출처: Wikipedia.org

[그림 13] 차르 탱크, 장애물 넘기 위해 바퀴 크기 확대

[그림 14] 보통이 아닌 '보통 자전거'

게 불균형적으로 크다. 바퀴의 크기, 다시 말해 바퀴의 지름을 키워 바닥의 구멍도 뛰어넘고 자갈 같은 장애물도 뛰어넘는 전략이다. 하지만 바퀴가 커질수록 균형을 잃기 쉽다는 결정적 단점이 있다. 시험운행 중 진흙이나 참호에서 쉽게 균형을 잃어서 실전에 배치되지 못했다. 우리가 흔히 빈폴 자전거라 부르는 앞바퀴가 비정상적으로 큰 자전거도 쉽게 앞으로 곤두박질쳤다. 그래서 이 자전거의 별명이 '목 부러뜨리는 자전거neck breaker'였다. 아이러니컬하게도 이 자전거의 이름이 그 시대에는 '보통 자전거ordinary bicycle'였다. 이런 형태가 보통이요, 정상인 시대도 있었다.

대출한도를 늘리고 부채에만 의존하는 학자금은 차르 탱크와 유사하다. 바퀴크기만 키워선 전장의 깊은 참호를 넘을 수 없다. 쉽게 쓰러진다. 학자금대출에만 의존한 교육금융은 지속가능하지 않다는 말이다. 이 시점에 각국이 앞다투어 학자금부채를 넘어서는 학자금금융의 혁신을 외치고 있는 이유다. 어떤 나라보다도 교육을 중시하고 교육에 의존해 성장한 대한민국, 학자금부채의 개혁은 국가전략적 차원에서 생각하는 것이 마땅하다.

학자금부채의 한계와 문제점

'대학교육은 부채로 자금을 조달하는 게 적절한가?'

학자금대출은 학생 입장에서 보면 당연히 부채다. 부채라는 사실에 주목하면, 그동안 우리가 지극히 당연하게 받아들여왔던 사실에 의문이 생긴다. '대학교육은 부채로 자금을 조달하는 게 적절한가?'[3] 그 대답은 부채의 본질적 특성에서 유도됨이 마땅하다. 부채는 원리금을 반드시 갚아야 한다. 굳이 전문용어로 표현하자면 '상환의 의무성'이 전제된다. 그렇기 때문에 미래위험이 높고 성공가능성이 낮은 투자대상에는 적합하지 않다. 안정적인 수익흐름이 있어야, 정기적으로 이자와 만기 때 원금을 갚을 수 있기 때문이다. 산업을 보아도 부채는 안정적인 산업에 적합하다. 게임의 규칙이 고정적이고 규칙적이어서 어느 정도 예측이 가능해야 한다.

창업기업이나 벤처기업은 불확실성이 높고 미래 성공가능성이 매우 낮으므로 벤처캐피탈이 대출로 자금을 공급하지 않는다. 지분으로 투자한다. 대학교육은 어떨까? 우선, 투자대상의 위험이 높다. 졸업하고 언제 안정적인 직장을 가질지 불확실성이 크다. 자금 회수에도 장기간이 소요된다. 실물담보도 없다. 주택담보대출보다 훨씬 위험이 높다. **대학교육은 정말 부채와 어울리지 않는 대상이다.** 그런데 부채의 형태로 자금을 조달하고 있다. 그러다 보니 사회진출 전부터 빚 부담에 허덕이는 젊은 세대를 양산해낸다. 과도한 부채는 젊은 세대의 경제력뿐 아니라 뇌를 소진시킨다. 소진된 뇌는 여유가 없고 고립된다.

부채계약은 상황변화에 둔하고 무심한 계약 즉 상태독립적 계약이다. 상황을 봐주지 않는 빡빡한 계약이므로 투자위험의 대부분을 자금조달자가 부담한다. 따라서 위험이 높은 투자대상을 부채 형태로 자금조달하면 자금조달자가 채무불이행에 빠지기 쉽다. 부실기업의 경우, 창조적 파괴를 위해 신속히 퇴출시키고 다른 기업으로 자본을 이전하는 것에 큰 부담이 없다. 최근에는 실업문제 때문

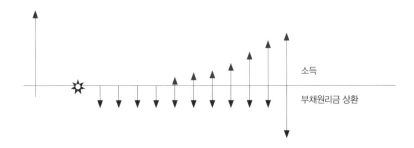

[도표 22] 학자금대출과 상환 패턴

소득

부채원리금 상환

에 어려운 것이 사실이지만 말이다. 하지만 대학생이나 가계처럼 자금조달자가 창조적 파괴의 대상이 아니라 오히려 창조적 구제의 대상인 경우에는 부실부채 처리가 심각한 문제를 발생시킬 수 있다.

[도표 22]는 전형적인 부채상환 패턴을 보여준다. 구간을 나누어 생각해보자. 소득이 없는데 이자를 부담해야 하는 구간이 있고(처음 4개의 검은색 화살표), 다음은 소득은 있지만 이자부담이 소득의 많은 부분을 차지하는 경우다(그다음 4개의 검은색 화살표, 위쪽 4개의 빨간색 화살표). 이런 경우에는 고정적이고 정기적인 빡빡한 부채가 큰 부담이 된다. 다음번 화살표는 소득이 많이 올라가므로 이자가 큰 부담이 안 된다. 마지막 기간에는 원금을 갚아야 하므로 평상시에 돈을 모아두어야 한다. 최근에는 소득이 없으면 이자지급을 유예시켜주는 경우가 있다. 면제가 아니라 연기이므로 나중에 더 오랫동안 갚아야 한다. 미국의 경우 소득이 있긴 하지만 이자부담액이 가처분소득의 30%를 초과할 때 이를 면제 또는 연기시켜주는 제도가 있다. 결론은 이렇다. 최근 들어 이전의 빡빡했던 부채와 달리 점점 더 소득의 정도를 고려해 이자지불이 결정되는 덜 빡빡한

학자금부채가 운영되고 있다는 점이다. 그만큼 상태독립성이 줄어들고 상태의존성이 증가한다는 뜻이다. 추세적으로 나눔적 성격 즉 지분적 성격이 강화되고 있다.

왜 여전히 부채형 학자금인가

이런 문제점에도 불구하고 왜 여전히 학자금의 주류가 부채 형태인가? 몇 가지 이유를 살펴보자.

첫째, 부채는 **자금공급자에게 확실한 수익을 제공**하기 때문에 이들이 위험부담 없이 편하게 자금을 공급할 수 있다. 위험총량불변의 법칙에서 살펴보았듯이, 누군가는 부채위험을 부담해야 하므로 이는 고스란히 차입자인 학생들의 몫이 된다. 차입자가 과도한 위험을 부담할 수밖에 없다는 말이다. 그런데 학생들은 졸업 후에도 사회초년병 시절까지 소득에 큰 여유가 없다. 정기적이고 고정적인 이자를 감당하기 힘들다. 학자금부채가 **부채실패**debt failure의 대표적 예가 되는 이유다.[4] 역설적이지만, 부채의 채무불이행은 발생하라고 있는 것이 아니라 발생하지 말라고 있는 것이다. 예외적으로 가끔 발생해야지, 일상화되고 자주 발생하면 부채의 존립근거가 흔들린다. 시장실패처럼 부채실패도 정부가 관여해 문제해결을 주도해야 한다. 무조건 학자금대출재원을 늘리고 부채를 탕감해주라는 말이 아니다. 과도하고 복잡한 부채문제는 전통적 부채로는 해결하지 못함을 인식하는 게 부채문제 해결의 출발점이다.

둘째, 교육이 실물담보가 있는 것도 아니고 정형화하기 쉬운 자산이 아님에도 불구하고 현실적으로 학자금대출이 주를 이루고 있는 이유는, 한마디로 편하기 때문이다. 자금공급자뿐 아니라 자금조달자도 편안하게 느낀다. 왜 우리의 뇌가 부채를 편안하게 느낄까? 부채의 본질을 논할 때 설명했지만 한 번 더 언급한다. 부채계약이 인간이 살아가는 방식과 유사하기 때문이다. 구체적으로 말하면, 사회의 일반적인 모니터링 방식과 맥을 같이한다. 우리가 건강검진을 정기적으로 받고 자동차도 정기검사를 받으며 회사도 정기감사를 받는 것처럼 자금조달자도 정기적 이자지급을 통해 건전성을 검진받는다. 사람이나 자동차나 몇 년에 한 번씩 밑바닥까지 들추어내는 치밀한 검진을 받는 것처럼 만기가 되면 원금 자체를 갚아내야 한다. 필요하다면 부채계약을 새롭게 경신해야 한다. **이렇듯 '정기적으로 간단하고 가벼운 모니터링을 하고 장기적으로 한 번씩 치밀하고 무거운 모니터링을 한다'는 점에서 부채계약은 인간의 사회생활과정에서 빈번히 발생하는 건전성 모니터링 형태와 비슷하다. 그래서 이런 계약을 사람들은 편하게 느낀다.**

셋째, 혹자는 부채가 자본주의 핵심인 기업의 '창조적 파괴'를 효과적으로 수행하게 하는 금융계약이라고 주장한다. '못 갚는다', '망한다'라는 개념이 포함되어 있는 계약이기 때문이다. 창조적 파괴는 기업에게 적용되는 개념이다. 개인이나 가계의 경우 망한다는 개념을 적용하기 힘들다. 국가도 마찬가지다. 기업구조조정에 비해 정부부채를 조정하고 개인부채를 조정하는 것이 훨씬 힘든 이유다.

학자금부채의 한계와 문제점 정리

첫째, 미래 불확실성이 지극히 높은 교육의 특성을 고려할 때, 부채계약은 교육에 적합한 금융계약이 아니다. 그럼에도 불구하고 힘을 갖고 있는 자금공급자가 교육에 대한 하방위험을 부담하기 꺼려한다. 위험배분이 적절하게 되지 못했다는 말이다. 최악의 경우 정부가 눈먼 세금으로 위험을 부담하는데 굳이 단순한 부채계약을 마다할 필요가 있겠는가.

둘째, 학자금대출을 받은 학생 입장에서는 과도한 위험을 부담한다. 졸업 후 경기가 좋지 않아서 취직이 되지 않거나 충분한 수입을 얻지 못하는 경우에도 고정된 상환의무를 이행해야 한다. 그렇지 못하면 사회에 첫발을 디디기 전부터 빚쟁이가 된다. 자금공급자가 위험을 조금 더 부담해주면 좋을 텐데, 자금이 시장원리에 따라 공급되려면 부담하는 위험에 대응하는 수익이 보장되어야 한다. 부채를 감당할 능력이 없으면 학자금대출을 받지 않는 것이 옳다는 주장도 있다. 결국 돈이 없으면 대학교육을 받지 말라는 말인데, 대학교육이 사치품이던 시대에는 맞는 주장이지만 지금처럼 대학교육이 생필품이 된 시대에는 맞는 주장이 아니다. 달걀사태에서도 보았지만, 음식도 생필품인 경우에 정부가 가격을 통제하고 시장에 개입도 한다.

셋째, 자금공급자인 은행의 입장에서는 위험이 높은 대출대상이다. 담보도 없고 미래 현금흐름도 불확실하므로 학자금대출을 확대하기 힘들다. 결국 은행이 부담하는 위험을 정부가 분담해주거나 자산유동화를 통해 분리해내지 못한다면 BIS 비율 유지 차원에서 과도한 위험

을 분담하기 힘들다.[5]

넷째, 대학교육에 대한 수요가 지속적으로 확대되고 가계의 교육비 또한 급증하고 있는 상황에서 정부의 명시적 또는 암묵적 보증을 통한 교육비지원은 이미 한계에 도달했다. 정부의 재정 그리고 정부부채수용력에 한계가 있기 때문이다. 특히 한국처럼 재정의 건전성이 국가신용등급과 외평채프리미엄을 결정하는 핵심변수 중 하나인 경우에는 함부로 재정투입을 확대하기 힘들다. 지급보증의 대상이 된다는 것도 부채의 장점인 동시에 단점이다. 지급보증이 가능한 계약이 바로 대출이나 채권 같은 부채형 계약이다. 정부가 지급보증을 한다는 것은 풋옵션을 산다는 것이고 결국 잘못되었을 때 최종 책임을 진다는 뜻이다. 어떤 형태로든 풋옵션이 많이 깔려 있는 사회는 외부충격에 취약하다. 주식 같은 지분형 계약에는 지급보증이 있을 수 없다. 재정에 여유만 있다면 지급보증을 통해 간단하고 신속하게 정책효과를 거둘 수 있다. 적절한 규모와 형태의 지급보증은 필요하지만 무분별한 보증확대는 재정건전성을 해친다.

다섯째, 정부가 정책적으로 지원하는 학자금대출은, 나중에 못 갚으면 정부가 탕감해줄 것이라고 학생이나 부모들이 기대하고 있다. 심각한 문제다. 이런 기대는 대학교육에 대한 과대수요를 만들 수도 있다. 정부가 부채기준을 더 느슨하게 하면 했지 빡빡하게 조이기는 현실적으로 힘든 상황이다. 앞으로 상세히 설명하겠지만, 도덕적 해이를 야기하는 '느슨한 부채'와 이 책에서 주장하는 '융통성 있는 부채'는 다르다. 한편으론 느슨한 조건 때문에 과도수요와 도덕적 해이를 유발하고, 다른 한편으론 경기침체 시에 젊은이들을 빚쟁이로 만드는 현행 학자금부채 즉 학자금대출제도는 개혁되어야 한다. 전통적 부채라는 틀 속에서는 해결방안을 찾기 어려우므로 그 틀을 벗어나야 한다. 소득나눔 학자금이 현실적 대안이다.

Debt Trilemma

02

소득나눔 학자금: 어떻게 부채 없이 대학 다닐 수 있을까

학자금의 미래, 아인슈타인과 프리드먼에게 길을 묻다

밀턴 프리드먼의 소득나눔 학자금

아인슈타인Albert Einstein은 '복잡한 문제는, 그 문제를 발생시킨 차원과 동일한 차원의 사고방식으로는 해결하지 못한다'고 했다. 학자금 부채도 부채 차원의 사고만으론 해결 못한다는 말이다. 부채를 벗어나면 가장 먼저 떠오르는 것이 지분투자다. 지분은 위험과 수익을 나누어 소유한다는 의미다. 주식회사의 지분은 주식이다. 학자금도 소득에 관계없이 의무적으로 정해진 원리금을 갚는 부채가 아니라, 소득의 수준에 따라 갚는 금액이 달라지는 구조를 생각해보자. 마치 주식발행 기업이 이익에 따라 배당을 늘리고 줄이는 것처럼 말이다.

대학교육 자금조달은 부채가 아닌 지분 형태가 적합하다는 주장은 50년 전에 처음 나왔다. 바로 노벨경제학상을 수상한 밀턴 프리드먼Milton Friedman 이다. 그는 「교육에 관한 정부의 역할」이란 논문에서 교육금융에서 정부가 해야 할 역할은 "개인의 미래소득에 대해 일정 지분(예: 2%)을 매입하고 학자금을 제공하는 것"이라고 주장했다. 부채와 달리, 위험을 조금 더 여유가 있는 자금공급자가 부담하도록 하자는 말이다. 한 가지 주의를 기울일 점이 있다. 학자금지분은 자금조달자인 대학생의 미래소득에 대해 지분을 갖는 것이지 자금조달자의 자유의지나 의사결정과정에 통제권을 행사하는 것은 아니다. 이런 점에서 기업의 주식과 다르다. 기업주식은 기업이익에 대한 권한 외에 기업의 투표권 즉 의사결정권도 함께 보유하기 때문이다.

잊혔던 아이디어가 요즘 다시 빛을 보고 있다. 오리건주 머클리Merkley 상원의원이 대학생 미래소득의 3%를 일정 기간 동안 지불한다는 조건하에 상환의무 없이 학자금을 제공하는 법안을 의회에 제안해 통과시켰다. 학자금대출에 대비해 '학자금지분' 또는 '소득나눔 학자금'이라 명명할 수 있다. 더 의미 있는 사실은, 오리건주의 포틀랜드주립대학 학생들이 직접 머클리 상원의원에게 제안해 논의가 시작되었다는 점이다. 현재 미국 30개 주에서 도입을 검토하는 단계이고, 퍼듀대학에서는 성공적으로 시행 중이다. 미국 전체 연방차원에서도 소득나눔 학자금이 의회에서 논의 중이다. 2016년에는 미국 대통령 선거에 후보로 출마했던 공화당 마르코 루비오 상원의원과 토드 영 상원의원이 '대학생성공투자법Investing in Student Success Act'이란 법안을 제안해 2017년 현재 논의 중이다. 2017년에는 퍼듀대학이 있는 인디애나주 메서Luke Messer 상원의원이 '**대학생성취투자법**Investing in Student Achievement Act'을 제안해 국회에 제출해놓은 상태다. 항상 새로운 제도에 대해 개방적인 호주는 '개인지분Personal Equity'이란 이름으로 나눔형 학자금제도를 이미 도입했다. 이름이 약간 혼란스러운데, 개인지분은 개인의 소득지분을 뜻한다.

학자금지분은 '소득나눔'이 핵심

미국 등 선진국을 중심으로 소득나눔형 학자금 제도의 도입이 적극 추진되고 있는 이유는, 복잡하고 과도해진 학자금부채문제의 해결책을 부채 차원에만 찾을 수 없다는 결론에 이르렀기 때문이다. 학자금을 논의하면서 거창하게 문명의 붕괴까지 들먹이는 게 조금 우습기는 하지만, 로마든 마야든 대영제국이든 모든 문명은 지나치게 복잡해진 문제를 과거의 단순한 해법으로 풀려고 고집하다 붕괴했다. 학자금부채도 과거의 프레임으로 감당하기에는 이슈가 복잡해졌다. 획기적 아이디어로 생각의 틀을 넘어서고 정책 프레임을 바꾸어야 한다. 바로 '소득나눔 학자금'이다.

최근 논의의 두드러진 특징은 과거의 우회적이고 간접적 방식을 넘어서 **학자금대출의 기본 특성 즉 '부채'라는 성격 자체를 직접적으로 공격한다**는 것이다. 물론 각국의 개별 특성이 다양하게 반영되기는 하지만 혁신의 기본 방향은 일치한다. 부채의 빡빡함을 완화하고 융통성을 늘리는 것이다. 다시 말해 학자금의 부채적 성격을 줄이고 지분적 성격을 강화하는 것이다. 지분적 성격이 강화된다는 것은 '상태의존적 계약' 형태를 갖게 된다는 뜻이다. 상태의존적 학자금에

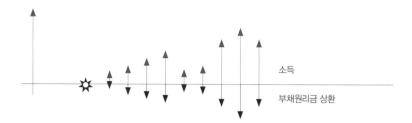

소득

부채원리금 상환

서는, 자금조달자인 대학생들의 미래수입 정도나 경제적 상황여부에 따라 상환금액의 패턴이 달라진다. 쉽게 말하면 상황이 어려우면 적게 갚고, 정상적이면 평상시대로 갚고, 상황이 좋으면 좀 더 많이 갚는 구조다. 부채처럼 경직되지 않고 유연하다. **애벌레형 무한궤도** caterpillar track처럼 경제지형에 따라 그 굴곡을 반영해 상환금액이 변한다. 지면에 닿는 면적이 바퀴보다 넓으니 진흙, 모래, 참호에 빠지지 않는다.

[도표 23]은 소득수준에 따른 소득나눔 학자금의 상환 패턴을 보여준다. 앞에서 설명한 학자금부채의 상환 패턴과 비교하면 이해가 쉽다. 한마디로 버는 돈이 있어야 갚는 돈도 있게 된다. 그리고 많이 벌면 많이 내고 적게 벌면 적게 낸다. 따라서 소득을 초과하는 이자지불이란 개념 자체가 없다. 학자금부채에서는 이자지불과 원금이 절대금액으로 정해져 있는 데 반해, 소득나눔형 학자금은 자금공급자와 나누어야 하는 소득의 비율(예: 2%)이 정해져 있다. 지불하는 금액은 소득수준에 따라 변한다.

소득나눔 학자금은 인센티브차원에서 우월

소득나눔 학자금은, 나누어야 하는 소득비율이 정해져 있지 부채처럼 절대금액이 정해져 있지 않으므로 대학생들의 빚 부담이 없다. 문제는 자금을 공급해주는 측의 부담이다. 대학생의 미래소득 변동위험을 학교, 정부, 은행 같은 자금공급자가 부담하기 때문이다. 잘못하면 소득이 높은 학생은 없고 낮은 학생들만 있게 된다. 역으로 생각하면, 그렇기 때문에 자금을 공급하는 쪽에서는 학생들을 체계적으로 잘 선정하고, 학생들의 미래소득이 높아질 수 있도록 최대한 지원하고 최선을 다해 교육시킬 인센티브가 생기는 것이다. 자금공급자와 대학생이 같은 배를 탔다고 볼 수 있다. 퍼듀대학같이 대학이 소득나눔 학자금을 제공한다는 것 자체가, '우리 대학은 학생들을 위해 최선을 다하겠다', 조금 과장해서 말하면 '살아도 같이 살고 죽어도 같이 죽겠다'는 생각을 신호로 전달하는 것으로 해석할 수 있다.

혹자는 과연 빌 게이츠, 스티브 잡스Steve Jobs, 마크 저커버그Mark E. Zuckerberg, 앨런 머스크, 제프 베조스 같은 사람들이 미래소득을 나누는 학자금에 동의할까라는 의문을 제기한다. 이런 의문제기에는 한 가지 중대한 오류가 있다. 성공한 사람을 성공한 이후에 평가하는 오류다. 대학교 1학년 때는 아무도 내가 얼마나 성공할지 모른다. 스티브 잡스나 앨런 머스크라도 말이다. 그냥 전도유망한 청년일 뿐이다. 그러니 미래소득 2%라면 충분히 학자금을 받을 가치가 있다고 판단할 가능성이 높다. 98%는 내가 가질 것이기 때문이다. 물론 대학교 다니는 것 자체가 시간낭비라고 생각하는 사람은 그만

두고 벤처캐피탈에서 자금을 조달해 창업할 것이다. 빌 게이츠, 스티브 잡스, 마크 저커버그처럼 말이다. 과연 대학을 중퇴하고 창업한 사람들 중 몇 명이 성공했을까? 1% 아니 0.1%도 안 될 것이다. 하지만 우리는 실패한 99%는 잊고 성공한 1%만 기억한다. 만일 소득나눔 학자금제도가 있었더라면 빚 부담이 없으니 대학을 다닐 유인이 더 커졌을 것이고, 대학을 다니며 창업도 하고 졸업한 사람들도 많았을 것이다. 그들에게 소득나눔 학자금을 제공한 학교재단은 많은 수익을 얻었을 것이고 그것을 경제형편이 안 좋은 모든 학생들에게 학자금으로 활용했을지도 모른다.

퍼듀대학의 예를 보면 인기 좋은 학과 학생들의 신청률이 저조할 것이라는 예상을 깨고, 60개가 넘는 학과의 학생들이 골고루 소득나눔 학자금을 신청했다. 학교성적도 최고에서 최하까지 골고루 분포했다. 미래 기대소득이 낮은 학과 학생들만 신청하고 그것도 성적이 나쁜 학생들만 신청할 것이라는 예측과는 다른 결과다. 예측이 맞았다고 해도 다를 바는 없다. 지금 기대수익이 낮은 전공, 성적이 낮은 학생이라고 미래 기대소득이 낮을까? 전혀 아니다. 5년 뒤, 10년 뒤에는 세상이 어떻게 변할지 모른다. 튀는 인물, 튀는 소득은 예상치 못한 곳에서 나온다. 이유는 간단하다. 미리 예상 됐으면 그 사람이 그렇게 튈 수도 없고 억만장자가 될 수도 없기 때문이다.

미국 오리건주와 퍼듀대학의 소득나눔 학자금

오리건주의 소득나눔 학자금

　미국의 경우, 대학 졸업자는 평생에 걸쳐 고등학교 졸업자에 비해 2배에 가까운 소득을 올리고 경기침체기에 실업률이 훨씬 적다는 조사결과가 있다. 한국도 비슷할 것이다. 이런 상황에서 대학교육에 대한 욕구가 커지는 것은 당연한 일이다. 따라서 학자금조달에 어려움을 겪는 중산층과 저소득층에 대한 대학교육비 지원은 중차대한 정책 이슈이다. 미국 대학생들 중 약 50% 정도가 학자금부채를 사용하고 있으며 평균 2만 7,000달러 정도의 빚을 지고 사회생활을 시작한다. 원화로 치면 3,000만 원 정도 되는 금액이다. 사회 첫출발부터 빚을 지고 시작하는 것은 한국이나 미국이나 마찬가지다. 젊은이들을 빚 지워 사회에 내보내는 것은 경제적 차원뿐 아니라 사회적 차원에서도 바람직하지 못하다는 공감대가 보수-진보 차원을 넘어 견고하게 형성된 나라가 미국이다. 대학교육 학자금에 대한 근본적인 개혁논의가 미국에서 활발히 진행 중인 이유다.

　가장 먼저 개혁적인 안을 제시한 주는 오리건주다. 캘리포니아 바로 위쪽에 위치해 태평양을 접하고 있는 오리건주는 캘리포니아주처럼 매우 진보적 성격을 갖고 있다. 정치적으로는 민주당이 공화당보다 압도적으로 우세하다. 새로운 학자금에 대한 아이디어가 오리건주의 가장 큰 도시 포틀랜드에서 나온 것은 그다지 이상하지 않다. 다만 포틀랜드주립대학 학생들이 아이디어를 냈다는 것이 흥미롭기도 하고 동시에 학자금 문제의 심각성을 다시 한 번 느끼게 한다. 대학생들이 낸 아이디어를 머클리 상원의원이 받아들여 제도화한 것이다. 한마디로 대학생들이 졸업 후 획득하는 미래수익의 일정 비율(예: 3%)을 제공하는 대가로 주정부 교육펀드가 학자금을 제공하는 제도다. 미래수익이 불확실하므로 3% 비율은 일정해도 그 금액은 변동이 심할 것이다. 고정된 이자와 원금을 갚아야 하는 학자금부채와 달리 소득을 나누는 학자금지분이다. 자금공급자 입장에서 보면 대출보다 투자에 가깝다.

오리건주 의회는 오리건주 주민인 대학생들이 부채부담 없이 대학교육비를 조달할 수 있는 새로운 교육금융에 대한 법률안을 2013년에 통과시켰다. 대학에 다닐 때는 비용을 부담하지 않고 나중에 졸업 후 직장을 갖게 되면 그 소득의 3%를 정부, 구체적으로는 정부 보유의 교육지원펀드에 지불하는 학자금방식이다. 부채가 아니므로, '갚는다'는 표현보다 미래소득을 '나눈다'는 표현이 적합하다.

오리건주 이전에 룸니Lumni 같은 민간회사에서는 이미 시행하고 있었지만 법적 불확실성 때문에 규모가 작고 활성화가 안 된 상태였다. 2017년 현재 미국 대학 중에서는 퍼듀대학이 가장 활발하게 운영하고 있고 많은 대학들이 도입을 검토 중이다. 이런 분위기에서 미국 연방 전체 차원에서의 제도화도 진행 중이다. 루비오와 영 상원의원이 법안을 제출한 상태고, 메서 하원의원도 법안을 제출해 국회에서 논의 중이다.

퍼듀대학의 소득나눔 학자금

퍼듀대학의 총장은 미치 대니얼스Mitch Daniels다. 총장 취임 전에 인디애나 주지사를 역임했기 때문에 학생들에게 빚 부담을 지우는 학자금부채의 문제점을 뼈저리게 느꼈다. 그래서 퍼듀대 총장이 된 후 소득나눔 학자금을 적극 수용했다. 처음에는 대학 3~4학년을 대상으로 시행하다가 학생들과 부모들의 환호에 힘입어 지금은 2학년까지 확대했다. 미국 내 많은 대학들이 퍼듀대학 모델을 벤치마크하고 있다. 프로그램 이름은 '보일러 전문가 지원back the boiler'이다. 이름이 생뚱맞게 들릴 수 있는데, 퍼듀대학이 공대로부터 출발했고 공대가 강한 대학임을 고려하면 쉽게 이해할 수 있을 것이다.

기본구조는 이렇다. 역사전공 4학년 학생이 나눔형 학자금을 1만 달러 받았다면, 졸업 후 이 전공에 대해 예상되는 연소득 3만 5,000달러에 대해 3.97% 지분을 9년에 걸쳐 나누어야 한다. 예상소득과 소득나눔 비율은 퍼듀 모델에서 도출되는데 베모Vemo라는 컨설팅회사가 전문적으로 지원하고 있다. 컴퓨터공학이나 의대처럼 높은 소득이 예상되는 전공은 나누어야 할 지분이 작거나 나누어야 할 기간이 짧다. 의대 학생이면 나누는 지분 비율이 소득의 2% 수준으로 나온다. 소득나눔 학자금을 설계할 때 핵심 설계요인 중 하나는 '어디서 돈이 나오고 어디로 다시 들어가느냐'를 결정하는 것이다. 퍼듀대학은 퍼듀연구재단에서 등록금을 지원하고 나중에 받는 일정 지분도 이곳으로 들어간다. 학교연구재단이 운영하므로 학생들에 대한 이해가 높고 학생들을 가르쳐 미래소득을 높일 인센티브도 있다. 학생 입장에서도 나중에 엄청나게 성공해 내가 받은 돈보다 더 많은 돈을 나누어야 한다고 해도 이 돈이 학교연구재단으로 들어가 후배들의 등록금 지원에 쓰일 터이므로 거부감도 없다.

미국 연방차원의 소득나눔 학자금: '대학생성공투자법'과 '대학생성취투자법'

2016년 미국 상원의원 마르코 루비오와 토드 영이 '대학생성공투자법'을 제안해, 2017년 현재 국회에서 논의 중이다. 벤치마크는 앞에서 설명한 퍼듀대학의 소득나눔 학자금이다. 루크 메서 의원의 법안도 내용이 비슷하니 루비오 법안을 중심으로 주요내용을 살펴보자. 소득나눔 계약은 전통적 부채가 아니다. 그러니 이자도 없고 원금도 없다. 연소득이 1만 5,000달러 이하이면 소득을 나누지 않아도 된다. 저소득자가 소득을 나눔으로써 생활비가 부족해지는 상황을 고려해서다. 그리고 아무리 많아도 소득이 15% 이상을 제공하는 것은 금한다. 너무 많은 비율을 나누면 열심히 일할 인센티브가 줄어들고, 특히 고소득이 예상되는 학생들이 이 프로그램에 참여할 유인을 축소시키기 때문이다. 루비오가 제안한 소득나눔 학자금은 아래쪽 하한과 위쪽 상한이 모두 존재하는 구조다.

소득나눔 학자금에서 중요한 것은 소득이 얼마인가를 확정하는 것이다. 우리로 치면 국세청을 통해 소득을 확인할 수 있도록 규정하고 있고 어떤 소득들이 미래에 나누어야 하는 소득인지도 사전에 규정하도록 하고 있다. 법 통과 후 시행령을 통해 이런 내용들이 구체적으로 규정되겠지만 광범위한 논의를 통해 국민적 공감대를 얻는 작업이 중요하다. 또한 소득세법을 개정해 소득나눔 학자금을 갚기 위해 상대방과 나누는 소득분은 소득세에서 공제되도록 정하고 있다. 투자회사법(한국으로 치면 자본시장법)을 개정해 투자회사가 소득나눔계약에 투자할 수 있도록 허용하고 있기도 하다.

학생들에게 학자금을 제공하고 미래소득을 나누는 주체가 누구인지는 핵심적인 제도설계요인이다. 미국이라면 연방정부, 주정부, 교육 관련 공적기관, 대학, 민간회사 등으로 구분할 수 있다. 법안이 특정 주체를 지정하거나 제한한 것은 아니지만 초기에는 정부, 공적기관, 대학 등 비영리기관을 중심으로 운영을 시작하는 게 제도 정착에 도움을 줄 것으로 판단한다. 소득이 높으면 3%라도 받아 쓴 금액보다 높은 금액일 것이고 소득이 낮다면 받아 쓴 금액보다 낮은 금액일 것이다. 학자금대출과는 반대로 소득나눔 학자금은 위험을 투자자가 부담하는 구조다. 위험은 수익으로 보상받아야 지속가능하다. 대학생이 미래에 잘됐을 때 자기 소득의 일정 부분을 사적인 민간펀드가 아니라 정부나 대학이 운용하는 교육펀드에 넣을 때 저항감도 작고 보람도 생긴다. 자신이 갚은 돈이 후배들의 교육을 위해 사용된다는 데 대해 보람도 느낄 것이다. 마이클 샌델은『정의란 무엇인가』에서 다음과 같이 말했다.[6] "뛰어난 능력을 가진 사람의 발목을 잡지 말고 최대한 능력 발휘하게 하자. 그리고 그것을 다른 사람들과 나누게 하자. 그것이 정의로운 방식이다." 빌 게이츠, 마크 저커버그, 앨런 머스크가 자기 소득에 대한 지분 3%를 공적인 교육펀드에 제공한다고 반대할까? 이렇게 보면 소득나눔 학자금은 교육금융 차원에서 정의를 구현하는 수단이다.

소득나눔 학자금에 대한 반론도 있다. 반론과 함께 반론에 대한 반박 논리도 살펴보자. 첫째, 학생의 자유를 제한한다는 반론이다. 결론부터 이야기하면 이 반론은 틀렸다. 이렇게 질문해보자. 소득나눔 학자금이 무엇과 비교해 학생의 자유를 제한한단 말인가? 비교해야 할 대상은 바로 학자금부채다. 학생의 자유를 크게 제약하는 것은 오히려 의무적 상환이 필요한 학자금대출이다. 소득나눔 학자금은 빚을 갚을 의무가 없기 때문에, 자유롭게 자기가 하고 싶은 분야나, 심지어 학자금대출에서는 꿈도 꾸지 못했던 위험이 높은 분야도 선택 가능하다. 부모의 지원이나 학자금대출 외에 자신의 미래소득 창출능력에 의존하는 자금조달방법이 함께 존재한다면 당연히 학자금조달에 융통성이 커진다. 정부의 보증확대에만 의존하는 것은 정부재정 악화, 도덕적 해이, 납세자 부담 등을 고려할 때 지속가능하지 않다. 정부 운신의 폭은 갈수록 줄어든다. 이렇게 보면, 소득나눔 학자금은 대학생뿐 아니라 부모와 정부도 자유롭게 만든다.

둘째, 미래소득을 나누어야 하니 학생들이 열심히 일해 소득을 높일 유인이 축소될 것이라는 주장이다. 따라서 고소득 가능성이 낮은 학생들만 소득나눔 학자금을 신청할 것이란 우려다. 다시 말해 역선택 가능성이 높다는 주장이다. 일견 일리가 있어 보이는 주장이다. 하지만 이런 역선택은 학생들이 미래 자신의 수입에 대해 시장보다 더 많은 정보를 갖고 있다는 것이 전제되어야 한다. 과연 그럴까? 당신은 대학에 입학했을 때 자신의 미래소득이 얼마일지에 대해 얼마나 잘 알고 있었는가? 현실적으로 전문투자자들이 미래 산업, 기술, 노동시장 등에 대한 분석능력을 바탕으로 학생들보다 미래소득에 대해 더 많은 정보를 갖고 더 정확한 예측을 할 수 있다. 특히 정치지망생이나 성공한 사업가는 미래소득을 지역사회에 환원하는 것에서 보람을 느끼므로 미래 성공가능성이 높은 학생은 사용하지 않을 것이란 주장은 설득력이 약하다. 무엇보다 소득의 3% 정도를 나눈다면 역선택 문제가 이슈가 되지 않는다. 3% 상환이 무서워 97%를 포기할 바보는 없기 때문이다.

한국의 경우도 '소득나눔 학자금'제도를 도입하려면 먼저 법안을 만들 필요가 있다. 미국에서도 경험했지만 법이 명확하지 않을 경우, 법적 불확실성 문제로 제도의 활성화가 어렵기 때문이다. 법안 내용은 루비오 법안을 참조하되 한국적인 상황과 특성을 충분히 반영해야 한다. 한국에서도 학자금부채문제가 심각한 만큼 새로운 학자금 제도의 도입이 절실한 실정이다. 한국에서는 소득나눔 학자금이 생소하므로 대학생, 부모, 대학, 국민, 국회, 정부, 그리고 금융권의 이해도를 높이는 작업이 필요하다. 정부는 소득나눔 학자금이 학자금부채의 대체재가 아니라 보완재란 인식을 바탕으로 통합적 운영방안도 모색해야 한다. 법안제정 방식은, 가칭 **'학자금부채 개혁을 위한 소득나눔 학자금법'**이란 별도 법으로 입법할 수도 있고 **기존 한국장학재단법을 개정**할 수도 있다. 법안의 목적과 혜택받는 주체를 앞세워, 미국처럼 **'대학생 미래 성공을 위한 학자금지원법'**으로 명명해도 좋다.

호주의 소득나눔 학자금: 개인지분

호주의 소득나눔 학자금 또는 학자금지분은 '개인지분'이란 이름으로 미국보다 훨씬 빠른 1989년에 도입되었다. 여기서 개인지분은 개인의 소득에 대한 지분이다. 기본 아이디어는 미국의 경우와 유사한데, 개인지분의 거래가 가능하다는 점에서 한걸음 더 나갔다. 소득나누기를 넘어 소득지분 매각이란 개념도 성립하기 때문이다. 특정 개인이 벌어들일 것으로 기대되는 미래현금흐름 즉 소득의 현재가치를 자산으로 인식하고, 이를 팔거나 살 수 있게 하는 것이다. **어떻게 보면 획기적이고, 어떻게 보면 도발적이기까지 하다.**

한 가지 주의를 기울여 구분해야 할 사항이 있다. 개인지분은 특정인의 미래소득에 대해 지분을 갖는 것이지, 특정 개인의 인격 자체에 대해 지분을 갖는 것은 아니다. 개인의 미래소득에 대한 지분이라 하더라도 다른 사람이 여기에 투자하는 것에 대해 불편하게 생각할 수도 있다. 하지만 개인지분은 강제적인 것이 아니라 교육비용을 조달하는 수단으로 자발적으로 활용한다. 개인지분이란 용어가 오해의 소지가 있어서 이 말 대신에 **소득지분**Income equity이란 용어가 사용되기도 한다. 개인지분시장은 대학학자금조달에 유용하게 활용되고 있다.[7]

호주는 개인지분제도를 기존에 존재하는 '고등교육지원제도Higher Education Contribution Scheme: HECS'에 가장 먼저 적용해 적극적 활용을 모색했다. 호주의 고등교육지원재단은 학자금대출이란 대규모 금융자산을 이미 보유하고 있기 때문에 이를 이용해서 개인지분시장을 만들어낼 수 있었다. 한국으로 치면 한국장학재단이다. 호주에서는 개인지분을 기존 학자금대출과 상치되는 제도가 아니라 상호보완하는 제도로 본다.

개인지분은, 호주에서 광범위하게 활용되고 있는 **소득조건부대출**Income Contingent Loan: ICL과 비교해볼 필요가 있다. 소득조건부대출은 학자금대출에서 소득나눔 학자금으로 가는 중간단계로 보면 된다. 갚아야 할 총금액이 정해져 있다는 점에서 부채 성격을 갖고 있다. 반면, 실제로 갚는 이자는 소득에 따라 달라진다는 점 즉, 상태의존적이란 점에서 지분적 성격도 동시에 보유하고 있다. 소득조건부대출은 부채의 특성상 빌린 것보다 더 갚는 경우는 없다. 하지만 개인지분은 빌린 것보다 더 갚을 수도 있다.

소득조건부대출은 일반 학자금대출에 비해 정부든 은행이든 자금공급자가 더 높은 위험을 부담한다. 변동하는 소득에 따라 이자도 변동하기 때문이다. 높은 위험을 부담하므로 이자가 더 높다. 변동은 해도 이자가 있으니 아직 부채다. 이자가 높아지면 대학생들 부담이 오히려 커지므로 대개 정부가 초과이자를 부담함으로써 이 문제를 해결한다. 호주 개인지분제도는 1989년에 처음 도입되어 몇 번에 걸쳐 수정되었다. 2014년 기준으로 소득이 남자는 5만 5,000달러, 여자는 5만 달러 이상 되면 갚기 시작하고 총소득의 4% 내지 8% 범위 내에서 갚는다. 남녀 간에 차이가 있는 것이 특이하다.

한국이 소득나눔 학자금의 원조? 학자금대출과 학자금지분 중 무엇이 먼저일까?

전문용어가 우리의 생각을 제약하는 경우가 이외로 많다. 앞에서 언급한 지분equity이란 용어가 그러하다. 지분이라고 하면 매우 복잡한 계약이나 증권을 떠올리곤 하지만, 사실은 그렇지 않다. **한마디로 지분은 '나누기'다.** 위험을 같이 나누고 과실도 공유하는 것이다. 조금 더 정확히 이야기하면 '나누기'이되 비례적이고 융통성 있는 '나누기'다.

돈을 많이 벌면 많이 나누고 조금 벌면 적게 나눈다. '지분형 학자금'을 '소득나눔형 학자금'이라 부를 수 있는 이유다. 부채는 적게 벌어도 고정된 원금과 이자를 상환해야 하기 때문에 융통성이 없다. 부채는, 비율이 아니라 절대금액이 고정되어 있다는 점에서 '나눈다'란 용어보다 '꾸고 갚는다'는 용어가 적합하다.

'나눈다'는 경제적 기능은 아주 오래전부터 존재했다. 다만 지분이란 용어가 사용되지 않았을 뿐이고 시대에 따라 위험을 서로 분담하는 주체가 달랐을 뿐이다. 이렇게 보면 소득나눔 학자금제도는 하늘에서 갑자기 떨어진 것이 아니다. 대표적인 예가 가족의 학자금지원이다. 위험과 과실을 나누는 주체가 은행이 아니라 가족이었다는 뜻이다. 가난한 집안에서 부모가 희생하더라도 미래를 기대하고 아들에게 투자했다. 가족의 희생이 학자금의 원천이었다. 미래에 아들이 성공해 좋은 직장을 잡으면 자신을 희생한 부모는 어느 정도 경제적 보상을 받을 수 있었다. 물론 아들 학비를 지원해주는 것이 경제적 대가를 바라고 하는 것은 아니다. 그럼에도 결과적으로 경제적 보상을 받을 수 있다는 것 또한 부정할 수 없다.

한국 막장 드라마의 단골 메뉴로 나오는 것이 힘들여 공부시킨 아들의 배신이다. 그렇게 희생하고 고생해가며 대학공부를 시켰는데 아들이 나중에 모른 척한다. 그만큼 나누기 형태의 투자에는 위험이 따른다. 아들이 성공하면 나중에 혜택을 함께 누리며 호강할 수도 있지만, 성공하지 못하면 아니 성공했더라도 배신한다면 투자한 것을 모두 잃는 것이다. 이렇게 보면 부채 형태의 학자금대출보다 나눔 형태의 학자금지분이 먼저 존재했다. 은행은 기업에게 산업자금을 제공하느라 여유가 없어서 학자금대출 자체를 다루지 않았다. 소득나눔 학자금은 새로 생겨난 것이 아니라 계약 주체 그리고 이름을 달리해 부활한 것이다. 그래서 **소득나눔 학자금은 '오래된 미래'** 다. '오래된 미래'에 대해서는 『예술과 경제를 움직이는 다섯 가지 힘』의 '원형력' 부분을 참조하기 바란다.

부모와 자식 간의 연결고리가 과거에 비해 약해진 사회경제적 환경하에서는 위험과 과실의 나누기도 약화될 수밖에 없다. '나누기'가 안 되니 '꾸기와 갚기', 즉 부채형 학자금대출이 생겨났다. 최근에는 '꾸기와 갚기'에 명백한 한계와 심각한 문제가 발생했기 때문에 다시 '나누기'가 부활의 움직임을 보인다. 소득나눔 학자금은 외계에서 온 괴물이 아니다. 자연스러운 부활이요 변신이다.

03

아름답고 정의로운
소득나눔 학자금

소득나눔 학자금이 아름다운 이유: 호가스 관점

'진실은 간결하고 아름답다'

'진실은 간결하고 아름답다Truth is simple and beautiful!' 과학과 예술 그리고 자연을 통틀어 적용되는 말이다. 지동설, 아인슈타인이 유도한 질량–에너지 관계식, 유체역학에서 유체흐름의 특성을 나타내는 레이놀즈상수, 왓슨의 DNA 이중나선구조, 그림에서 미니멀리즘, 그리고 경제학의 수요–공급의 원리, 정치가의 명연설까지 세상을 움직이는 진실된 원리는 간결함에 있다. 하지만 여기서 간결함은 그냥 단순함이 아니다. 복잡한 현상에 체계적인 질서를 부여한, 한마디로 복잡성과 다양성을 통제한 간결함이다.

그렇다면 여기서 드는 한 가지 의문이 있다. 진실은 간결하고 아름답다고 하면서 사람들은 대부분 간결함만을 이야기하지 아름다움을 이야기하는 경우는 정말 드물다. 조금 과장해서 표현하면 진실을 구성하는 또 다른 축인 아름다움이 홀대받고 있다는 느낌마저 든다. 이 장에서는 17세기 말부터 18세기 중반까지 살았던 화가 윌리엄 호가스William Hogarth를 통해 무엇이 아름다운 형태인지, 왜 어떤 것이 아름답게 느껴지는지를 생각해본다. 한걸음 더 나아가 왜 학자금지분이 학자금부채보다 아름다운 형태인지도 살펴본다.

어떤 형태가 아름다운 형태인가

호가스는 『미의 분석』(1753)에서 뱀처럼 구불구불한 선이 미의 원형이라고 주장했다. 왜 그럴까? 결론부터 얘기하면, 다양성과 통합성을 모두 갖추고 있기 때문이다. 질서정연하지도 않고 무질서하지도 않은, 따분하지도 않고 어지럽지도 않은, 바로 미적인 중용의 형태가 바로 뱀과 같은 S형태라고 호가스는 생각했다. 뱀은 자신이 원하는 방향으로 자연스럽게 나아간다. 동시에 모든 방향으로 움직임을 바꿀 수도 있다. 그것도 부드럽게 말이다. 통일된 느낌을 주는 방향성, 그리고 다양한 느낌을 주는 변동성을 모두 갖추고 있으니 아름답고 우아한 것이다. 이 같은 '**관리된 다양성**managed diversity'이야말로 호가스가 생각하는 아름다움의 본질이다.

직선과 비교해보자. 직선은 방향성이 확고하고 단순하다. 휘어짐이 없고 정적이다. 호가스는 직선이나 직선에 가까운 곡선은 질서는 있지만 지루하다고 생각했다. 지루하면 시선을 끌 수 없다. 시선을 끄는 힘이 없으면 당연히 아름다울 수 없다. 휘어진 곡선이라도

[그림 15] 윌리엄 호가스, 〈영국 연극 무대 관람〉

심하게 구부러지고 휘어지면 품위가 떨어지고 아름다움과는 거리가 있다. 미술 사조로 치면, 직선에 가까운 질서정연한 작품은 르네상스적 작품이다. 이에 반해 심하게 휘어지고 구부러지면 과장된 바로크나 로코코에 가깝다. 호가스는 바로 이들 극단의 중간에 진정함 아름다움이 있다고 주장했다.

그렇다면 호가스에게 질문 하나를 던져보자. 지그재그로 뻗어나가는 선도 나아가는 방향성과 지그재그로 방향을 바꾸는 다양성을 갖고 있으니 아름다운 선이라 판단해야 하지 않은가? 호가스의 대답은 '아니다'이다. 다시 말해, 부드럽게 휘어진 곡선은 아름답지만 지그재그 선은 아름답지 않다는 것이다. 여기에 호가스 미학의 핵심이 있다. 지그재그처럼 갑자기 수시로 방향을 바꾸는 날카로운 형태는 아름다움을 결정하는 중요한 요인인 **신중함과 절제의 미**를 빠뜨리고 있다는 것이 호가스 생각이다. 갑자기 방향을 바꾼다는 것은 자발적인 변화가 아니라 외부의 영향에 의한 인위적 변화다. 언제 어디서 방향이 바뀌었는지를 모를 정도로 부드러운 변화여야 자연스러운 변화다. **자연스러움은 아름다움을 결정하는 최고의 찬사다.**

호가스의 동판화 중에 〈영국 연극 무대 관람A Just View of the British Stage〉이란 작품이 있다. 당시 영국에서 범람하던 부조리를 실패한 연극무대에 빗대어 풍자한 작품이다. 이 작품을 보면 그림 중앙부와 상단에 마치 뱀 모양의 리본들이 걸려 있다. 걸려 있다기보다 날아다니는 듯하다. 이 모양이 바로 호가스가 가장 자연스럽고 아름답다고 평가한 모양이다. 호가스의 작품을 보면, 이 뱀 모양 혹은 S자 모양을 의도적으로 작품 속에 포함시켜 부각시킨 작품들이 많다.

소득나눔형 학자금이 왜 아름다운 형태를 가졌는가

이제 학자금부채와 학자금지분의 형태를 살펴보자. 무엇이 호가스 기준에서 더 아름다운지를 생각해보는 것도 흥미롭다. [도표 24]는 전통적인 부채형 학자금대출과 소득나눔 학자금 즉 학자금지분의 소득에 따른 상환 패턴을 비교해 보여주고 있다.

학자금부채 즉, 전통적 학자금대출은 빨간색 수평선이다. 변화가 없는 일직선이란 말은 소득이 늘거나 줄거나, 소득이 높은 사람이나 낮은 사람이나 갚아야 할 금액은 고정되어 있다는 뜻이다. 약간 변형된 학자금대출 즉 소득이 아주 낮은 경우 상환액을 소득수준에 따라 감면해주는 학자금은 처음 시작부분이 빨간색 점선으로 되어 있다. 학자금부채는 소득에 관계없이 상환금액이 일정하게 고정되어 있기 때문에 방향이나 속도에 변화가 없는 수평적 직선이다. 단순하고 효율적일 수는 있으나 호가스 기준에서 볼 때 아름답지는 못하다. 이에 반해 파란색 선으로 표시된 소득나눔 학자금은 뱀 모양을 닮았다. 처음에는 수평선이다가 다음에 우상향하고 다시 수평선으로 변한다. 볼록에서 오목으로 뱀처럼 형태가 변한다. 호가스 기준에서 볼 때 자연스럽고 아름답다.

소득나눔 학자금의 형태는 방향이 휘어지는 포인트가 2개다. 하나는 소득이 낮아서 학자금상환을 하지 않다가 소득이 일정 수준을 넘으면서 상환이 시작되는 점이다. 그 이후 곡선 형태도 수평선이 아니라 증가하는 형태다. 소득이 증가할수록 상환액이 증가하기 때문이다. 그렇다고 무한대로 상환액이 증가하는 것은 아니고 소득 또는 그동안의 상환액이 일정 수준에 다다르면 한 번 더 방향이 휘

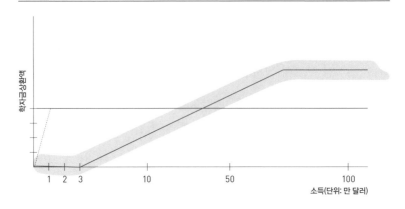

[도표 24] 뱀 모양을 닮은 소득나눔 학자금

어진다. 그 포인트부터 상환액이 더는 늘어나지 않는다. 호가스 표현을 빌리면 모양에 절제가 있다는 말이다. 전반적으로 증가하는 방향성을 갖되 휘어지는 포인트가 2개 있으니 호가스가 말한 뱀 모양이다. 뱀은 징그러워도 뱀 모양은 아름답다. 늘려놓은 S자 모양 같기도 하다. 학자금부채처럼 단순하고 지루하지 않다. 모양에 변화가 있지만 지그재그처럼 들쑥날쑥 혼란스럽지도 않다. **호가스가 말한 아름다운 형태다.** 이런 소득나눔 학자금은 학자금부채처럼 빡빡하거나 차갑지 않고 따뜻하다. 젊은이들을 빚쟁이로 만들지 않고 자신의 꿈을 펼칠 수 있게 하는 것 또한 아름다움이다.

소득나눔 학자금이 정의로운 이유: 샌델 관점

마이클 샌델이 쓴 『정의란 무엇인가』란 책을 보면, 무엇이 정의인지, 무엇이 정의로운 제도인지에 대한 다양한 논의가 이루어진다.

역사적으로 수없이 많은 사상가들에 의해 논의가 이루어져왔지만 정의를 한마디로 정의하기는 힘들다. 가장 보편적으로 받아들여지는 정의에 관한 사상은, 능력 있는 자들로 하여금 자유롭게 능력을 발휘해 최대의 성과를 달성하게 하고, 그런 성과를 얻은 것이 자기 자신만의 능력에만 기인한 것이 아니라는 인식을 갖게 함으로써, 자연스럽게 이를 사회 전반과 나누도록 유도하자는 생각이다.

이런 정의로움이 학자금에 적용된 것이 바로 소득나눔 학자금이다. 다시 말해 소득나눔 학자금은 '정의로운 학자금'이다. 학자금부채는 아무리 성공한 부자라도 빌린 돈만 갚고 끝난다. 그리고 성공하지 못한 사람은 평생 빚의 굴레 속에서 살아야 한다. 자연스러운 소득나눔 메커니즘이 학자금부채에 내장되어 있지 않기 때문이다. 샌델 기준으로는 정의롭지 못한 학자금제도다. 만일 빌 게이츠가 학자금지분 형태로 등록금과 생활비를 받아 썼다고 가정하자. 창업 후 일정 기간은 수입이 없어 학자금을 상환하지 못했겠지만 마이크로소프트가 나스닥에 상장되고 시장을 지배하면서 엄청난 수익을 올렸다. 이 경우 소득의 3%를 나누는 학자금지분이라 하더라도 빌 게이츠에게 학자금지분을 투자한 대학이나 학자금기금은 엄청난 수입을 올렸을 것이다. 이렇게 획득한 자금은 다시 학자금기금에 들어가 후배들에게 학자금으로 제공될 것이다. 가난해서 등록금이 부족한 학생, 졸업은 했으나 취직이 안 된 사회초년병들의 부담을 줄여주는 데 큰 역할을 할 것이다. 지금도 빌앤멜린다게이츠재단Bill & Melinda Gates Foundation에서 국가와 사회를 위해 좋은 일을 많이 한다. 비록 자신이 기금에 갚은 금액이 조달해 쓴 학자금 규모를 크게 초과했다 해도,

자신의 성공을 가능하게 한 학교와 사회를 위해 쓰인다면 거부감도 없을 것이다. 소득나눔 학자금은 능력 있는 사람이 최대한 능력을 발휘하게 하고 성과의 일정 부분을 사회와 나누는 방식이다. 소득나눔 학자금이 정의로운 이유다.

04

소득나눔 학자금의
선조들

'소득나눔'은 시대정신이다. 이 시대정신을 학자금에 적용한 것이 소득나눔 학자금이다. 다시 말해 '소득나눔'이란 계약 형태는 학자금에만 적용되는 특수한 형태가 아니라 보편적인 계약 형태다. 생경하게 들리겠지만, 소득나눔 학자금은 외계인이 가져온 황당한 학자금이 아니다.

팬텍스

팬텍스Fantex는 일반대중으로 하여금 프로 미식축구선수의 성과와 연결된 주식을 매입할 수 있게 해주는 거래 플랫폼이다. 팬텍스는 유명 운동선수의 미래수익을 일반 팬들이 나누어 가질 수 있도록 운동선수의 수익과 연계된 주식을 발행한다. 예를 들어, 팬들이 많은 샌프란시스코 49s의 타이트엔드 버넌 데이비스_{Vernon Davis} , 버펄로 빌스의 쿼터백 임마누엘, 시카고 베어스의 와이드 리시버 앨션 제프리의 성과와 관련된 주식을 공개했다. 기업공개에 대응해 '**선수공개**'라고 부를 수 있겠다. 선수공개의 기본구조는 팬텍스와 특정 선수 간의 계약인데, 선수는 미래 미국프로축구리그_{NFL}에서 얻는 소득 중 일정 비율을 투자자들에게 제공한다는 대가로 선수공개 시에 목돈을 받는다. 미래소득의 일정 비율을 제공하는 대가로 등록금을 받는 것과 유사하다. 예를 들면 버넌 데이비스는 구단과의 계약금, 옷 판매수입, 광고수입 등 미래에 얻게 될 NFL 수입의 10%를 제공하는 대가로 선수공개 시에 400만 달러를 받았다. 정확히는 선수 개인 주식이 아니라 팬텍스란 기업의 주식을 매각하는 것인데, 일반적으로 사람들은 풋볼선수의 주식을 사는 것으로 이해하고 있다.

조금 더 상상의 나래를 펼쳐보자. 기업공개를 넘어 선수공개까지 현실에 있으니 **예술가공개, 작가공개, 기업인공개도, 정치인공개도 가능하지 않을까?** 페이스북이 주식을 발행하고 공개하면 기업공개지만, 마크 저커버그 자신이 자신의 미래소득을 표창하는 주식을 발행하면 '기업인공개'가 된다. 우리가 페이스북에 투자하는 것이 아니라 마크 저커버그 개인에게 투자할 수 있다면 어떤 일이 벌어질까? 정말 흥미로운 상상이다. 한 가지 사업에 집중하는 마크 저커버그와 이것저것 기발하게 손대는 분야가 많은 앨런 머스크 주식 중 어느 것이 더 매력적일까?

업스타트, 룸니, 13가 펀딩

업스타트Upstart는 2012년에 학자금을 제공하는 대가로 미래 일정 기간 동안 발생소득의 일정 부분을 취득하는 학자금방식을 도입했다. 사실상 소득나눔 학자금의 원조 격인데, 민간기업이 영리를 목적으로 운영하다 보니, 법규제상의 불확실성 때문에 중도에 포기했다. 기본구조는 3만 달러 학자금을 받는 대가로 미래소득의 2~6%를 10년간 지불하는 구조다.

페이브Pave란 회사도 유사한 아이디어를 낸 적이 있다. 룸니는 다양하고 분산된 학생들 풀에 투자한다. 교육비를 제공해주고 원리금을 받는 대신 미래 10년간 수익의 일정 비율을 룸니가 운용하는 펀드에 지불한다. 펀드는 투자자들에게 수익을 배분한다. 룸니는 2002년 칠레를 시작으로 남미에서 주로 운영되다가 미국에 들어왔다. 법률적으로 불확실해 크게 활성화되지 못했다.

13가 펀딩13th avenue Funding은 비영리기관으로 지역사회 기반의 교육금융 프로그램이다. 룸니와 구조는 동일한데, 그 대상이 가족, 친구, 지역 커뮤니티에 국한된다는 데 차이가 있다. 캘리포니아의 핸콕대학에서 시험시행 중에 있다.

소득의존 상환제도

최근 논의되고 있는 소득나눔 학자금처럼 모든 소득구간에 대해 일정한 나눔비율이 정해진 것은 아니지만, 특히 소득이 낮은 상황에서 소득수준에 맞추어 상환금액을 줄여주는 소득의존 상환제도 income-contingent repayment plan는 이미 존재하고 있다. 학자금부채의 상환 부담 증가가 사회초년병들의 소득을 심각하게 잠식하는 문제에 대응해, 미 정부는 2009년에 학자금부채 상환액이 가처분소득의 15%를 초과하지 못하도록 상한 즉 캡cap을 씌웠다. 한걸음 더 나아가 2012년에는 '소득범위 내에서 갚아라Pay As You Earn: PAYE'제도를 도입해서, 상환액이 가처분소득의 10%를 넘지 못하게 하고 25년 이상 갚은 경우 나머지 부채를 탕감해주는 조치를 취했다.

소득이 아무리 낮아도 이자지불을 해야만 했던 전통적 학자금부채와 달리 소득이 낮은 경우에 국한되기는 하지만, 소득의 정도가 고려되어 이자지급액이 변화한 것이다. 소득과 상환액과의 연계성이 증가했다는 점에서 소득의존 상환제도는 과거의 빡빡한 부채보다 **융통성이 있는 부채**라고 할 수 있다. 학생들 입장에서 좋기는 한데, 정부가 소득이 떨어지는 경우의 하방위험을 부담할 뿐 소득이 올라가는 경우의 상방이익을 향유하지 못하기 때문에 손실 부담이 커진다. 정부재정에 한계가 있을 수밖에 없어서 단기적으론 괜찮아 보여도 지속가능하지 않은 제도다.

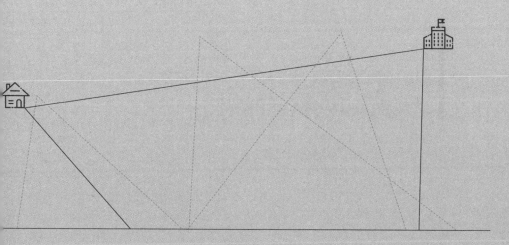

8장

교육화폐,
미래 학자금의 프런티어

01

순환의 다변화: 혈액순환, 순환도로, 그리고 교육화폐의 공통점

법정화폐 외에 대학등록금으로 받아주는 화폐가 있을까

학자금부채문제를 해결하기 위해 소득나눔 학자금(학자금지분)을 도입해야 한다고 했다. 빡빡한 부채의 한계를 극복하기 위해서다. 그런데 가만히 생각해보면 학자금부채든 학자금지분이든 모두 돈이다. 조금 유식하게 표현하면 화폐요 통화다. 어떻게 조달하느냐에 차이가 있을 뿐 돈이 있어야 학자금을 낼 수 있다는 말이다. 이 장에서는 이 '돈'에 주목해보자.

우리가 아무 생각 없이 '돈, 돈' 하는 그 돈은 아주 특별한 돈이다. 우리가 물건을 살 때, 세금을 낼 때 그리고 등록금을 낼 때 필요한 돈은 한국은행이 발행한 원화다. 어찌 보면 종이지만 정부가 법으로 인정함으로써 그 가치가 발생하는 법정통화다. 대학등록금을 내기 위해 필요한 돈은 바로 이 법정통화다. 그렇다면 이제 다소 도발적인 질문을 하나 던져보자. 과연 법정화폐 외에 대학이 등록금으로 받아주는 화폐가 있을까? 없다면 지금 과연 이런 화폐를 만들어 낼 수 있을까? '무슨 공상과학소설 같은 이야기인가?' 하고 의아해 할 수도 있지만, 이 장의 주제다. 바로 교육화폐. 좀 더 구체적으로 설명하면 교육과 관련된 목적으로만 사용되는 화폐, 교육 관련 생태계에서만 순환하는 화폐다.

보편적 순환경로와 특수목적 순환경로

세상에는 돌아야 하는 것들이 있다. 사계절만 순환하는 게 아니다. 인체의 혈액도 돌아야 하고, 순환도로상의 차도 움직여야 하고 화폐도 돌아야 한다. 순환하고 돈다는 것은 살아 있는 것들의 특성이기도 하다. 그런데 생명체가 복잡해지면 순환 시스템이 특이한 특성을 보인다. 전체 순환을 규율하는 크고 **보편적 순환경로** 외에, 이와 연결되기는 하지만 독자적인 순환경로를 갖는 별도의 **보완적 순환경로**가 생겨나 공존한다. 도시의 도로가 복잡해지고 교통량이 많아지면 생기는 순환도로, 온몸순환과 분리되어 순환하는 폐순환, 백화점의 에스컬레이터와 엘리베이터까지 세상이 복잡해지고 목적이 다양해지면 순환경로도 분리된다.

이런 점에서 화폐는 예외다. 원화나 달러 같은 법정통화만이 유일한 순환대상이요 경로이기 때문이다. 화폐경제만 세상의 모든 것과 다른 특이한 유기체라서 그럴까? 아니다. 과거부터 지금까지 이어져온

경제·사회·기술의 환경변화가 순환경로의 분리를 그렇게 강하게 요구하지 않았기 때문이다. 지구로 치면 혹성 충돌이나 빙하기의 도래 같이 생존 자체를 위협하고 세상을 뒤바꿀 정도의 변화가 최근에 없었다는 말이다. 만약 경제가 경제의 혹성과 충돌하거나 경제의 빙하기를 맞으면 성장보다 생존 자체가 문제가 된다. 그러면 화폐의 순환도 중앙은행이 발행하는 법정화폐에만 의존하는 구조가 달라져야 한다.

여기서 말하는 '순환경로가 다른 화폐'는 비트코인이나 이더리움 같은 가상화폐와는 차원이 다른 화폐다. 비트코인은 화폐가 갖추어야 할 신뢰를 얻는 방식이 중앙은행에서 복잡한 프로그램으로 바뀌었을 뿐 화폐의 기능이나 목적이 변하는 것은 아니다. 만일 화폐의 기능이나 목적이 달라진다면 그 순환경로도 달라진다. 예를 들어, 가치저장과 교환의 매개라는 2가지 기능을 가진 일반화폐가 아니라 교환의 매개라는 기능만 가진 화폐라면 순환경로와 범위도 목적에 맞게 달라진다.

금이냐 종이냐 비트코인이냐 하는 화폐의 형태가 아니라 화폐의 기능과 순환경로에 주목해보자. 서울시, 제주도 등과 같이 특정 지역 내에서 순환되면 지역화폐local currency다. 교육생태계, 건강돌봄생태계, 식품생태계, 예술생태계처럼 특정 목적에 부합되는 커뮤니티 안에서 순환되면 목적화폐goal-driven currency다. 이런 화폐를 통틀어 보완화폐complementary currency라고 부른다.[8] 이 책에서 주목하는 것은 바로 '교육화폐'다. 우리가 무엇을 배울 때 대가로 지불할 수 있고 등록금으로도 쓸 수 있는 화폐가 교육화폐다. 교육화폐는 당연히 교육이 목적이므로 교육생태계(넓게는 교육과 관련된 생태계) 안에서 순환한다. 교육화폐로 맥주 사 먹고 옷 사 입을 수는 없다는 뜻이다. 따라서 맥주가게나 옷가게로는 순환되지 않는다. 무엇이든지 살 수 있고 어디든지 흐르는 법정화폐 원화와 다르다.

부채문제를 해결하려면 목적과 포괄범위가 다른 **다양한 화폐가 공존하는 '화폐생태계'**를 만들어야 한다. 학자금부채문제를 해결하려면, 소득나눔 학자금도 필요하고 교육화폐도 필요하다. 빈번하게 위기가 찾아오는 복잡한 세상에서는 단일의 순환 시스템에만 의존하는 그 무엇도 생존하기 힘들다. 인체의 혈액순환도, 도시의 교통순환도, 그리고 화폐의 순환도 예외가 아니다.

복잡한 생명체는 '온몸순환'과 '폐순환'의 분리

사람의 몸속에서는 피가 돈다. 심장에서 동맥을 통해 깨끗한 피가 나와 모세혈관을 거쳐 몸속 구석구석을 돌고 노폐물이 쌓인 피는 정맥을 통해 다시 심장으로 돌아온다. 이를 체순환(온몸순환)이라고 한다. 동맥과 정맥은 기능이 다르므로 순환경로가 분리되어 있다. 상하수도가 분리된 것과 같은 이치다. 그런데 이것이 혈액순환의 전부가 아니다. 이산화탄소를 듬뿍 안고 심장으로 돌아온 혈액은 심장에서 정화되어 다시 도는 게 아니다. 심장으로 돌아온 혈액은 폐 즉 허파로 이동해서 이산화탄소를 버리고 산소를 받아 다시 심장으로 돌아온다. 이를 폐순환이라고 한다. 폐순환은 심장과 폐 사이에만 순환한다. 몸 전체를 순환하는 체순환과는 성격이 다

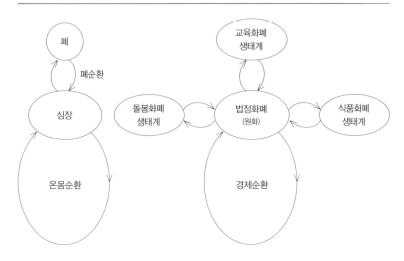

[도표 25] 혈액순환과 화폐순환

폐
폐순환
심장
온몸순환

돌봄화폐
생태계

교육화폐
생태계

법정화폐
(원화)

식품화폐
생태계

경제순환

른 순환이다. 순환경로가 작지만 중요성이 작지는 않다. 크게 보면 혈액순환은 하나의 순환이지만 그 안에 성격이 다른 2개의 순환이 공존하는 것이다.

왜 인체의 혈액순환은 2개의 순환으로 분리되었을까? 진화의 단계가 낮은 동물들은 분리되지 않은 채 하나의 순환과정만 이루어지는데 말이다. 의학자들에 의하면, 심장과 폐의 기능 분리 때문이다. 우리가 호흡한 공기는 폐로 직접 들어간다. 폐는 직접 외부와 연결되어 있다. 공기에는 몸에 좋지 않은 이물질이 많으므로 폐에서 걸러진다. 만일 혈액을 온몸으로 공급하는 펌프 역할을 하는 심장이 폐의 기능도 같이 한다면, 외부 공기가 직접 심장으로 들어오게 되어 심장 기능에 이상이 생길 가능성이 높다. 모두 같이 붕괴될 가능성이 높다는 말이다. 경제로 치면 일종의 시스템 위험이다. 심장과

폐가 분리되어 있기 때문에 인체에 치명적인 시스템 위험이 발생할 가능성이 줄어든다.

경제도 마찬가지다. 경제가 침체되고 위기까지 겹치면 아무리 중앙은행이 돈을 풀어도 돈이 제대로 순환하지 않는다. 그 돈이 거래의 수단일 뿐 아니라 가치저장의 수단도 되기 때문이다. 가치의 저장기능이 박탈된 화폐라면 어떨까? 전적으로 교환과 거래의 기능만 있는 화폐 말이다. 이 돈은 계속 돌 것이다. 갖고 있어봤자 가치저장이 안 되니 계속 거래에 사용할 수밖에 없다. 누가 시키지 않아도 순환하게 되어 있다. **이 화폐는 순환하는 게 목적이다.** 쉽게 말해, **감가상각되는 화폐**라고 생각해보자. 1년에 20%씩 자동으로 가치가 하락하는 화폐라면 당신은 어떤 결정을 내리겠는가? 갖고 있겠는가, 어디라도 쓰겠는가?

원화든 달러든 그 돈이 있어야만 무엇이든 살 수 있는데 돈이 부족하니 가계와 개인이 어려움을 겪는다. 교육비 문제도 큰 부담이다. 큰딸 대학등록금이나 작은아들 학원비도 조달하기 힘들다. 바로 그 돈, 중앙은행이 발행한 법정통화가 부족해서 그렇다.

그런데 작은아들이 수학을 배우는 비용, 큰딸 등록금을 법정화폐가 아닌 '교육화폐'로 낼 수 있다면 문제가 해결될 수 있다. 교육화폐는 교육생태계 안에서만 순환한다. 아들이나 딸이 다른 사람을 가르쳐 벌었을 수도 있고 부모가 벌었을 수도 있다. 원화의 커다란 순환 시스템과는 다른 교육화폐 순환 시스템을 통해 문제가 해결될 수 있는 것이다. 구체적 내용은 '교육화폐 탈러'에서 상세히 다룰 것이다.

도시가 복잡해질수록 순환도로 필요

몸속에서 혈관을 통해 혈액이 돌 듯, 도시에서는 도로망을 통해 차들이 움직인다. 도시가 어느 정도 발전하고 규모가 커지기까지는 주로 도시 중심부에서 외곽으로 나가고 들어오는 도로가 주요 교통망이 된다. 모든 것이 도심에 집중해 있고 도심이 핵심역할을 하기 때문이다. 하지만 도시 규모가 커지고 교통량이 급증하면 이런 직선형 도로만으로는 적정한 속도를 내기 힘들다. 도심 외곽에서 반대편 외곽으로 갈 때 반드시 도심을 거쳐야 하므로 도심은 항상 혼잡하고 정체에 시달린다. 그래서 생겨난 것이 순환도로다. 화폐도 마찬가지다. 이것저것을 사기 위해 반드시 법정화폐를 거쳐야 하므로 법정화폐 도로는 항상 붐비고 빡빡하다. 그래서 생겨난 것이 별도의 순환경로를 갖는 화폐다.

서울의 경우를 보면 서울시 안쪽에서 도시를 순환하는 내부순환도로가 있고, 서울시 외곽을 순환하는 외부순환도로가 있다. 지하철도 순환선이 있다. 바로 지하철 2호선이다. 순환도로나 철도는 직선도로와 달리 출발점이나 종점이란 개념이 없다. **항상 순환하며 도는 게 목적이기 때문이다.** 순환도로가 있으면 복잡한 도심을 통과하지 않고 특정 지역에서 다른 지역으로 신속히 이동할 수 있다. 동시에 도심의 교통속도가 빨라진다. 내부순환도로는 도심뿐 아니라 도심 외곽지역을 균형 있게 발전시키는 기능을 수행한다. 서울의 외곽순환도로는 서울뿐 아니라 외곽지역 간 접근성을 촉진시켜 지역발전의 토대를 제공한다. 서울을 거치지 않고 서울 외곽지역만을 순환하는 게 주 기능이다. 가끔씩 서울로 빠지는 길이 있기는 하지만 말이다. 이렇듯 목적과 기능이 다르니 다른 순환경로로 순환한다.

백화점의 에스컬레이터(교육화폐)와 엘리베이터(법정화폐) 분리

백화점에서 흔히 겪는 일이 있다. 5층 남성복 코너에 가려고 에스컬레이터를 탔다. 한 층을 올라가 2층에 도달했는데 3층으로 올라가는 에스컬레이터가 직접 연결되어 있지 않다. 백화점 내부 안쪽을 한 바퀴 돌아야 올라가는 에스컬레이터가 보인다. 3층에 도달해서 4층 가는 에스컬레이터를 탈 때도 마찬가지다. 할 수 없이 3층 스포츠용품 매장 앞을 돌다가 문득 생각이 난다. '아 참, 작년부터 수영복 하나 새로 사야지 하면서 못 샀지. 들른 김에 사야겠다.' 그리고 3층 매장에서 수영복을 하나 샀다. 그리고 다시 에스컬레이터를 타고 원래 가려던 5층으로 올라갔다.

그렇다. 백화점의 에스컬레이터는 단순히 고객을 원하는 지점으로 신속히 이동시키는 것이 목적이 아니다. 백화점 매장 내에서 거래를 극대화시키도록 사람들의 순환 시스템을 설계한 것이다. 견물생심이란 말이 있듯이, 사람들로 하여금 되도록 많은 것을 보고 구매욕구가 생기도록 동선을 만든 것이다. 정말 특정한 상품만을 신속히 구매하기를 원하는 고객이라면 에스컬레이터가 아닌 다른 순환 시스템 즉 엘리베이터를 이용하면 된다. 이렇게 2개의 순환 시스템을 구분해 분리 운영하는 것은 백화점에 이익이 됨은 물론이고 고객에게 편리함을 준다.

02

목적지향적 화폐:
새로운 시대가 새로운 화폐를 부른다

왜 목적화폐가 필요한가: 화폐생태계의 다변화

돈도 순환해야 한다. 경제 구석구석까지 말이다. 그래야 경제도 살아 있는 경제가 된다. 그런데 화폐의 순환 시스템을 보면 한 가지 특이한 점이 있다. 원화나 달러 같은 법정통화만을 기준으로 하나의 순환 시스템만 존재한다는 점이다. 인체에도 심장과 허파 간에만 순환하는 폐순환계가 존재하고, 서울시 교통순환 시스템에서도 내부순환도로나 지하철 2호선 같은 순수 순환도로가 존재하는데 말이다. 경제 시스템에서 원화 같은 법정화폐의 순환 시스템이 중심 역할을 수행하는 것은 당연한 일이다. 하지만 도시가 복잡해진 도심의 교통혼란을 해결하기 위해 그리고 인체가 노폐물이 쌓인 혈액을 정화시키기 위해 별도의 순환 시스템이 필요하듯 경제에도 법정화폐와 다른 별도의 순환경로를 갖는 목적화폐가 필요하다.

　교육 관련 생태계 내에서만 순환하는 교육화폐, 가족과 노약자 돌봄생태계 내에서만 순환하는 돌봄화폐, 예술과 관련된 커뮤니티 안에서만 순환되는 예술화폐, 음식 관련 생태계에서 순환하는 먹을 수 있는 화폐 등이 대표적 목적화폐다. 목적화폐에서 목적의 범위는 우리의 상상력만이 제약일 뿐이다. 과거에도 이런 시스템이 없었던 것은 아니다. 지역화폐, 보완화폐 등으로 불리며 사용되기도 했지만 주류로 부각되지 못했다. 아직 때를 만나지 못한 탓이다. 세상이 복잡해지고 경제위기가 자주 오면서 상황이 달라졌다. 앞장에서 "새로운 시대가 새로운 부채를 부른다"고 했다. 한걸음 더 나가면 **"새로운 시대가 새로운 화폐를 부른다."** 미래에는 새로운 화폐가 새로운 세상을 만들고, 그 세상을 새롭게 지배할 것이다.

　열대우림생태계든 해양생태계든 경제생태계든 그 생태계의 안정을 위해서는 '복원력'이 필요하다. 복원력의 핵심은 '종의 다양성'이다. 지구가 외계인의 침공을 받았을 때 살아남을 가능성이 가장 높은 동물이 곤충이라고 생각하는 이유다. 워낙 종이 다양해서 핵폭탄이 터지고 외계인이 희한한 생화학무기를 사용해도 곤충은 생존 가능성이 높다. 그것이 거미일지 바퀴벌레일지 개미일지는 모르지만 말이다. 개미만 해도 1만 종이 넘는다. 경제생태계도 효율성만을 앞세우면 평상시에는 잘 돌아가지만 위기 시에는 취약할 수밖에 없다.

　몇 가지 질문을 해보자. 생명공학자들이 DNA를 어떻게 가위로 잘라내고 붙이는지 아는가? 전기가 갑자기 들어오지 않아서 냉장고, 집, 엘리베이터 등 모든 것이 멈추어 서는 상황을 상상해보았는가? 배터리 생각을 하겠지만 전기가 없으면 배터리도 충전하지 못한다. 갑자기 슈퍼 슈퍼바이러스가 나타나 인류를 위협할지 생각해보았는가? 앞으로 5년 안에 외계인이 지구를 방문할 확률은 얼마일까? 지금은 일본만 해당되지만 모든 OECD 국가의 정부부채가 GDP의 200%를 넘으면 어떤 일이 발생할까? 가계부채가 GDP의 200%를 넘으면 어떤 일이 발생할까? 황당하게 느껴지지만, 이렇게 질문한다는 것은 그래도 상상이 된다는 말이다. **정말 모르면 상상이 안 되니 질문도 못한다.** 기술발전의 파괴력을 고려할 때, 경제의 미래는 불확실성의 세계가 아니라 **미지의 세계다.**

대략 어떤 상황이 발생할지 예상은 되는데 발생확률이 불확실한 경우와, 도대체 어떤 일이 발생할 것인가 자체가 불확실한 경우, 즉 상상이 안 되는 경우는 그 차원이 전적으로 다르다. 불확실한 세계와 미지의 세계는 다르다는 말이다. 불확실성과 미지성은 다르다. 단지 불확실한 경제라면 원화라는 하나의 법정화폐만으로도 경제가 돌아갈 수 있다. **반면에 위기가 일상화된 미지의 경제가 되면 단일 화폐만으로 경제를 제대로 돌아가게 만들기 힘들다.** 경제가 복원력을 갖기도 힘들다. 화폐도 종의 다양성이 필요한 것이다. 단일 순환체계에서 분리된 순환체계로, 법정화폐에만 의존하는 경제에서 목적화폐도 공존하는 경제로 변신해야 한다. 환경이 급변하면 생존가능한 생명체가 변하듯, 경제환경이 급변하면 생존가능한 화폐도, 자금조달 형태도 변한다. 아니 변해야 살 수 있다.

'화폐의 다변화'라고 하면 무엇이 먼저 생각나는가? 달러화 외에 유로화, 엔화, 위안화 같은 다른 국가 법정통화로의 다변화가 먼저 떠오를 것이다. 그리고 비트코인이나 아마존코인 같은 인터넷 기반 화폐를 생각할 것이다. 조금 다른 각도에서 생각해보자. 앞에서 언급했듯 화폐의 본질은 순환이다. 화폐currency와 흐름current은 어원이 같다. 이렇게 보면 화폐의 다변화 중에서 가장 중요한 것은 '**화폐순환 시스템의 다변화**'다. 화폐 시스템도 보편적 법정화폐에만 의존하는 순환 시스템은 한계에 다다랐다. 나름대로의 목적을 가지고 이 목적범위 내에서 순환이 이루어지는 순수거래 목적의 화폐가 필요하다는 말이다. 목적화폐는 가치저장기능이 미미하다. 그래서 저장되지 않고 계속 돈다. 순환도로는 순환이 주목적이지만 계속 돌기만 하는 것이 아니라 가끔 입출구가 있어 주도로와 연결된다. 목적화폐도 적절한 교환비율을 통해 법정화폐의 순환 시스템과 자연스럽게 연결될 수도 있다.

화폐를 녹슬게 하라

가벼우면서 동시에 무거워지려는 현대의 화폐

화폐에는 여러 기능이 있다. 재화와 서비스의 교환수단임은 물론 가치저장의 수단이고 가치측정의 척도가 된다. 원화든 달러화든 법정통화는 이런 다양한 기능을 '동시에' 수행한다. 그러다 보니 문제가 있다. 화폐의 목적 또는 기능 간에 상충이 생긴다는 점이다. 목적에 따라 요구하는 특성이 다르기 때문이다. 교환과 거래 활성화를 위해서는 화폐가 '가벼워야' 하는 데 반해 가치저장수단이 되려면 변하지 않고 '묵직해야' 한다. **현대의 화폐는 가벼우면서 동시에 무거워**

지려 한다. 양립하기 힘든 목적을 달성하려 한다는 말이다.

원화도 거래의 수단인 동시에 가치저장의 수단이다. 그 돈으로 물건을 사고 저축도 한다. 그러다 보니 경기활성화를 위해 거래와 순환이 절실하게 필요한 시점인데도 돈이 돌지 않고 저축되고 저장된다. 하나의 화폐가 다양한 기능을 수행하다 보니 발생하는 어쩔 수없는 현상이다. 그렇다면 화폐의 목적이 하나로 전문화된 화폐가 있으면 어떨까? 가치저장기능은 최소화하고 교환과 거래목적, 즉 돈이 이곳에서 저곳으로, 이 사람에서 저 사람으로 순환되는 기능에 특화하면 경제가 어려울 때 돈이 돌지 않아 문제가 되는 경우는 없지 않을까? 이처럼 교환과 거래목적에 충실한 화폐가 보완화폐다. 법정화폐를 보완하기 때문이다.

분노가 혁신의 동력: 화폐도 녹슬게 하라!

보완화폐의 역사는 오래되었다. 세계대공황이 몰아치던 1934년 스위스에서 사업가인 짐머만Werner Zimmermann과 엔츠Paul Enz가 비어Wirtschaftsring: WIR라는 지역화폐를 만들었다. WIR를 읽히는 대로 적으니 비어가 되는데, 맥주를 뜻하는 비어beer와는 관계없는 말이다. WIR는 독일어로 '우리'란 뜻이기도 하다. 뜻을 같이하는 20명도 채안 되는 지역사업가들이 모여 새로운 화폐순환 시스템을 만들었다. 종이화폐가 아니라 (+)신용과 (−)신용이 화폐 역할을 하는 상호신용 시스템이라고 생각해도 좋다. 대공황의 여파가 스위스에도 몰아치자, 짐머만과 엔츠를 비롯한 소규모 자영업자들은 은행으로부터 신용라인을 축소하거나 심지어 끊겠다는 통보를 받았다. 요새 표현을 쓰면, 비 올 때 우산 뺏는 격이다. 사업가들이 분노했음은 물론이다. 그래서 대안으로 생각한 것이 바로 이 WIR라는 지역화폐다. 종종 분노는 혁신의 동력이 되기도 한다.

2명 모두 독일의 혁신적 철학자이자 경제학자인 실비오 게젤Silvio Gesell의 영향을 크게 받았다. 게젤은 화폐도 '감가상각'시켜야 한다고 주장했다. 비유적으로 표현하면 **"화폐도 쇠처럼 녹슬게 하라!"**는 말이다. 시간이 지날수록 보유비용demurrage fee이 발생하게 해야 사람들이 저축하거나 보유하지 않고 계속 교환하고 거래한다. 화폐의 기능 중에서 가치저장수단으로서의 기능을 약화시킬수록 화폐의 유통속도는 빨라진다. 저성장기나 경기침체기에는 특히 돈이 잘 돌아야 하는데 녹슬지 않는 화폐의 특성 때문에 오히려 돌지 않는다. 그래서 다른 재화처럼 돈도 시간이 지나면서 가치가 하락해야, 정체되어 있지 않고 돌게 되고 경제활성화에 도움을 준다는 주장이다. 특히 경제가 좋지 않을 때에는 화폐의 순환속도가 빨라지는 게 중요하다. 녹슬지 않는 화폐의 특징 때문에 생겨나는 것이 바로 케인즈의 '유동성 선호'다. 살아생전에 케인즈는 게젤의 독창적이고 혁신적 아이디어에 대해 찬사를 보냈고 자신의 책에서도 여러 번 언급했다.

보완화폐 WIR의 작동메커니즘을 살펴보자. 여기서 주목해야 할 포인트는 법정통화인 스위스프랑 없이도 교환과 거래가 자연스럽게 활성화된다는 점이다. 다시 말해, 경기가 침체되고 실업이 발생해 법정통화인 스위스프랑이 부족해도 커뮤니티의 경제는 돌아갈 수 있다는 점이다. 빵가게부터 시작해보자. 빵집 주인은 밀가루와 달걀을 농장에서 구매한다. 쉽게 말하면 가까운 동네 농장이고, 조금 범위를 넓히면 WIR 네트워크에 가입한 농장이다. 스위스프랑을 지불하지 않고 밀가루와 달걀을 샀으니 빵집 주인은 농장 주인에게 (−)신용을 진다. 반대로 농장 주인은 (+)신용을 갖는다. 여기서 포인트는, 농장 주인이 이 (+)신용을 빵집에 사용할 수 있을 뿐 아니라 WIR라는 화폐의 순환 시스템에 참여하는 다른 어떤 곳에서도 사용할 수 있다는 것이다. 농장 주인은 자신이 가지고 있는 (+)신용을 사용해 트랙터 수리점에서 트랙터를 고친다. 당연히 금액에 차이가 있겠지만 설명을 쉽게 하기 위해 금액이 같다고 가정하자. 트랙터 수리점 주인은 농장 주인으로부터 받은 (+)신용을 사용해 빵집에서 빵과 케이크를 구매한다. 결과적으로 빵집 주인은 달걀과 밀가루를 돈 없이 구매한 것이다. 정확히 표현하면 법정통화인 스위스프랑 없이, 보완화폐인 WIR를 사용해 달걀과 밀가루를 구매한 것이다.

불경기라서 아들 대학등록금 내느라고 수중에 돈이 없었는데, WIR라는 보완화폐 덕분에 계속 빵가게를 운영할 수 있게 된 것이다. 빵가게 주인뿐만이 아니다. 농장 주인도, 트랙터 수리점 주인도 은행으로부터 부채(스위스프랑으로 표시된)를 얻지 않고 원하는 교환과 거래를 할 수 있게 되었다. 지역 상점들 간의 상호신용 시스템이 화폐 역할을 해 교환과 거래가 이루어졌다. 스위스프랑이란 법정통화가 없이도 말이다. 바로 이것이 보완화폐 또는 지역화폐의 역할이다. 이런 보완화폐 개념을 특정지역이라고 하는 지리적 공간에 적용하지 않고 그 차원을 확대해 교육이란 특정목적을 공유한 공간 즉 교육생태계에 적용하면 어떨까? 바로 '교육화폐'가 탄생한다.

03

왜 대학이 교육화폐를
등록금으로 받아줄까?

교육화폐와 멘토링 프로그램

학생들이 학교생활을 즐길 수 있다는 것은 참 행복한 일이다. 하지만 현실적으로 쉽지 않다. 입시에 찌든 상황에서는 더욱 그러하다. 그래도 서로 간에 연결되고 커뮤니케이션하고 고립되지 않는 것이 학교생활을 즐길 수 있는 길이다. 고등학교에 새로 입학한 광수를 생각해보자. 형제가 없고 부모님도 직장생활에 바빠 고등학교 생활을 어떻게 해야 할지 난감하다. 학교에서 선생님들 말씀만으론 부족한 게 많다. 10대들에겐 10대가 이야기해주는 게 가장 효과가 크다. 선생님이나 부모는 세대가 다른 '꼰대'라고 생각하기 때문이다. 그래서 많이 언급되는 것이 고학년이 저학년을 멘토링해주는 프로그램이다. 멘토링의 범위는 광범위하다. 멘토링을 가르치기 즉, 거창하게 말해 교육에 초점을 맞추면 어떨까? 수학, 영어, 글쓰기, 농구, 그림 그리기, 악기 다루기 등 교육의 대상은 무궁무진하다.

한국이든 미국이든 멘토링 프로그램은 거의 대부분 멘티에 초점이 맞추어져 있다. 단지 봉사활동으로만 인식되고 운영되고 있어서 멘토링을 하는 멘토들에게는 경제적 인센티브가 주어지지 않는다. 물론 봉사활동이 좋긴 한데, 인센티브가 주어지는 멘토링과는 질과 양에서 차이가 날 수밖에 없다. 하지만 멘토링의 성공여부는 멘티보다 멘토에게 달려 있다. 멘토가 얼마나 열정적으로 시간과 노력을 들여 멘토링하느냐가 핵심이라는 뜻이다. 그렇다면 과연 멘토 역할을 하는 학생들에게 어떻게 인센티브를 줄까? 돈을 주면 좋긴 한데 멘토링 프로그램을 운영하는 학교나 정부에 예산제약이 있다.

만일 교육생태계 내에서만 사용되고 순환되는 화폐 즉 교육화폐를 발행해 멘토에게 주면 어떨까? 멘토가 교육화폐로 보상을 받는다는 뜻이다. 교육화폐는 어디서나 무엇이든 모두 살 수 있는 원화와는 달리, 교육과 관련된 목적에만 쓸 수 있다. 추상적으로 들릴 수 있는데, 곧 예를 통해 구체적으로 설명할 것이다.

교육화폐가 학자금과는 어떤 관련이 있는가? 멘토 역할을 수년간 해온 학생이 고등학교 3학년 때까지 모은 교육화폐로 등록금을 낼 수 있다면 학자금대출을 대체할 수도 있다. 마치 대학등록금을 마련하기 위해 학생이나 부모가 미리 돈을 저축하듯이, 학생들이 '교육 멘토(또는 학생 선생님)' 역할을 수행함으로써 **멘토링 크레딧 형태의 교육화폐**를 획득한다. 그리고 이 교육화폐를 대학등록금으로 사용하는 것이다. WIR 예에서 농장 주인이 획득된 신용으로 트랙터 수리 서비스를 받듯이 말이다. 대학입학 후 대학생 때 남들을 가르쳐 번 교육화폐는 요리, 와인, 조각, 외국어, 해외어학연수 등 내가 원하는 무엇을 배울 때 쓸 수 있다. 다음 사례에서 상세히 살펴보겠지만, 교육화폐는 연령대별로 손 바꿈을 통해 이동해가면서 일종의 레버리지 효과를 일으킨다. 그래서 효과가 매우 커진다. 은행의 신용창조에 빗대어 표현하면 신용 중에서 특별한 **'교육신용'의 창조**라고 보면 된다.

교육화폐의 순환 및 작동메커니즘

이하 내용은 미국에서 논의되고 있는 교육화폐의 활용 예를 특정 주에 적용시켜본 가상사례이다. 가상의 상황이지만 교육화폐에 대한 다양한 아이디어와 활용가능성을 제시해준다. 미국 버지니아주 페어팩스 카운티의 교육위원회에서는 새로운 교육화폐 '탈러'의 도입을 검토하고 있다. 탈러가 일련의 '배움과 가르침' 과정을 통해 어떻게 순환하는지, 어떻게 궁극적으로 대학등록금으로 사용될 수 있는지 살펴본다.

초등학교 입학생에게 정부가 일정액의 교육화폐 탈러 제공

주정부는 2018년도 초등학교에 입학하는 모든 학생들에게 100탈러의 교육화폐를 무료로 제공한다. 처음 받는 나이는 7세인데 아직 어려서 개념이 없다고 생각하면 10세로부터 시작하는 것도 좋다.

정부에서 받은 탈러를 멘토에게 제공하고 필요한 것 배움

처음 100탈러를 받은 초등학생은 12세 멘토를 구해 이 멘토에게 100탈러를 주고 부족한 수학과 과학을 배운다. 12세 멘토 입장에서는 10세 멘티에게 가르쳐주고 100탈러를 버는 것이다. 다음이 더 중요한 포인트다. 배우는 것은 멘티뿐만이 아니다. 멘토도 배운다. 습득한 지식을 유지하는 최고의 방법은 누군가를 가르치는 것이다. 10세 멘티도 배우지만 12세 멘토도 가르치는 과정에서 복습도 하고 새롭게 생각하면서 스스로 많은 것을 배운다. 물론 100탈러도 번다.

앞단계의 멘토가 이제는 멘티가 되어 중학생 멘토에게서 배움

12세 멘토는 지금 6학년이므로 중학교 입학을 앞두고 있다. 중학교는 초등학교보다 배우는 과목도 많고 수업도 어렵다는 데 12세 멘토는 걱정이 많다. 특히 영어 글쓰기가 약하다. 12세 멘토는 자신이 번 100탈러를 15세 멘토에게 지불하고 영어 글쓰기를 배운다. 12세 멘토가 이번에는 멘티가 되는 것이다. 멘토 선생님이 3살 정도 나이가 많지만 같은 세대여서 관심사도 비슷하고 왠지 잘 통한다. 둘 다 축구를 좋아하고 바르셀로나에서 뛰고 있는 메시 팬이기도 하다. 현재 중학교 3학년인 멘토가 중학교 생활에 대해 경험담도 들려준다. 부모님과 선생님에게서는 기대할 수 없는 학습효과다. 이 경우도 12세 멘티보다 15세 멘토가 얻는 것이 많다. 멘티에게 영어 글쓰기를 가르치다 보면 멘티의 이해를 돕기 위해 다양한 시각에서 생각해보고 설명해준다. 그 과정에서 이전에 학교에서 배울 땐 생각하지 못했던 기발한 아이디어도 나온다. 나의 영어 글쓰기 실력도 느는 것이다. 나보다 지식이 부족하고 어린 동생을 가르치다 보면 인내심도 는다. 동생이라면 화를 내겠지만, 멘티에게 화내기는 힘들다. 모르는 것을 이해시키는 데도 인내심이 필요하고, 집중력이 부족하고 산만한 멘티를 참아낼 때도 인내심이 필요하다. 그러면서 학교에서 선생님이 얼마나 어려우실까 깨닫게 된다. 특히 나의 노력을 통해 교육화폐 즉 탈러를 벌었다는 게 보람 있다.

앞단계의 멘토가 이제는 멘티가 되어 고등학생 멘토에게서 배움

15세 멘티가 번 100탈러를 어디에 쓸까? 몇 가지 옵션이 있다. 첫째, 15세 멘티는 곧 고등학교에 입학하는데 나라마다 차이가 있지만 대학입시가 주 관심사다. 수학이 약하다면 수학을 보충하기 위해 멘토를 구하는 데 탈러를 쓸 수 있다. 15세 멘토는 이제는 멘티가 되어 18세 고3 멘토에게서 수학을 배운다. 좋아하는 축구나 음악 이야기를 곁들이면서 일대일로 내가 모르는 것에 집중적으로 실명해주니 수학이 참 재미있다. 관계가 매우 개인적이고 친밀하다. 이 선배는 친구들 사이에 인기도 많은데 공부하면서 친구 사귀는 몇 가지 노하우도 배웠다. 여기서도 더 많이 배우는 사람은 멘토다. 18세 멘토는 12세 때부터 멘토 역할을 해왔다. 동시에 멘티로서 선배들한테 배워보기도 했다. 이제는 가르치는 노하우도 제법 쌓였다. 자신도 15세 때 멘토에게 큰 영향을 받았다. 공부 방법뿐 아니라 왜 공부해야 하는지 동기를 부여해주었기 때문이다. 나도 후배를 가르칠 때 왜 공부를 하는지, 왜 복잡한 수학을 고민하며 풀어내야 하는지를 먼저 설명해준다.

탈러로 대학등록금을 내려는 18세 멘토

18세 멘토는 그간 모아둔 교육화폐 3,000탈러를 대학등록금으로 지불할 예정이다. 아직은 주립대학만이 탈러를 등록금으로 받아주므로 버지니아주립대학UVA에 입학하려 한다. 한 학기 등록금이 1만 달러이고 1탈러를 1달러로 인정해주므로 등록금의 30%를 교육화폐로 지불할 수 있다. 집안 사정이 넉넉하지 않은 18세 멘토에게는 큰 도움이 되는 금액이다. 요약하면 교육화폐는 학생들에게 다음과 같은 이점이 있다. 첫째, 자기가 알고 있는 지식이나 운동과 악기 연주, 프로그래밍 능력 등 교육화폐로 전환해 대학등록금을 마련할 수 있다. 중간에 선배들에게서 무언가를 배울 때도 현금 대신에 교육화폐를 지불하면 된다. 학자금대출, 학자금지분을 넘어선 학자금화폐를 설계해서 활용한다면 경제위기가 와서 법정통화인 원화는 부족해도 보완화폐로서의 교육화폐는 그대로 잘 돌아갈 것이다. 교육투자는 줄지 않는다. 둘째, 무엇인가를 학습하는 가장 효과적인 방법은 배우는 것이 아니라 가르치는 것이다. 학교에서 배운 지식을 멘토 입장에서 가르쳐봄으로써 더 많은 것을 학습할 수 있다. 셋째, 누군가를 멘토링하고 가르친다는 것은 책임감과 인내심, 성실함을 배양하는 훈련이다. 자연스럽게 리더의 자질을 함양할 수 있다.

대학이 교육화폐 탈러를 등록금으로 받아주는 이유

교육화폐를 등록금으로 내려고 해도 대학이 받아주지 않으면 아무 소용이 없다. 따라서 대학이 받아줄 수 있도록 인센티브를 설계하는 게 교육화폐의 핵심이 된다. 학생들로부터 교육화폐 탈러를 등록금으로 받아주기 위해서는 버지니아주립대학에 무엇인가 혜택이 있어야 한다. 혜택은 2가지 유형으로 구분된다. 하나는 정부 차원의 지원혜택이고 다른 하나는 대학 자체가 발굴해내는 혜택이다.

첫째, 교육화폐가 활성화되려면 정부가 선도적 역할을 해야 한다. 교육화폐를 등록금으로 받아주는 대학에 혜택을 제공해야 한다는 것이다. 대학도 해야 할 일은 많고 예산이 부족하니 명분만 좋다고 교육화폐 탈러를 수용하기 힘들다. 일단 주립대학의 경우(한국의 국립대학, 도립대학, 시립대학) 주정부에서 도입을 독려하고 이에 상응하는 인센티브를 제공할 수 있다. 정원 및 학과 확대, 교원 증대, 신축건물 건설, 예산배정 등에 있어 우선적 고려를 한다. 대학이 정원외로 탈러 등록금을 받을 수 있다면 예산이 줄어드는 걱정을 하지 않아도 된다. 정부가 운영하는 교육기금을 통한 지원도 가능하다. 기금에도 나오는 돈으로, 대학이 받은 탈러를 일정한 교환비율로 법정통화인 달러로 교환해주는 것이다. 제도설계 시에 중요한 점은, 달러와 탈러 간의 교환비율을 얼마로 할지를 정하는 것이다. 1:1로 하면 모든 것이 간단하지만 레버리지 효과를 거두기 힘들다. 예산이 많이 든다는 말이다. 교환비율을 1:0.5로 하면, 즉 대학이 1탈러를 가져올 때 0.5달러로 교환해주면 2배의 레버리지 효과를 거둘 수 있다.

정부는 왜 교육화폐를 활성화할 유인이 있을까? 학자금부채에만 의존하면 정부부담이 커진다. 정부부채 증가에는 한계가 있기 때문이다. 소득나눔 학자금을 활성화하고 교육화폐를 도입해 학자금조달 방식을 다변화해야 하는 이유다.

둘째, 대학 입장에서는 어떤 혜택을 얻을 수 있을까? 다시 말해,

얼핏 손해 보는 듯한 이런 장사를 대학이 왜 할까? 우선 대학은 리더십 있고 유능한 학생을 선발할 수 있다. 여러 해에 걸쳐 일정 수준 이상의 탈러를 모은 학생은 리더십, 독립성, 인내심 등 여러 장점과 잠재력을 가졌을 가능성이 높다. 이렇게 열심히 생활하고 커뮤니티를 위해 활동하는 학생들이 미래의 리더가 될 가능성이 높다. 대학은 이런 학생들을 원한다. **교육화폐는 대학의 미활용 자원과 학생들의 미충족 욕구를 연결하는 것이다.** 그래서 특히 문과 쪽 과목들처럼 한두 명 학생이 더 늘어도 수업에 지장이 없는 분야에 활용도가 높다. 한 걸음 더 나아가 대학 입장에서 무엇이 미활용 자산인지를(물론 여기서 미충족 욕구는 교육, 대학입학이다) 창의적으로 발견해낼 수 있다면 활용도를 높일 수 있다.

창의성을 외치는 시대에 가장 창의적이지 못한 것이 2개 있다. 하나는 교육이고 다른 하나는 화폐다. 교육화폐는 이 2가지를 동시에 일깨운다. 만일 대학총장이 교육에 관심이 많고 탈러 아이디어에 동감하는 건설회사를 찾아낼 수 있다면, 탈러를 등록금으로 받아주는 대학의 건물을 싸게 지어줄 수 있다. 아니면 건설비의 30%를 탈러로 받아줄 수도 있다. 그렇다면 건설회사는 탈러를 어디에 쓸까? 초중고생 자녀를 가진 직원들이 많으니 이들에게 임금이나 상여금의 일부로 줄 수 있다. 직원들은 왜 현금 대신 탈러를 받을 인센티브가 있을까? 교환비율이 1:0.5이므로 현금 1,000달러 대신 교육화폐 2,000탈러를 받을 수 있다. 옷 사 입고 자동차 살 용도가 아니라 아이들 교육시킬 목적의 돈이라면 탈러나 달러나 차이가 거의 없다. 탈러가 교육생태계에서 광범위하게 쓰이고 금액도 2배이니 교육비 지출용이

[도표 26] 교육화폐의 순환

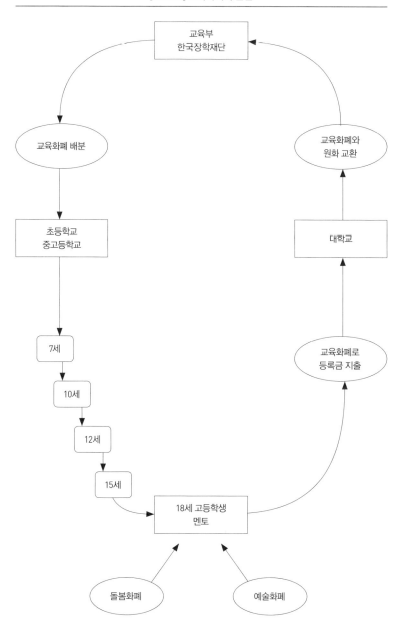

라면 탈러로 받는 데 거부감이 없다. 건설회사뿐 아니라 대학에 필요한 컴퓨터 등 기자재를 공급하는 회사에도 같은 논리가 적용될 수 있다. 결론은 교육화폐가 원활히 순환되면 일부 등록금을 탈러로 받아주어도 대학운영에 지장이 없다는 말이다.

교육화폐 탈러의 생태계 확장

탈러가 정착되고 수용도가 높아지면 탈러가 순환되는 생태계도 확장된다. 페어팩스 카운티에 도입되어 성공하면 버지니아주의 다른 카운티로 확대하고, 버지니아주를 넘어 미국 전체로 확대한다. 탈러를 벌 수 있는 일의 범위도 확대 가능하다. 단순이 저학년 후배뿐만이 아니라 동네 할아버지, 할머니를 대상으로 컴퓨터, 인터넷 등을 가르쳐줄 수 있다. 다음에 설명할 헬스케어화폐와의 연계운영도 가능하다. 이 경우는 보건복지부의 노인복지예산이 투입될 수도 있다. 가르침의 대상도 책 읽기, 운동, 컴퓨터 프로그래밍, 그림 그리기, 악기 다루기, 외국어, 식물 키우기, 요리 등 다양하게 확대할 수 있다. 얼굴을 마주보는 시간을 위주로 하지만 시간이 서로 맞지 않으면 인터넷을 통해 교육하면 된다. 한국에서는 중앙정부의 지원을 받는 국립대학이나 지방정부의 지원을 받는 시립대학 또는 도립대학부터 시작할 수 있다. 정부가 보유하고 있는 교육 관련 기금에서 일정 비율을 적용해 대학이 등록금으로 받은 교육화폐를 원화로 교환해주면 제도 정착과 활성화에 큰 도움이 될 것이다.

04

돌봄화폐, 예술화폐 그리고
먹을 수 있는 화폐

부채문제 해결책으로 제시된 보완적 화폐생태계 즉, 자체적인 목적과 순환경로를 갖는 화폐생태계는 교육에만 적용되는 것이 아니다. 사회가 직면한 문제에 따라 건강돌봄화폐, 예술화폐, 그리고 식품화폐 등을 설계할 수 있다.[9]

가족건강 돌보는 돌봄화폐(헬스케어화폐)

진효자 씨의 걱정을 해결해준 돌봄화폐

진효자 씨는 요새 걱정이 많다. 창원에 계신 부모님 때문이다. 두 분 모두 80대 중반의 고령이신데다가 아버지는 당뇨이고 어머니는 무릎과 허리가 부쩍 좋지 않아 돌봄 서비스(케어 서비스)가 필요하기 때문이다. 국가에서 제공하는 케어 서비스를 이용하지만, 어머니는 장애등급이 5급이고 1주일에 하루이틀 정도만 케어해주는 분이 방문해 돌보아주신다. 아버지는 그나마 장애판정을 받지 못해 케어 서비스를 받지 못한다. 돈이나 시간이 풍족하다면 문제해결이 수월하겠지만, 중소기업에 다니는 직장인이니 둘 다 부족한 형편이다.

그런데 정부가 '돌봄화폐'라는 새로운 화폐를 도입했다고 해서 기대가 크다. 한마디로 말해 내가 서울에서 나의 부모와 비슷한 상황에 있는 노인 분들을 돌보면 그 대가로 돌봄화폐를 받고, 이 돌봄화폐를 지불함으로써 창원에 계신 부모를 위해 그곳에서 건강돌봄 서비스를 구매할 수 있는 것이다. 중앙은행이 발행하는 원화를 사용하지 않고서도 말이다. 물론 돌봄화폐는 맥주를 사 먹거나 스마트폰을 살 수는 없고, 돌봄 서비스 용도로만 사용되는 목적지향적 보완화폐다. 이 화폐는 특히 고령화 사회에서 유용하다.

건강돌봄이 목적인 헬스케어화폐

이런 돌봄화폐는 일본에서 처음 창안되었고 지금도 활발히 사용되고 있다. FUREAI KIPPU(돌봄 티켓)가 대표적이다. 추토 무호타라는 은퇴한 대법원 판사가 1991년에 시작했다. 기본 아이디어는 교육화폐와 같다. 즉 미활용 자원을 미충족 욕구와 연결시키는 것이다. 돌봄 시스템은 노인들과 장애인을 위해 정부가 커버하지 못하는 역할을 수행할 수 있다. 노인과 함께 쇼핑하기, 운전해주기, 식사하기, 목욕시켜주기 등을 통해 돌봄 제공자들은 크레딧을 쌓고 이렇게 벌어들인 돌봄화폐를 자신 또는 가족의 건강 및 돌봄 관련 용도에 사용할 수 있다. 자신이 아플 때 돌봄 서비스를 받을 수도 있고, 멀리 떨어져 있는 부모들이 돌봄 서비스를 제공받을 수 있게 사용할 수도 있다. 돈 내고 서비스 받는 간병인보다 만족도가 높다. 서로 간의 관계가 비즈니스라기보다 인간적이고 친밀한 덕분이다.

돌봄 서비스 제공자도 번 돈으로 자동차를 사거나 옷을 살 수는 없고 자신이나 부모의 건강을 위해 사용해야 하기에 서로가 서로를 대하는 느낌이 다르다. 마치 자기 자신이나 부모, 친인척을 돌보듯이 한다. 세금을 올릴 필요도 없고 재정을 투입할 필요가 없으니 정부도 좋다. 스위스의 장크트갈렌 지역에서도 이런 돌봄 서비스를 도입하고 있다. 일본은 고령화와 노인 문제가 가장 심각하니 이런 독창석 아이디어가 나왔다. 이렇게 보면 한국은 교육문제와 남북문제가 가장 특별하고 동시에 심각하기 때문에 이 분야에서 독창적 화폐가 만들어질 수 있지 않을까?

미국이라면 이런 돌봄화폐를 할러라고 부를 수 있겠다. 할러holler는 건강health과 달러dollar를 합한 말이다. 탈러와 같은 특수목적 화폐인데, 교육이 목적이 아니라 건강돌봄이 목적이다. 만일 교육목적 화폐인 탈러의 생태계가 자리 잡고, 헬스케어가 목적인 할러의 생태계도 자리 잡으면 탈러와 할러의 교환을 가능하게 함으로써 목적화폐의 생태계를 확장할 수도 있다.

피카소와 예술화폐

예술생태계에서 순환되는 예술화폐

예술이 중요한 이유는 그 자유로움 때문이다. 시공을 초월해 고

정관념이란 중력을 벗어나 상상의 나래를 훨훨 펼쳐내는 능력, 다름과 닮음을 가르고 원형을 투시해내는 능력 그리고 그것을 자연스럽고 아름답게 표현하는 능력이야말로 이 시대가 예술에게서 배워야 할 능력이다. 과학과 기술의 발전도 당연히 중요하지만 이와 더불어 세계적으로도 인정받는 창의적인 예술가가 한국에서도 많이 배출되었으면 하는 바람이다.

그런데 현실 세계에서 예술가의 성공은 불확실성이 지극히 높다. 그래서 하고 싶고 능력이 있어도 언뜻 전공하기가 쉽지 않다. 오죽했으면 한 세대 전만 해도 미술하면 밥 굶기 쉽다고 자식들의 미술 전공을 말리는 부모들이 대다수였을까? 지금은 예술이 각광받는 시대가 되었지만, 예술을 전공하려는 학생들이 공부를 계속하고 예술가들이 원하는 자금을 조달하기가 쉽지 않다. 더 정확히 표현하면, 예술가가 부채를 통해 자금을 조달하기가 쉽지 않다는 말이다. 유명 화가가 되기 전까지는 어려움을 겪는 경우가 많고, 심지어 먹고살기 위해 전공을 바꾸기도 한다. 피카소Pablo Picasso나 달리Salvador Dali 정도 되면 너도나도 돈 빌려주겠다고 나서겠지만 이런 유명 화가들은 부채를 사용할 필요가 없다.

돈 걱정 없이 창조적 작업에 몰두할 수 있으면 얼마나 좋을까? **생각의 틀을 바꾸어 '돈' 자체를 새롭게 재정의하면 된다.** 중앙은행이 찍어내고 은행이 창조하는 법정화폐가 아니라 예술생태계 내에서 순환되는 예술화폐art money 말이다. 예술이란 분야의 특이성이나 고도의 창의성을 고려할 때, 화폐 또한 창의적인 예술화폐가 고안되어 활용되고 순환되면 예술발전에 지대한 공헌을 할 것이다. 예술뿐 아니라 예술화폐에서도 새로운 아이디어, 즉 창의력이 필요하다. 예술화폐는 사람들이 음악, 미술, 영화, 연극, 오페라 같은 수업을 수강하거나(이 경우는 예술화폐가 교육화폐로 된다) 이런 행사의 티켓을 구매할 때도 활용된다. 그리고 예술 분야를 전공으로 하는 학생들을 멘토링하는 방법 등을 통해 벌 수도 있다. 도전적 정책이긴 하지만 서울시를 비롯한 각 지방자치단체가 예술화폐를 세금이나 수수료 등으로 받아주면 예술화폐는 쉽게 정착될 수 있다. 예술화폐뿐만이 아니다. 각 지방자치단체가 교육이든 건강돌봄이든 활성화하고자 하는 분야를 정해 목적화폐화하는 시도가 필요하다.

예술화폐의 작동메커니즘: 차예슬의 르네상스 미술 전공

이제 예술화폐의 작동메커니즘을 살펴보자. 차예슬은 고등학교 1학년이다. 앞으로 대학에 가서 르네상스 미술을 전공하고 그림을 그리고 싶어 한다. 피렌체에 가서 르네상스 작품들을 실제로 보고 공부하는 게 꿈이다. 우선 예슬이를 멘토링해줄 멘토를 구하는 게 첫 단계다. 멘토는 예술화폐를 통해 보상받으므로 르네상스 예술을 공부하는 대학생, 전직 교수나 선생님 등 다양한 후보자가 나설 수 있다. 예슬이는 멘토에게 지불할 예술화폐를 벌기 위해 일을 해야 한다. 지방자치단체가 지정한 극장에서 안내원 역할을 할 수도 있고, 더 어린 학생들의 미술지도를 할 수도 있고, 지방자치단체가 만드는 포스터 제작에 보조원으로 참석할 수도 있다. 이렇게 획득한 예술화폐를 통해 르네상스 예술을 지도해줄 멘토를 찾거나, 교육화폐에서 언급한 것처럼 미술대학에 진학할 때 등록금으로 사용할 수 있다.

피카소와 예술가지폐

위싱턴주 시애틀에 사는 그레이Joseph Gray와 넬슨Peter Nelson은 '예술가지폐The United Artists Reserve Note'를 창안해냈다. 이 지폐의 특징은 한쪽 면은 인쇄가 되어 있는데 다른 한쪽은 아무런 인쇄 없이 텅 비어 있다는 점이다. 이 지폐는 예술가들에게 지불되고 예술가들이 텅 빈 지면을 예술작품으로 채운다. 그러면 예술품의 가치가 각 지폐의 가치를 결정하게 된다. 이 예술화폐는 피카소의 에피소드에서 영감을 얻어 만들어졌다. 하루는 피카소가 넬슨 록펠러Nelson Rockefeller와 포 시즌Four Season 호텔에서 점심식사를 했다. 넬슨 록펠러는 뉴욕 주지사를 오랫동안 역임했고 나중에 부통령까지 역임한 인물이다. 포 시즌 호텔은 지금도 매우 비싼 호텔이지만 피카소가 활동하던 1900년대 초중반 당시에는 더욱 그러했다.

식사를 마치고 계산을 하려는 록펠러를 만류하던 피카소는 피카소다운 제안을 했다. 식사값이 계산된 영수증에 직접 간단한 그림을 그리고 사인을 한 후 지배인에게 주자는 것이다. 식사값이 얼마인지는 밝혀지지 않았지만 지배인은 당연히 피카소 그림이 그려진 영수증을 받았다. 식사값이 아무리 많이 나왔어도 피카소가 그림을 그리고 서명한 영수증이 최소한 10배의 가치는 더 있었을 것이다. 줄리안 파케트Julienne Paquette가 1994년부터 시작한 '흐르는 돈Fluxus Bucks' 운동도 예술화폐의 일종이다. 우편엽서, 편지, 카드 등에 작품을 그리는 우편예술가Mail Artist들 사이에서 화폐처럼 사용된다.

먹을 수 있는 화폐와 실업대책[10]

음식을 나누는 것은 음식을 다른 사람의 위에 저장하는 것

화폐는 곧 세계관이다. 어떤 화폐를 사용하느냐는 곧 어떤 방식으로 세상을 바라보느냐와 직결된다. 세상에는 화폐화해야 할 것이 있고 하지 말아야 할 것이 있다. 동물은 사고팔아도 사람을 사고팔수는 없다. 불법 여부를 떠나서 말이다. 세상에는 공동체가 나누어 가져야 할 것이 있고 상품화해야 할 것이 따로 있다. 먹고사는 데 필수인 식량은 상품화의 부작용이 크다.

사냥을 통해 먹고살던 시기에는 사냥을 하면 모두가 나누어 먹는 것이 일반적이고 당연한 생활방식이었다. 사냥이라는 것 자체가 워낙 불확실성이 크다는 데 이유가 있다. 오늘의 사냥 성공이 내일의 성공을 보장하지 못하고 오늘은 내가 성공하지만 내일은 다른 사람이 성공할 수 있기 때문이다. 더불어 냉장고가 없던 시절이니 내가 먹고 남은 것을 마땅히 저장할 곳이 없었다. **냉장고가 없으니 다른 사람의 위 속에, 보다 정확히는 다른 사람의 뇌(기억) 속에 저장해놓는 것이 최선의 저장방식이었으리라.** 그러던 것이 인류가 농경을 통해 정착하면서부터 식량은 나누는 대상이 아니라 저장하고 축적하는 수단이 되어버렸다. 현대에 와서도 도시화, 아파트화를 거치면서 음식의 자급자족은 먼 옛날이야기가 되어버렸다. 먹고 사는 음식물도 거래의 대상이 되었고 돈이 있어야 살 수 있으니 음식물 가격이 급등하면 배고파질 수밖에 없다. 예전처럼 스스로 재배하는 농작물도 없고 저장창고도 없기 때문이다

집에서 기른 닭이 낳은 유정란 먹던 시대가 그립다

한국에서는 1960년대까지만 해도 심지어 서울에서도 집 안에서 닭을 기르고 채소를 심고 포도나무를 키우고 텃밭에 감자를 심었다. 쌀만 없었지 대충 먹고살 것이 집 마당에서 생산되었다. 서울에서 태어나 자란 나도 생생하게 기억한다. 어렸을 때 새벽에 닭 우는 소리, 할머니가 방금 나온 유정란이라며 달걀을 프라이해주셨던 기억이 생생하다. 마당에 심은 포도나무에서 포도를 따 먹고 해바라기씨도 까먹었다. 이런 시대였으면 얼마 전 대한민국을 충격에 빠뜨렸던 '살충제 달걀 사태'도 애초에 없었을 것이다.

브레튼우즈체제 붕괴와 농산물의 화폐화

미국에는 철강 벨트rust belt 이전에 곡물 벨트grain belt가 있었다. 닉슨 대통령이 1971년 금과 달러와의 연계를 완전히 끊어 브레튼우즈체제Bretton Woods System: BWS가 붕괴될 때 우려한 것은 미국 내 인플레이션이었다. 그래서 동시에 시행한 정책이 임금과 물가통제다. 이로 인해 가장 피해를 본 섹터는 농산물을 재배하고 가축을 기르는 농가였다. 농산물가격이 원가에도 미치지 못하자 밀, 옥수수, 쌀 등을 불태웠고 그 틈새를 비집고 들어온 것이 바로 대형농산물기업들이었다. 어려움을 겪는 농가의 농지를 사들이고 기계와 비료를 통해 대량생산함으로써 곡물 벨트에 속한 주의 농가들은 농업을 포기할 수밖에 없었다. 그리고 농산물은 '화폐화'된다. 화폐가 있어야 사 먹을 수 있다는 말이다. 달러와 금의 관계를 끊은 닉슨의 정책은, 농산물가격 통제정책과 더불어 시행됨으로써 농산물생산 시스템에 일대 변혁을 가져온다. 초대형농산물기업들은 은행에서 조달한 부채로 대형화를 이룬다. 그 과정에서 지역 특성을 반영해 지역 기반을 가졌던 나눔을 바탕으로 한 지분적 성격의 농산물생산 시스템은 붕괴했다.

먹을 수 있는 식품화폐

식품화폐food currency란 우리가 먹을 수 있는 식량에 의해 담보된, 즉 우리가 원하면 언제나 식량으로 바꿀 수 있는 화폐다. 그래서 '**먹을 수 있는 화폐**money you can eat'라고도 한다. 1739년 미국 사우스캐롤라이나주에서는 쌀로 세금을 내는 게 허용됐고 쌀에 대한 청구권은, 지금으로 치면 지폐처럼 통용됐다.

280여 년이 지난 지금, 이것이 북부 캘리포니아에 위치한 윌리츠 시에서 '멘도 크레딧Mendo Credits'이라는 식품화폐로 부활했다. 금이나 신용에 의해 뒷받침되는 화폐가 아니라 그 지역에 위치한 곡물창고에 있는 쌀, 콩 등의 곡물에 의해 뒷받침되는 화폐다. 그 지역 상점들에서 마치 달러처럼 통용된다. 식품화폐는 지역농가에게, 일반화폐와 달리 부채에 의존하지 않는 소득을 제공한다는 점에서 큰 의미가 있다. 전 세계적 생산 및 공급사슬 속에 포함되어 상품화되어버린 농산물과는 달리, 특정지역의 인적 및 물적 자원에 더 크게 의존하는 식품생산 시스템이다.

식품화폐가 가장 성공적으로 운영되는 곳은 미국 북동부 맨 위에 위치한 버몬트주다. 2008년 버몬트주의 주도인 몬트필리어에서 버몬트중앙식품위원회가 발족해 식품화폐를 발행했다. 이 식품화폐로 농산물 원료비를 지불하고 밭과 농장의 임금도 지불한다. 주정부 주도로 식품의 저장, 유통, 가공과정에서 식품화폐가 지역경제에 순환될 수 있도록 정책적 지원을 제공한다. 식품화폐가 성공하기 위해서는 농가, 상점, 식당, 식품가공업자, 창고 및 저장업자들 간에 식품화폐가 원활히 순환될 수 있는 순환경로가 구축되어야 한다. 무엇보다 주민들이 언제든 원하면 식품으로 교환할 수 있다는 확신을 가질 수 있어야 한다. WIR 시스템처럼 생산자, 유통업자 그리고 소비자들이 믿고 거래할 수 있도록 별도의 인터넷 대차 시스템을 갖추고 있다.

식품화폐는 혁신적 실업대책

실업이 문제가 되는 이유는, 생활을 위해 필요한 돈을 벌지 못하기 때문이다. 실업의 원인은 다양하다. 기술발전, 경기침체, 기업수익감소 등 원인이 많겠지만, 파고 들어가면 결국 일자리를 원하는 사람들에게 지불할 돈이 부족하기 때문이다. 여기서 돈이란 바로 현재 통화 시스템하에서 중앙은행에 의해 발행되고 은행에 의해 신용창조된 화폐다. 한국이라면 원화, 미국이라면 달러화, 일본이라면 엔화가 부족해서 실업이 발생한다. 사실 돈이 부족하다기보다 제대로 순환되지 않아 필요한 곳으로 흐르지 못하기 때문이다.

정부에 따라, 경제학자에 따라 실업대책이 다양하지만 변하지 않는 전제가 하나 있다. 반드시 중앙은행이 발행한 법정화폐를 중심에 놓아야 한다는 것이다. 즉 임금이나 종업원의 소득을 다른 보완화폐의 관점에서 생각하는 경우는 없다. 왜 화폐에 관한 한 혁신이 없는지, 왜 실업문제를 푸는 데 기존 화폐만 고집하는지, 이제는 생각의 틀을 넓혀야 한다. 화폐가 법정화폐에 국한되지 않고 식품화폐처럼 특정 섹터나 커뮤니티 안에서 새롭게 정의되면 실업 문제도 해결의 실마리를 찾을 수 있다. 식품화폐가 통용된다면, 농가나 식품업 종사자들은 원화임금 외에 또 다른 수익을 올릴 수 있다. 식품가공업, 식료품상점, 식당의 경우에는 원화가 필요하지 않는 식품화폐를 사용해 원재료를 구매함으로써, 굳이 원화로 치면 값이 싸다는 이유만으로 수입품을 구매하지 않아도 된다. 원화가 아닌 다른 식품화폐로 지불가능하기 때문이다. 그리고 이 화폐는 부족하지 않고 풍부하다는 장점이 있다.

여기에 더해 아이들 교육비를 교육화폐로 충당할 수 있고, 고령화와 건강문제를 돌봄화폐로 조달할 수 있다면, 크게 돈(법정화폐) 들어가는 곳이 확 준다. **웬만한 경기침체나 실업에도 견딜 수 있는 기반이 생긴다.** 이 정도 수준까지 교육화폐, 돌봄화폐, 식품화폐가 활성화되려면 시간이 걸리겠지만, **이 같은 화폐생태계의 다변화**는 반드시 추진되어야 할 미래를 위한 정책방향이다.

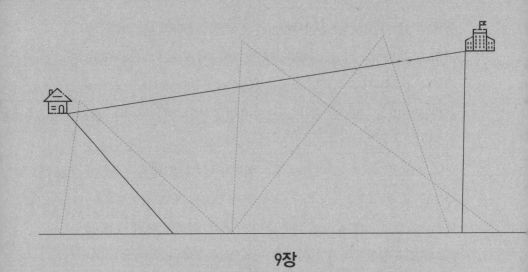

9장

왜 국가주식은
없을까?

01

국가주식은 외계에서 온 괴물인가?

부채가 어느 정도 빡빡해야 적절한가?

부채가 과도해지고 부채문제가 극단적으로 복잡해져 풀기 어려워지면 한 발짝 뒤로 물러서서 문제를 새롭게 정의해볼 필요가 있다. 문제를 새롭게 정의하는 출발점은 새로운 질문을 던지는 것이다. 잘못된 질문에 대해 아무리 정답을 찾아본들 문제해결에 도움이 되지 않기 때문이다. 우리는 현재 **'부채가 어느 정도 되어야 과도한 것인가?'**라는 질문에 집착하고 있다. 이 문제가 중요하지 않다는 말이 아니다. 하지만 여기에만 집착하면 현재 부채수준이 높으니 낮으니, 여유가 있으니 없으니 같은 이슈에만 매달리게 된다.

결론부터 말하자. 부채문제를 바라보는 새로운 질문은 **'부채가 어느 정도 빡빡해야 적절한가?'**이다. '어느 정도'라는 부채의 양이 아니라

'어느 정도의 **빡빡함**'이라는 부채의 융통성에 관한 질문이다. 부채의 본질에 관한 질문이기도 하다. 빡빡함은, 경제상황이 좋든 나쁘든, 소득이 많든 적든 상황에 관계없이 고정된 금액을 갚아야 한다는 의미다. 전문용어를 써서 표현하면 '상환의 의무성' 또는 '융통성 없음'을 뜻한다. 그리고 명심해야 할 것은, **빡빡함의 최적수준은 역사를 거치면서 변해왔다**는 사실이다.

'부채가 어느 정도 되어야 과도한가?'라는 질문과 관련해 가장 중요한 개념은 '부채수용력'이다. 부채수용력은 가계, 기업, 정부를 구분해 부문별로 생각할 수도 있고 경제 전체의 총부채수용력을 생각할 수도 있다. 부채수용력과 관련된 또 다른 중요한 개념은 '부채총량불변의 법칙'이다. 얼핏 보면 부채가 사라진 것 같으나 부채는 없어지지 않는다. 이름과 부담주체를 바꾸어 경제의 다른 곳에 계속 존재하기 마련이다. 2가지 개념이 전제되어야 '부채가 어느 정도 되어야 과도한가?'라는 질문에 답할 수 있다.

부채수용력과 부채총량불변의 법칙을 합해서 생각해보면 다음과 같은 결론이 나온다. 가계부채든 기업부채든 없어지지 않고 정부가 부담하는 것까지는 좋은데, **정부의 부채수용력에 명확한 한계가 존재**한다는 것이다. 즉, 정부가 자기부담으로 전환시켜 부담할 수 있는 부채수준에는 한계가 있다. 최종부채부담자 즉 최종위험부담자로서의 정부도 무한히 국채를 발행할 수는 없다는 이야기다. 부채수용력을 초과하는 국채발행은 국가신용등급을 하락시키고 안전자산이었던 국채를 위험자산으로 전락시킨다. 몰라서든 아니면 알기는 하는데 '뭔 일이야 있겠어?'라는 방만한 생각에서든 이 한계점을 넘으면 국가경제가 치명적 위기를 맞게 된다. 그리스 위기처럼 말이다. 물론 소득을 높이면 부채를 갚을 수 있지만, 작금의 부채는 가계든 정부든 소득이 부족해서 생긴 부채가 대부분이다. 따라서 소득을 올리는 것은 정책목표는 될지언정 부채를 줄이기 위한 정책수단이 되기 어렵다.

국가주식과 국가부채는 친구

이 단계에 이르면 정부는 3가지 중 하나를 선택해야 한다. 첫째는 '갈 때까지 가보자'는 생각으로 학자금이든 기업부채든 정부부채든 그냥 계속 부채를 공급해주는 것이다. 치료는 하지 않고 진통제만 주는 식이다. 경제가 붕괴하는 지름길이다. 이런 무책임한 정부는 정부로서의 존재가치가 없다. 둘째는 알렉산더대왕의 매듭 끊기처럼, 단호함을 앞세워 법대로 원칙대로 자금공급을 끊는 것이다. 돈 못 갚는 개인은 신용불량자로 만들고 부실기업을 파산시키는 것이다. 이 또한 무책임하고 무식한 정책이다. 셋째는 전통적인 부채 차원을 넘어 해결방안을 모색하는 것인데 바로 9장의 주제다.

부채수용력을 늘릴 수만 있다면 아무런 문제없이 부채를 더 사용할 수 있는데 그것이 한계에 다다랐으니 새로운 차원의 정책이 필요하다. **'부채가 어느 정도 빡빡해야 적절한가'**라는 새로운 질문이 그 출발점이다. 이 질문의 해답을 찾다 보면, 자연스럽게 학자금지분이나 국가지분government equity 같은 융통성 있고 민감한 지분형 자금조달수단에 다다르게 된다. 부채수용력 결정요인을 논하는 6장에서 설명한 바 있지만, 부채가 부실화되었을 때 이를 지분으로 전환할 수 있는 메커니즘의 존재는 역으로 부채수용력 자체도 높여준다. 부채와 주식은 적이 아니라 친구다. **기업주식이 기업의 부채수용력을 늘리듯이, 국가주식은 국가부채의 수용력을 늘리고 학자금지분은 학자금부채의 수용력을 늘린다.**

기업 같으면 부채를 줄이는 효과적인 방법의 하나로 부채—주식교환 또는 출자전환을 많이 활용한다. 부채와 주식을 교환하려면 주식이 있어야 한다. 정부는 국채란 형태로 부채는 발행하지만 주식이나 지분 형태의 '국가주식'을 발행하지 않는다. 아예 그런 개념이 없다. '국가주식'이라고 하면 일단 거부감부터 들기 쉽다. '국가도 기업처럼 거래한다는 말인가?' 하는 의구심 때문이다. 이런 오해는 주식을 기업의 주식으로 좁게 해석해서 생긴다. 국가주식에서 주식은 기업주식이 아니다. 상황에 따라, 성과에 따라 상환액이 조정되는 상태의존적 계약을 뜻한다. 빡빡함이 본질인 전통적 부채와 달리 상황에 따른 융통성이 있다는 의미다. 주식보다 지분이라고 이해하면 쉽다. 부채의 틀 속에서 생각하면 융통성이 증가한 상태의존적 부채라고 생각할 수도 있다. 지분의 특성은 위험과 수익을 같이 '나누어' 소유하는 것이다. 주식도 일종의 지분이지만 매우 특수한 지분이다. 국가지분이란 말이 더 정확한데, 지분이란 말이 생경하게 들릴 수 있어 국가주식이란 용어도 함께 사용한다. 학자금지분과 국가지분은 기업주식과는 달리 경제적 성과 즉 소득에 대해서만 권한이 있지 기업주식처럼 투표권과 의사결정권은 부여하지 않는다. 사실 이름은 무엇이라도 좋다. 빡빡하고 고정적이고 둔감한 부채가 아니라 융통성 있고 민감한 그 무엇이라고 생각하면 된다.

국가주식은 '오래된 미래'

아무리 찾아봐도 지금 세계 어디에도 국가주식은 없다. 그렇다면 과거에도 없었을까? 아니면 과거에는 있었는데 없어졌을까? 과거에 존재했다면 어떤 요인이 이를 탄생시켰을까? 흥미로운 주제가 아닐 수 없다. 결론부터 이야기하면, 과거에는 있었다. 정확히는 '국가 내 국가' 주식이다. 더 놀라운 사실은, 국가부채문제가 심각해졌을 때 국가주식을 발행하고 부채를 국가주식으로 전환시켜 문제해결을 도모했다는 점이다. 부채-주식교환은 기업구조조정을 원활히 하기 위해 최근에야 생겨난 것인 줄 알았는데 그렇지 않다.

레오나르도 다빈치의 헬리콥터 설계도와 탱크 설계도를 보면 충격을 받지 않을 수 없듯이, 15세기 제노바의 국가주식도 충격적이다. 700년 전 사람들이 결코 지금 사람들보다 머리가 나쁘지 않다. 그때 사람들과 지금 사람들은 뇌의 크기에 차이가 없다. 진화의 관점에서 700년은 짧은 시간이다. 고민한 사항들도 지금과 비슷하다. 다만 용어가 다르고 시대적·정치적·경제적 상황에 차이가 있을 뿐이다. 최소한 18세기 영국이나 프랑스에는 국가주식과 유사한 것이 있었다는 기록이 있는데, 이들도 몇 백 년 전 제노바 사람들에게서 배웠을 가능성이 높다.

이 장에서는 제노바를 시작으로, 영국의 명예혁명과 영란은행, 프랑스혁명과 미시시피회사, 미국의 초대 재무부장관 알렉산더 해밀턴이 과연 어떻게 혁신적으로 부채문제를 해결하려 했는지를 살펴본다. 몇 백 년 전 일이지만 현재의 부채문제 해결에도 유용한 시각을 제시해준다. 부채문제를 보더라도 역사는 순환한다. "인간이란 존재는 참 희한해서 동일한 상황이 오면 과거에 행한 실수를 그대로 반복한다. 그것도 빠짐없이 말이다." 르네상스시대에는 레오나르도 다빈치나 미켈란젤로 같은 예술가들만 탁월한 줄 알았는데, 경제나 금융에도 기발한 아이디어가 많았다. 자, 이제 겸손하게 자세를 낮추고 700년 전 선인들에게서 한 수 배우자. **"현재와 과거가 친하면 미래가 편해진다."** 국가주식은 『예술과 경제를 움직이는 다섯 가지 힘』에서 말한 '오래된 미래'가 경제에 구현된 대표적 예다.

02

제노바의 국가주식:
'제노바 내의 제노바' 산 조르지오 은행

패권국 성패를 가르는 국가부채관리

중세 이후 이탈리아는 도시국가들을 중심으로 발전했다. 피렌체는 메디치가를 중심으로 르네상스를 주도하였고, 베네치아는 동부 지중해와 아드리아 해안을 지배하며 동방무역을 바탕으로 해상제국을 건설하였다. 베네치아 화풍으로 알려진 색조 중심의 화풍은 르네상스 이후 바로크 시대를 풍미하였다. 상대적으로 우리에게 덜 알려져 있지만 지중해 해상권을 놓고 베네치아와 치열한 경쟁을 벌인 도시국가가 제노바다.

장화 모양으로 길쭉하게 남북으로 뻗은 이탈리아반도의 서쪽 위에 위치한 제노바는, 반대쪽 동쪽 위에 위치한 베니스와 해상무역권을 놓고 수세기 동안 치열하게 경쟁했다. 포르투갈과 스페인에 의해 대서양항로가 개척되기 이전에는, 동방으로부터 수입되는 향신료 등의 인기품목들이 지금의 중동과 터키를 통과하는 육로를 거쳐 동부지중해로 유입되었다. 베네치아는 동쪽에 위치해 콘스탄티노플을 위시한 동방에 더 가까웠으나, 제노바는 최종 소비지인 프랑스, 영국, 스페인, 포르투갈 등으로 통하는 길목을 장악하고 있었다. 베네치아와 제노바는 한쪽이 다른 한쪽을 일방적으로 압도하지 못하고 서로 장단점이 있었기에 운명적인 경쟁자일 수밖에 없었다. 사실 해군력, 외교력, 식민지, 무역기술 측면에서는 베네치아가 앞서 있었다. 하지만 제노바는 국가부채관리 혁신을 바탕으로 베네치아와 끝까지 경쟁할 수 있었다.

제노바공화국은 베네치아와의 전쟁 그리고 무역경쟁과정에서 그 재원을 마련하기 위해 많은 빚을 지게 되었다. 국가부채가 과다했다는 말이다. 후대에 영국, 프랑스, 미국도 마찬가지였다. **역사적으로 보면 국가부채문제를 슬기롭게 해결한 국가는 패권국이 되었고 그렇지 못한 국가는 몰락했다.** 제노바공화국은 절대군주가 존재하지 않는 도시국가여서 상대적으로 시민들의 자유와 자립성이 강했다. 베네치아와 마찬가지로 주로 상업에 종사하는 사람들로 구성되어 있어서, 생각이 진보적이고 간섭받는 것을 싫어했다. 제노바 사람들은 세금을 내는 것은 마치 노예나 중세시대 농노와 같다고 생각했다. 그럴 바에는 시민들 스스로가 군주로 대변되는 정부에 돈을 빌려주는 것이 낫다고 생각했다. 당시 군주의 자금조달은 거의 100% 전쟁용이었다. 말이 채권이요 부채지 군주가 기분에 따라 갚을지, 얼마를 갚을지를 결정했다. 군주의 자의적 결정에 따라 상환 여부가 결정되는 상태의존적 부채였다. 빡빡함을 특징으로 하는 지금의 상태독립적 부채와는 거리가 멀었다. 상환에 융통성이 있다는 긍정적 표현보다 상환해도 그만, 안 해도 그만이었다고 표현하는 게 부정적 뉘앙스를 적절히 살릴 수 있겠다. 여기서 상태란 군주의 재정상태, 전쟁결과 같은 객관적 상태일 수 있으나 군주의 기분, 부부싸움 여부 같은 주관적인 상태도 많았다. 다시 말해 전쟁에 지거나 군주의 심기가 불편하면 부채를 상환을 받지 못하기 일쑤였다.

시민들은 강제 징수된 세금보다 낫다고 생각했다. 그때나 지금이나 좋고 나쁨은 무엇과 비교하느냐에 달렸다. 당시의 부채를 강제적인 세금에 대비하여 자발적 부채라고 불렀다. 세금처럼 의무적이요 강제적인 것이 아니라 시민들 스스로가 왕에게 빌려주었다는 뜻이니 자발적 빌려주기라고 해석해도 되겠다. 현대를 사는 우리가 보면 부채가 자발적이라는 게 이상하게 들릴 수도 있지만, 15세기 당시로서는 강제적 세금과 비교해볼 때 시민 자유의 증대요, 사회의 발전을 의미했다.

국가부채를 넘어 국가주식으로

베네치아와의 전쟁이 끊임없이 지속되면서 제노바의 국가부채도 계속 증가했다. 제노바경제가 감당할 수 있는 수준을 넘어선 것이다. 이에 비해 베네치아는 식민지도 많고 무역거래량과 품목도 월등해 자금조달에 큰 문제가 없었다. 동시에 베네치아 화폐 두캇은 당시 국제통화로서 지금으로 치면 지중해연안에서 달러 같은 역할을 했다. 6장에서 다룬 부채수용력 관점에서 보면 베네치아는 제노바보다 훨씬 큰 부채수용력을 가지고 있었다. 부채수용력 결정요인을 보면 차이가 명확하다.

지속적인 무역확대를 통해 경제성장률이 높았고, 무역품목이 다양해 경상수지 원천이 다양했고, 해양식민지가 각지에 퍼져 있어서 지금으로 치면 산업이 다변화되어 있었던 것이다. 이 모든 요인이 베네치아의 부채수용력을 높였다. 제노바는 그렇지 못했다. 대부분의 부채수용력 결정요인이 베네치아보다 떨어져서 감당할 수 있는 부채가 작을 수밖에 없었다. 그 당시에 부채수용력이란 개념이 있었는지는 모르겠지만, 제노바인들은 본능적으로 부채발행이 어려워졌음을 느꼈다. 부채를 사용하면 경제 시스템이 붕괴할 것이 명백했다. 아무리 자발적이더라도 시민들이 왕에게 끝없이 돈을 빌려줘야 한다면 제노바의 경제 시스템은 유지될 수 없었다.

자, 만일 당신이 제노바의 지도자라면 이 난국을 어떻게 타개할 것인가? 약 700년 전 당시의 경제성장은 전쟁에 크게 의존했고, 전쟁은 전쟁자금조달에 절대적으로 의존했으며, 그 자금이란 부채를 의미했다. 그런데 사용할 수 있는 부채수준 즉 부채수용력이 경쟁국에 뒤지는 상황이라면 당신은 이 문제를 어떻게 해결하겠는가? 쉽게 생각해보자. 만일 당신이 박지성과 내기를 하는데 축구실력으로 승패를 가른다면 백전백패할 것이다. 무언가 축구가 아닌 것을 택해야 한다. 제노바도 마찬가지였다. **그것이 무엇이든 부채를 뛰어넘어야 했다.** 이때 제노바 사람들은 고심 끝에 기발한 아이디어를 찾아냈다. 제노바는 부채수용력이 작아 부채에만 매달리면 베네치아에 경쟁이 안 되기 때문에 수용력이란 한계가 없는 지분 즉 주식을 활용하기 시작한 것이다.

'국가 내 국가' 산 조르지오 은행 그리고 국가주식

　제노바를 대표하는 스피놀라 가문이 앞장을 섰다. 구체적 스토리는 1장에서 설명했지만 한 번 더 요약한다. 1407년 제노바는 도시 상인이 중심이 되어 국가의 부채를 혁신적으로 관리하는 기관을 설립했다. 바로 '산 조르지오 은행'이다. 현대적 의미의 은행이라기보다 국가부채를 관리하는 기관으로 이해하는 게 적절하다. 기본구조는 이렇다. 8명의 관리자protectors가 임명되어 제노바의 모든 부채를 산 조르지오 은행에 모은다. 더 중요한 것은 다음이다. 산 조르지오 은행에 세금을 거둘 수 있는 징세권, 소금판매 독점권, 키프로스나 코르시카섬 같은 해외 식민지 경영권, 흑해 무역권을 부여한다. 현대적 관점에서 보면 모두 국가가 해야 할 업무들이다. 심지어 탈세자를 고문할 수 있는 권한도 주어졌다. 『군주론』을 쓴 마키아벨리는 이처럼 독특한 산 조르지오 은행을 '국가 내 국가'라고 불렀다. 정말 기발한 표현이다.

　제노바의 '국가 내 국가'는 일종의 지분을 발행했다. 이 지분을 중세로부터 내려온 최상위 귀족과 최하위 도시빈민을 제외한 1만 1,000명 정도의 제노바 시민들이 나누어 가졌다. 주식회사가 탄생되기 수백 년 전 일이지만 제노바 시민들은 '국가 내 국가'에 대한 지분을 보유한 지분소유자로서, '국가 내 국가'가 독점적 특혜와 다양한 비즈니스를 통해 창출하는 이익을 향유한 것이다. 결국 국가주식을 가졌다고 생각해도 좋다. 다시 말해, 제노바의 시민들은 국가가 발행한 부채 즉 국채를 보유함과 동시에 국가가 발행한 주식도 보유하게 되었다. 채권자인 동시에 주주가 된 것이다. 채권자이며 주주면 어떤 이점이 있을까? 제노바 시민들 입장에서 보면, 설령 제노바 국가부채가 부실화되어 채권자로서 손해를 본다 해도 산 조르지오 은행이 보유한 독점적 사업권이 워낙 수익성이 좋아서 그 주식을 통해 만회가 가능했다. 그런 기대가 있으니 계속 국가에 돈을 빌려줄 인센티브가 생겼다. 채권자인 동시에 주주이면 채권자와 주주 간의 이해상충 문제도 자연스럽게 해결할 수 있다. 결과적으로 제노바는, 시민들이 그토록 혐오했던 세금을 늘리지 않고 지속적으로 국가경영을 위해 자금을 빌릴 수 있었다. **거의 국가와 유사한 '국가 내 국가'를 설립하고 이것이 창출하는 이익을 표창하는 지분(주식)을 발행함으로써 부채수용력의 한계를 극복한 것이다.**

15세기 초 제노바에서 시작된 '국가 내 국가'의 주식 개념, 부채의 주식으로의 전환, 그리고 부채와 주식의 동시 보유는 역사적으로 어떻게 변형되고 구현되어왔을까? 몇 백 년 뒤에 나오는 영국의 영란은행이나 프랑스의 미시시피회사도 제노바의 '국가 내 국가' 모델에서 아이디어를 얻은 것으로 생각된다. 제노바가 처절하게 고민한 것처럼 작금의 과도부채와 정부부채수용력 소진이 정말 심각한 문제라면 **국가주식을 현대적 상황에 맞게 부활시키는 것이 혁신적 해결책**일 수 있다. 가계부채 차원에서 학자금부채의 한계를 극복하는 대안으로 학자금지분이 새롭게 부각되듯이 말이다.

03

프랑스의 국가주식:
'프랑스 내의 프랑스' 미시시피회사

루이 14세의 과도한 국가부채와 존 로의 기발한 해결책

17세기와 18세기에 걸쳐 프랑스는 거의 매일 전쟁을 치렀다. 현대로 치면 매일 공장이 돌아가고 있는 것과 같다. 전쟁을 치르려면 무엇보다 자금이 필요하다. 특히 태양왕이라 일컬음을 받았던 루이 14세 시기에는 영토 확대 전쟁에 더욱 몰두하였음은 물론이고, 베르사유 궁전을 비롯해 화려한 궁전건축에도 재정을 쏟아부었다. 국가재정이 고갈되고 국가부채는 감당할 수준을 넘어선 이유다. 72년간 왕위에 있었던 루이 14세가 1715년에 사망하자, 조카였던 필립 공이 프랑스를 섭정하게 된다. 최우선 경제정책은 국가재정을 회복하는 것이었다. 이때 등장한 사람이 필립 오를레앙 공을 도와 프랑스 국가부채문제를 혁신하려 했던 스코틀랜드 출신의 존 로John Law

다. 비슷한 시기에 영국은 영란은행 혁신을 통해 어려움을 성공적으로 극복했으나 프랑스는 그렇지 못했다. 금이나 은을 기준으로 한 통화정책을 고수함으로써 경제 전반에 통화량이 부족했고, 더 심각한 문제는 과도한 국가부채였다. 로는 당시 국가부채 규모가 프랑스 경제규모 그리고 세수기반으로 감당할 수 있는 수준을 이미 넘어섰다고 판단했다. '부채수용력'을 초과했다는 말이다. 무언가 판을 뒤집는 일대 혁신 없이는 문제해결이 불가능한 상황이었다. 존 로 스스로 말했듯이 **부채문제를 재정의하는 것이 유일한 해결책**이었다.

존 로는 우선 경제 전반에 부족한 화폐공급량을 늘리기 위해 '종합은행the General Bank'을 설립했다.[11] 프랑스 역사상 처음 금이나 은 같은 실물화폐가 아닌 지폐를 발행했다. 화폐 특히 종이지폐는 실제로 사용되지 않으면 그대로 휴지조각이 된다. 로는 법령의 뒷받침과 자신이 축적한 국제 네트워크를 활용해 국제무역에 사용하도록 유도했다. 무엇보다 결정적 조치는 필립 공을 설득해 그 지폐로 세금을 낼 수 있게 한 것이다. 그때나 지금이나 세금을 낼 수 있는 화폐면 사실상 법정화폐다. 일련의 조치에 힘입어 로의 지폐는 경제 전체로 순식간에 순환되었고 경제활동을 자극하게 된다. 물론 이때 지폐는 소유자가 요구하면 언제든지 금으로 태환이 가능한 지폐였다. 실물의 뒷받침을 받는 지폐란 뜻이다.

진짜 금융혁명은 그다음부터다. 1718년에 종합은행을 '왕립은행the Royal Bank'으로 이름을 바꾸고 국유화했다. 그리고 금이나 은의 보유량과 관계없이 지폐를 발행할 수 있게 했다. 금이나 은과의 연결고리를 끊어버린 것이다. 프랑스 역사상 처음 실물의 뒷받침이 없는 명목화폐Fiat Money가 발행된 것이다. 화폐발행이 금이나 은 보유량과 분리되었기 때문에, 왕의 재정담당위원회의 판단에 따라 마음대로 돈을 찍을 수 있게 되었다.

'프랑스 내의 프랑스' 미시시피회사 그리고 국가주식

존 로는 국가부채문제도 기존의 틀을 벗어나 획기적 아이디어로 접근했다. 명목화폐를 찍어내 자유롭게 화폐공급량을 늘리다 보니 국민들이 보유하고 있는 국채의 가치가 자연히 하락했다. **화폐도 알고 보면 부채다. 이자 없는 국채다.** 국가의 수입과 자산은 일정한데, 갚아야 할 빚 즉 국채가 늘어나니 국채가치가 폭락할 수밖에 없었다. 18세기 판 그리스 국채라고 생각하면 이해하기 쉽다. 중력을 벗어난 물체가 자유로이 공중을 날아오르듯, 금이나 은 같은 실물의 중력이 작용하지 않는 명목화폐 역시 방만하게 날아오르기 마련이다. 심지어 국채에 디폴트를 선언한 경우도 있었다. 당연히 국민들은 분노했고 정부로서는 가라앉힐 정책이 필요했다. 로는 프랑스 국가부채문제는 이미 부채 차원에서 해결할 수 있는 수준을 넘어섰다고 판단했다. 이때 그가 낸 아이디어는 제노바의 '국가 내 국가' 주식과 유사하다. 거의 휴지조각이 된 국채를, 국가가 운영하는 성장가능성이 높은 알짜배기 회사의 주식으로 바꾸어주는 것이다. 국가부채인 국채를 국가주식으로 바꿔주는 **부채-주식교환**이다.

구체적 메커니즘은 이렇다. 서부회사The Company of West라는 지극히 포괄적이고 다양한 사업모델을 갖는 합자회사를 설립해 당시 프랑스가 지배하고 있던 북미에 대한 독점개발권을 부여했다. 그 당시 기준으로 300년 전에 제노바에서 창안된 '국가 내 국가'모델을 참고했으리라 추측된다. 당시 프랑스는 지금의 미국과 캐나다를 포함한 북미 미시시피강 주변을 보유하고 있었다. 강이 식수공급과 운송 채널로서 핵심역할을 하던 시대이므로 프랑스가 보유한 북미지역은 당시로선 무한한 발전가능성을 가진 비즈니스 영역이었다. 이 회사 주식으로 바꾸어주는 것은 지금으로 치면 생명공학이나 로봇, 인공지능AI 주식으로 국채를 교환해주겠다는 것과 같다. 국채에 대한 투자자가 일종의 정부지분(정부주식) 투자자로 전환되는 것이다. 로가 예상한 대로 과도한 청약이 들어올 정도로 인기가 좋았다. 국채투자자는 가격이 떨어진 국채 대신 전도유망한 주식을 받아서 좋았고, 정부 입장에서는 국채가 주식으로 전환됨으로써 국채라는 부채가 줄어드니 좋았다.

존 로는 회사가 유망한 자산을 많이 가지고 있을수록 주식값이 높아진다는 것을 명확히 인식하고 있었다. 주가가 높으면 그만큼 더 많은 국가부채와 교환할 수 있었기 때문에 서부회사는 지속적으로 프랑스가 보유하고 있었던 다른 회사들을 인수합병했다. 여기에는 동인도회사, 중국회사, 아프리카회사가 포함된다. 이렇게 보면 서부회사는 전 세계를 대상으로 프랑스라는 국가를 대신해 독점적 사업권을 갖고 있었다. 당시 투자자들은 특히 북미 미시시피강 유역 개발권을 가장 가치 있는 자산으로 생각했기 때문에 '미시시피회사'라고 불렸다. 결국 국채를 미시시피회사 주식으로 교환함으로써 국가부채문제를 해결하려 했다.

존 로는 한걸음 더 나아가 1719년 프랑스의 모든 간접세를 징수할 수 있는 권한을 미시시피회사에 주었다. 세금을 징수할 권한이 있다면 이는 곧 국가다. 미시시피회사가 '국가 내 국가'가 된 것이다. 세금은 경제 전반에서 징수하는 것인 만큼, 미시시피회사의 세금 징수는 곧 프랑스 경제 전체로부터 수입을 획득할 수 있게 되었음을 의미한다. 미시시피회사를 '**프랑스 안의 프랑스**'라고 볼 수 있는 이유다. 미시시피회사의 주식이 거의 프랑스 국가경제라는 주식회사의 주식이 되어버린 것이다. **사실상 국가주식이다.** 로는 이 메커니즘을 통해 국채 모두를 흡수해버릴 생각을 했다. 500루블 하던 주가가 1만 루블까지 치솟았다. 주가가 높을수록 더 많은 정부부채를 주식을 통해 흡수해버릴 수 있었다. 결국 모든 국채를 국가주식으로 전환해버리는 역사적으로 전무후무한 일이 발생했다. 나중에 다시 언급하겠지만, **국가부채를 싹쓸이해 없애버리려 한 것이 중대한 착오였다.** 과도하지만 않다면 국가부채가 어느 정도 있는 것은 문제가 없다. 부채를 더 많이 없애려면 주가가 더 높아지는 수밖에 없었다. 언제 터질지 모르는 거품이다. 과도한 것, 지나친 것은 결국 붕괴하는 것이 세상의 이치다.

부채형 화폐와 지분형 화폐

존 로의 '프랑스 안의 프랑스' 또는 '프랑스 경제 전체를 표창하는 회사' 구축 작업에서 최종단계는 프랑스의 유일한 지주회사였던 미시시피회사와 유일한 은행이던 왕립은행을 합병하는 것이었다. 이 정도쯤 되면 2개가 합해진 회사는 프랑스 내의 프랑스가 아니라 그 냥 프랑스 자체다.

화폐는 한 국가의 경제 전체를 표창한다. 프랑스 화폐 리브르 livre 는, 프랑스 경제 전체에서 생산되고 판매됨으로써 획득되는 소득을 표창한다. 즉 화폐는 경제 전체에서 발생하는 소득에 대한 청구권 이라고 해석할 수 있다. 기존 화폐에 대한 고정관념을 버리고 생각 해보자. 세상이 불확실하고 경제가 불확실해지면 여기서 창출되는 소득도 불확실할 수밖에 없다. 소득이 불확실해지면 이에 대한 청 구권도 당연히 불확실하다. 이런 사실을 인정한다면, **불확실한 세상 에서는 부채 같은 고정된 청구권보다 지분 같은 변동적인 청구권이 더 적합할 수 있다. 불확실성이 매우 높은 교육투자에서는 빡빡하고 꼿꼿한 부채가 오히 려 불안정한 것과 같은 이치다.** 흔들리는 버스 안이라면 조금씩 관절을 구부리고 다리를 움직여야 균형 잡기 쉽다. 꼿꼿이 서 있으면 쉽게 무너진다. 움직이는 세상에서는, 자기도 스스로 조금씩 움직이는 게 균형 잡기 쉽고 넘어지지 않고 더 안정적이란 말이다.

화폐란 차원에서 보면 존 로가 추구한 것은 우리가 일반적으로 알 고 있는 부채형 화폐 debt money 가 아니라 지분형 화폐 equity money 다. 부채 형 화폐와 달리, 주식형 화폐에서는 국민들도 국가경제의 위험을 정 부와 같이 부담하게 된다. 존 로가 제안한 제도들은 시대를 앞섰다. **시대를 너무 앞서면 그 시대가 싫어한다.** 로의 혁신적 아이디어 중에서 명 목화폐는 약 250년 후인 1971년에 브레튼우즈체제가 붕괴하면서 부 활했다. 그리고 지금까지 글로벌 경제에서 보편적인 화폐제도로 작 동되고 있다. 로를 '명목화폐의 아버지'라고 부르는 이유다. **국가주식**

이란 더 획기적 아이디어는 아직 부활하지 못한 채 냉동고 안에 잠들어 있다.

그렇다면 왜 '국가 내 국가'는 부활하지 못하고 아직 잠들어 있는 가. 사실 지금도 비슷한 기업들이 있다. 러시아는 수출품목의 70% 가 가스이다. 러시아 경제가 가스 수출로 먹고산다고 해도 큰 잘못은 아니다. 그래서 가스값이 폭락하면 러시아 경제도 위기를 맞는 것이다. 러시아 경제의 대부분을 차지하는 가스 산업에서, 그 대부분을 차지하는 기업이 **가스프롬**Gazprom이란 국영기업이다. 당연히 징세권은 없지만 그래도 국가 내 국가에 가까운 회사다. 지금은 없지만 1990년대 한 시절을 풍미하며 핀란드 헬싱키거래소 시가총액의 75%를 차지했던 기업이 있었다. 바로 **노키아**다. 민간기업이긴 하지만 이 정도면 노키아가 바로 핀란드 경제다. 한국은 어떨까? 한국에서 굳이 찾는다면 **국민연금기금**이 비슷하다. 한국경제의 핵심을 이루는 대부분의 대형우량기업들을 투자 포트폴리오에 포함하고 있기 때문이다. 그것도 최대주주 또는 주요주주로 말이다. 물론 국민연금기금은 투자대상도 아니요 주식회사도 아니다. 그러니 주식도 없다. 상상에서만 가능한 일이지만 만일 국민연금기금이 주식을 발행한다고 가정하면, 국민연금기금 주식을 갖고 있는 것은 대한민국경제에 대한 지분을 갖고 있는 것과 거의 유사하다.

프랑스의 국가주식 실험이 실패한 이유: 노른자가 99%인 달걀 프라이

프랑스 경제 전체를 반영하고 대표할 수 있는 대상을 만들어낸 것, 그리고 프랑스 국민들이 주식보유를 통해 그곳의 주인이 되게 만든 것은 존 로의 기발한 차상이었다. 이런 공로로 존 로는 1720년에 프랑스의 재무부장관이 된다. 기발한 아이디어에 대해 국내외적으로 찬사가 이어졌고 기적이라고 말하는 사람도 있었다.

그런데 치명적 문제가 있었다. 주식을 보유해 주인이 되면 위험도 같이 부담해야 하는데 대부분 투자자는 이를 인식하지 못하고 있었다. 어떤 기발한 아이디어도 장점만 있는 경우는 정말 드물다. 좋을 때에는 같이 좋지만, 프랑스 경제가 어려울 경우에는 미시시피회사의 주가도, 프랑스 명목화폐의 가치도 하락했다. 북미지역 상황이 예상처럼 호락호락하지 않다는 소문이 퍼지면서, 그리고 정치적으로 존 로를 시기하고 견제하는 세력이 방해를 하면서 신뢰가 무너지기 시작했다. 명목화폐는 정부나 중앙은행에 대한 신뢰가 떨어지면 그냥 무너져버린다. 금이나 은같이 받쳐줄 실물자산이 없기 때문이다. 화폐가치는 그 나라 경제력 또는 경제가치를 반영한다. 당시 프랑스 경제가치는 곧 미시시피회사의 가치로 간주되었기 때문에, 미시시피회사의 신뢰상실은 결국 화폐에 대한 신뢰상실로, 설계자인 존 로에 대한 신뢰상실로 이어졌다. 투자자들의 투매가 이어지면서 지폐는 폐지가 되고 다시 금과 은에 근거한 화폐제도로 되돌아갔다. 로는 목숨까지 위협받아 외국으로 도망쳤다. 이런 이유로 로는 투기를 조장한 범인으로 간주되어왔으나, 최근 들어 그의 아이디어들이 새롭게 재평가받고 있다.

존 로의 '국가 내 국가' 주식 정책은 환호를 받으며 시작했지만 결과적으로 실패했다. 다음에 살펴보겠지만, 비슷한 정책을 영국은 성공했는데 왜 프랑스는 실패했을까? 프랑스의 실패사례는 현대를 사는 우리에게 새로운 개혁정책과 제도를 도입하고자 할 때 무엇을 해야 하는지에 대한 많은 시사점을 제공해준다.

첫째, 과욕이 일을 그르쳤다. 이는 동서고금의 진리다. 로는 과도했던 국가부채를 단순히 적정수준으로 줄이려 한 것이 아니라 없애버리려 했다. 국가부채를 100% 전부 지분으로 전환시켜 국가부채가 0인 국가를 만들려다 보니, 주식의 매력을 높이기 위해 무리하게 회사들을 결합해 과도하게 주식가치를 높이려고 시도했다. 지나친 교만이다. 붕괴의 위험이 높아간다는 주변의 경고가 있었음에도 불구하고 말이다. 과도한 국가부채를 적정수준으로 축소시키는 데에만 국한해 '프랑스 내의 프랑스'인 미시시피회사를 활용했으면 과도한 투기도, 과도한 주가상승에 이어진 주가폭락도 없었을 것이다.

둘째, 반대파들과 협상할 수 있는 카드를 제대로 만들어내지 못했다. 개혁을 실천하려면 협상이 필요하다. 협상이란 곧 주고받음이다. 줄 것과 받을 것을 다양하게, 창조적으로 만들어낼 수 있으면 개혁이 성공할 가능성이 높다. 경제개혁을 위해 반대파에게 줄 것이 반드시 경제적인 것일 필요는 없다. **존 로와 대비되는 사람이 미국의 초대 재무부장관 알렉산더 해밀턴이다.** 둘 다 기발한 아이디어가 풍부한 천재형 인물이다. 그리고 둘 다 최고의 관심사가 과도한 국가부채 해결이었다. 그런데 한 사람은 미국의 경제적 토대를 확고히 한 인물로 지금까지 존경받는 데 반해, 다른 사람은 거의 사기꾼 수준으로 평가받는다. 물론 최근에 와서 로에 대한 평가가 새롭게 이루어지고 있기는 하지만 말이다.

해밀턴은 미국 국가부채 혁신을 위해 그때까지 쌓여왔던 모든 주 정부의 부채를 연방정부가 인수하자고 주장했다. 그러자 연방정부의 지나친 권한강화를 우려하는 토마스 제퍼슨Thomas Jefferson을 비롯한 반대론자들의 격렬한 반대에 부딪혔다. 해밀턴은 기발한 협상안으로 문제를 풀었다. 연방정부의 수도를 북부와 남부 경계에 위치한 포토맥 강변으로 이전하겠다는 제안으로 상대편을 설득한 것이다. 바로 현재의 워싱턴 D.C.다. 그전까지는 뉴욕이 당연히 가장 강력한 후보지였고 대부분의 사람들은 뉴욕이 수도가 되는 줄로 알고 있었다. 반대파들이 뉴욕을 극렬히 반대한 것은 바로 해밀턴의 정치적 근거지였기 때문이다. 해밀턴은 수도의 위치보다 국가부채 즉 국채를 개혁하는 것이 미국의 미래에 더 중요하다고 확신했기 때문에 수도를 과감히 포기할 수 있었다. 이 협상안을 통해 해밀턴은 미국 국가부채의 틀을 개혁하는 데 성공했다. 그리고 그가 설계한 틀은 거의 변화 없이 그대로 오늘날까지 이른다. 로는 해밀턴과 달리 반대파를 설득할 협상안을 만들어내지 못했다. 만들어내지 못했다기보다 협상할 의향이 없었다는 표현이 더 적절하다.

셋째, 존 로를 지원해주는 정치세력이 없었다. 아무리 아이디어가 좋고 명분이 좋아도 개혁은 혼자만의 힘으로 성공하기 힘들다. 개혁에는 반드시 손해 보는 집단이 생기기 마련이므로, 역으로 개혁을 통해 그 열매를 같이 향유할 집단이 필요하다. 그래야 이들이 목숨 걸고 개혁을 한다. 어떻게 해서든 지원세력을 만들어야 했다. 혁명적이고 혁신적인 정책일수록 더욱 그러하다. 아니면, 미국의 알렉산더 해밀턴처럼 국민 전체로부터 깊은 존경과 지지를 받는 강력한 후원자가

있어야 한다. 알렉산더 해밀턴의 가장 든든한 후원자는 바로 미국
건국의 아버지 조지 워싱턴George Washington이었다. 개혁과정에서 문제
가 생기고 갈등이 빚어지면 조지 워싱턴 대통령이 리더십을 발휘해
조정해주었다. 개혁을 완수한 후의 일이지만, 해밀턴 역시 워싱턴
대통령의 사후에 힘을 잃었다. 하지만 로에게는 개혁을 같이할 동지
도 든든한 후원자도 없었다.

04

영국의 국가주식:
'영국 내의 영국' 영란은행

명예혁명을 통해 부채다운 '빡빡한 부채' 탄생

'부채다운 부채'를 포함한 영국 금융발전의 획기적 계기는 1688년 명예혁명이다. 부채와 관련이 없어 보이는 사건이라 의아스럽게 느껴진다. 그 당시 왕에게 일방적으로 눌려 있던 시민들의 힘이 강화되면서 시민 대표가 국회를 구성해 왕의 권한을 견제하게 된다. 이전까지 왕이 좌지우지했던 세금과 정부지출도 국회가 통제하게 되었고, 특히 국회의원들 스스로가 국채를 많이 보유하고 있었기 때문에 영국 국채의 건전성을 높이는 입법활동이 자신들에게도 유리했다.

명예혁명 이전까지 영국의 국가부채는 다른 나라들처럼 군주의 개인부채였다. 왕이 자의적으로 시민들에게 강제대출을 요구할 수 있었고, 기분 나쁘면 갚지 않기도 했다. 명예혁명은 한마디로 절대

군주에 대한 항거였다. 왕의 권한 축소와 국민의 권한 확대는 권리장전에 잘 표현되어 있다. 국회의 권한이 왕의 권한보다 커지자, 영국의 재정자금조달도 그 본질이 바뀌었다. 왕은 국회의 동의 없이는 과세하거나 국채발행을 할 수 없게 되었다. 왕의 부채도 왕의 개인부채가 아닌 국가부채로 전환되었다. 국회의원들 중 많은 사람들이 국채를 보유하고 있었기 때문에 왕이 자의적으로 국채를 갚지 않는 것 즉 '느슨한 부채'에 개혁 필요성을 뼈저리게 느끼고 있었다. 그 결과 역사상 처음 '상환의 의무성'이 확보된 부채다운 부채가 출현했다. '빡빡한 부채' 말이다. 자연스러운 결과지만, 국제적으로도 영국 국채의 신뢰가 급속히 증가하는 획기적 계기가 마련되었다. 전쟁이 발발하면 프랑스나 스페인 사람들이 자국 정부에는 돈을 빌려주지 않아도 영국 정부에는 돈을 빌려준다는 말이 이때부터 나왔다. 그만큼 **'상환의 의무성' 확보는 부채의 역사를 가르는 결정적 사건이다.**

이렇게 보면 **명예혁명은 정치혁명인 동시에 금융혁명**이기도 했다. 미국 최초의 재무부장관인 알렉산더 해밀턴이 미국 국채의 창조적 혁신을 가져올 때까지 영국은 어떤 국가보다도 신뢰도가 높은 국채로서 가장 낮은 국채금리를 유지했다. 그런 점에서 영국이 패권국 지위를 유지할 수 있게 만든 일등공신이다.

명예혁명으로 쫓겨난 제임스 2세는 가톨릭교도여서 프랑스 루이 14세와 가까웠다. 새로 왕이 된 윌리엄과 메리는 신교도였다. 당연히 가톨릭 국가인 프랑스와 관계가 악화되었고 그때부터 19세기 초 나폴레옹이 몰락할 때까지 영국과 프랑스 간에 장기간에 걸쳐 끊임없이 전쟁이 진행되었다. 윌리엄왕 전쟁, 스페인 왕위전쟁, 7년 전쟁, 미국혁명(독립전쟁), 프랑스혁명, 나폴레옹 전쟁이 그것이다. 명예혁명을 통해 새로 왕위에 오른 윌리엄왕 입장에서는 해외영토를 확대하고 무역을 독점하기 위해 다른 국가들과의 전쟁이 불가피했다. 18세기를 거치면서 전쟁은 규모, 전쟁방식 그리고 소요시간 면에서 과거 전쟁과 확연히 달라졌다. 용감한 장수 몇 명이 영웅적으로 활약해 승리를 거둘 수 있는 차원을 넘어섰다는 말이다. '소모전'이란 개념이 처음 도입되어 전쟁물자와 군인을 많이 그리고 장기간 동원할 수 있는 자본력을 가진 나라가 승리했다. 대규모 자금을 싸게 조달하는 것이 전쟁승리의 핵심요인이 된 것이다. 영국은 명예혁명으로 다져진 민주화된 정치체제, 이에 근거한 부채상환의 의무성 확보, 그리고 결과적으로 나타난 국채의 신뢰성 제고를 바탕으로 프랑스를 압도하게 된다. 경제적 측면에서 보면 명예혁명은 영국 국채의 부채수용력을 획기적으로 높였다.

영국 국가주식의 성공요인은 견제와 균형: 노른자와 흰자가 균형을 갖춘 달걀 프라이

명예혁명 이후, 영국의 윌리엄 3세는 프랑스의 루이 14세와 대규모 전쟁을 치르게 된다. 프랑스 국가주식을 설명하면서, 루이 14세의 끊임없는 정복전쟁이 프랑스 재정파탄과 국가부채 급증의 원인이라고 말했다. 전쟁자금조달을 전적으로 부채에 의존했기 때문이다. 프랑스와 달리 영국은 전쟁을 수행하는 데 합자회사 지분(주식)을 적극 활용했다. 영란은행(1694), 동인도회사(1698), 남해회사

(1711)에게는 매력적인 신세계에 대한 독점권과 군대까지 주어졌기 때문에 이 회사들의 지분은 인기가 높았다. 각 회사 하나하나가 '영국 내의 영국'이라고 불릴 정도는 아니지만 일종의 그림자 국가임에는 틀림없었다. 군대까지 보유하고 있으니 말이다. 세 회사를 합하면 '영국 내의 영국'에 근접한다. 작동메커니즘은 이렇다. 국채가 감당하기 어려운 수준으로 늘어날 경우, 국채를 매력적인 합자회사 지분으로 교환해줌으로써, 회사는 자기자본을 확충하고 왕은 부채를 갚을 수 있었다. 현대 용어로 설명하면 일종의 부채–주식교환 즉 출자전환을 통해 과도한 국가부채문제를 완화한 것이다.

18세기 초, 영국 국채의 70% 이상을 영란은행, 동인도회사, 남해회사가 갖고 있었다. 일본 국채의 대부분을 일본의 은행들이 갖고 있는 현재의 일본 상황과 묘하게 닮았다. 프랑스에서도 존 로가 '프랑스 내의 프랑스'인 미시시피회사 주식을 발행에 국채와 교환했으나 결국 실패했다. **그렇다면 프랑스는 실패했는데 영국은 성공할 수 있었던 원인은 무엇인가?** 결론부터 이야기하면 과도하게 국가주식을 남용하지 않고 국가부채와 균형을 맞추었기 때문이다. 프랑스는 국가주식의 주가를 최대한 높여 모든 국가부채를 흡수해버리려 했고, 이를 위해 미시시피회사에 북미사업 독점권뿐 아니라 징세권, 은행기능까지를 포함한 광범위한 사업을 허용했다. 나가도 너무 나갔다. 그러다 보니 미시시피회사가 **'프랑스 안의 프랑스'** 차원을 넘어 **'프랑스 경제 그 자체'가 되어버렸다.** 잘못되면 프랑스 경제 전체가 흔들리는 처지였다. 미시시피회사의 주식이 미시시피회사에 대한 청구권 차원을 넘어 프랑스 경제 전체에 대한 청구권이 되어버렸다. 경제 전체를 기반으로 한, 경제 전체에 대한 청구권이라면 곧 화폐다. 주식이 화폐로 변모한 것이다.

영국은 달랐다. 명예혁명을 통해 급성장한 시민계급이 묵직하게 중심을 잡아주었기 때문이다. 왕의 절대권한도 견제했지만, 동시에 프랑스의 존 로와 같이 왕과 대척점에 서 있는 혁명가적 인물이 절대권력을 휘두르는 것 또한 통제했다. 추가 양쪽으로 흔들려도 극단적으로 휘둘리지는 않았다는 말이다. 그래서 국가주식이나 부채-주식교환이 남용되지 않았다. 프랑스에는 영국같이 절대권력자(왕이든 혁명가든)를 견제할 시민세력이 형성되어 있지 못했다. 중심을 잡아줄 시민세력은 프랑스혁명 이후에나 등장한다. **국가주식의 성공 요인 역시 견제와 균형이다.**

이 대목에서 갑자기 달걀 프라이가 생각난다. '국가 내 국가'는 달걀의 노른자다. 노른자가 생명을 잉태한 달걀의 핵심이듯이, '국가 내 국가'는 경제의 핵심이다. 그런데 노른자가 고소하다고 노른자가 99%를 차지하는 달걀이 과연 맛있을까? 머릿속에 그려보면 모양도 이상하고 맛도 떨어질 것 같지 않은가? 바로 이런 달걀이 프랑스의 '국가 내 국가'였다. 그래서 실패했다. 반면에 영국의 '국가 내 국가'는 지나치게 노른자가 확대되지 않고 흰자와 노른자가 균형을 잘 갖추었기 때문에 성공했다.

200년 만에 부활한 '영국 내의 영국' 영란은행

명예혁명을 통해 왕위에 오른 윌리엄은, 호시탐탐 영국에 대해 야

욕을 드러내왔던 프랑스의 절대군주 루이 14세와 전쟁을 치르게 된다. 절대군주가 아니라 헌법에 의해 선출된 입헌군주인 윌리엄은 국채를 통한 전쟁자금조달에서 우위에 섰다. 새롭게 세금을 걷고 국채를 발행할 때 국회의 인준을 받아야 했지만, 그런 사실 자체가 채무불이행의 가능성을 최소화시켜 영국 국채의 신뢰를 높였다. 영국 국회로서도, 폐위된 제임스 2세와 궤를 같이하는 절대군주 루이 14세를 입헌군주인 윌리엄이 물리치는 것이 자신들이 주장한 입헌군주제의 우위성을 증명하는 것이라 생각했다. 영국 국회가 적극적으로 왕을 지원한 이유다. 세금을 늘리는 데는 한계가 있었다. 국채를 발행하는 것이 효과적이긴 했으나 장기간 대규모 자금을 낮은 이자로 제공해줄 수 있는 수요기반을 찾기 어려웠다. 무엇인가 상황을 재정의하는 새로운 아이디어가 필요했다.

'찾을 수 없으면 만들면 된다'는 생각이 윌리엄과 영국 국회에 퍼졌다. 1694년에 영란은행을 합자회사 형태로 설립하게 된 이유다. 그 이전에도 식민지 확장을 위해 동인도회사 같은 합자회사가 있었지만 영란은행은 본질이 달랐다. 유일한 설립목적이 국채매입을 통해 정부에게 자금을 빌려주는 것이었다. 합자회사이니 주식을 사줄 주주들이 필요했다. 가장 먼저 필요한 작업은 영란은행 자체를 매력적 투자대상으로 만드는 일이었다. 주주들이 투자한 자본금을 바탕으로, 화폐를 발행할 권한을 영란은행에게 부여했다. 수익성 있는 사업을 독점할 수 있는 독점권도 주었다. 이렇게 영란은행은 **'영국 내의 영국'**으로 탄생되었다. 그 주식은 국가주식에 근접한 '국가 내 국가' 주식이 되었다.

결국 영란은행 주식에 투자한 투자자들은 실질적으로는 다음의 2가지에 투자한 것이나 마찬가지였다. 하나는 영국의 국채이고 다른 하나는 독점사업에서 창출되는 이익을 향유할 수 있는 주식이었다. 일종의 전환사채라고나 할까. 전환사채면 조달금리가 훨씬 낮은 게 당연하다. 나중에 주식으로 전환할 수 있는 옵션을 갖고 있기 때문이다. 당시로선 기발한 발상이었다. 합자회사라는 공식명칭이 들어가서 그렇지, 그 본질적 구조는 약 200년 전에 제노바공화국이 개발해낸 '산 조르지오 은행'과 같다. 결과는 어떠했을까? 대성공이었다. 120만 파운드를 8% 이자로 성공적으로 조달한다. 영국이 '해가 지지 않는 나라'가 되는 데 일등공신은 바로 '해가 지지 않는 국채수요기관' 역할을 한 영란은행이다.

'국가 내 국가'인 영란은행 설립을 통해 국가주식을 발행하고 국채의 부채수용력도 높이는 전략은 지금 이 순간에도 우리에게 시사하는 바가 크다. 그 메커니즘을 요약하면 다음과 같다. 첫째, 영란은행에 다양한 독점적 사업권을 부여해 영란은행을 매력적인 투자대상으로 만든다. 둘째, 높아진 영란은행 주식가치를 바탕으로 견고한 주식매수 기반을 구축한다. 셋째, 주식발행을 통해 유입된 자기자본을 기반으로 국채를 지속적으로 매입한다. 넷째, 정부는 해가 지지 않는 국채수요 기반을 바탕으로 전쟁과 식민지개척을 위한 대규모 자금을 지속적으로 조달한다. 영란은행이 매입한 국채는 상환의 의무성이 보장되고 채무불이행위험이 낮은 최고의 안전자산이기 때문에 영란은행의 보유자산은 건전자산으로 구성된다. 전전하고 안전한 자산은 투자위험을 줄임으로써 다시 영란은행 주식의 가치를 높인다. 이를 바탕으로 영국은 최고로 안전한 국채를 가장 낮은 이자로 발행할 수 있었다. 영국은 해가 지지 않는 국채수요 기반을 통해 금융 차원에서 다른 국가들을 압도했다. 군사력뿐 아니라 금융력에서 패권국이었다.

국가부채 개혁과 학자금부채 개혁의 공통점 그리고 정책적 시사점

영국이 프랑스를 꺾고 패권국이 될 때의 국가부채문제 해결방식을 보면, 희한하게도 학자금부채문제의 해결방안과 공통점을 찾을 수 있다. 나폴레옹 전쟁 이전에는 '국가 내 국가' 역할을 하는 회사의 주식발행을 통해 문제를 해결했다. 부채에만 의존하던 차원을 넘어 지분(주식)을 활용해 문제를 극복한 것이다. 국가지분(주식)에도 한계가 드러나자 새로운 화폐 즉 명목화폐를 도입해 문제를 풀었다. 처음에는 국가주식을 병행함으로써 국가부채에만 의존했던 프랑스를 이겼고, 나중에는 명목화폐를 도입해 여전히 금본위제도에 의존한 프랑스를 이겼다.

여기서 주목할 점은 혁신의 순서다. 처음에는 영국이나 프랑스나 부채의 틀 속에서 경쟁했다. 경쟁하다 보면 부채가 과도해지고 부채수용력이 고갈된다. 바로 이때가 혁신이 필요한 시점이다. 처음에는 '국가 내 국가'란 개념을 통해 국가주식을 발행하고 이를 통해 부채를 지분으로 전환한다. 다음에는 기존 화폐에 근거한 국가부채와 국가지분의 차원을 넘어 새로운 화폐를 도입한다. **이 책에서 주장하는 학자금부채의 해결방안도 영국의 국가부채 해결순서와 일치한다. 처음에는 학자금**

지분을 도입함으로써 학자금부채에만 의존하던 단계를 넘는다. 그러면 학자금 생태계가 다변화된다. 그다음에는 법정화폐에 근거한 학자금부채와 학자금지분의 차원을 넘어 새로운 화폐 즉 교육화폐를 도입하자는 주장이다.

영국의 성공과 프랑스의 실패는 우리에게 많은 교훈을 준다. '국가 내 국가'를 통한 국가주식발행은 영국이 영란은행을 통해 먼저 시작했다. 프랑스에서는 이후에 존 로가 영국을 참조해 왕립은행과 미시시피회사를 통해 시도했으나 극단으로 치닫다가 실패했다. 금과의 연결이 단절된 명목지폐는 존 로가 프랑스에서 가장 먼저 시행했으나 이 또한 극단으로 치닫다가 영국과의 전쟁에 활용도 못해보고 실패했다. 영국은 이후 프랑스와의 나폴레옹 전쟁 때 명목화폐를 성공적으로 도입했다. 영국은 개혁의 대상이 지나치게 무너지기 전에 다음 단계로 옮겨 탔다. 징검다리를 건너면서 이전 돌이 물에 잠기기 전에 다음 돌로 건너뛰었다. 기존 혁신을 잘 활용해 다음 단계 혁신으로 나아갔다.

우리가 배워야 할 교훈은 이렇다. 새로운 것이 처음에 잘 작동되어 자신감이 생겼다고 극단으로 밀고 가는 우를 범해서는 안 된다. 개혁 액셀러레이터의 추진력이 강할수록 브레이크도 잘 작동되어야 균형이 맞는다. 기존 것을 한 번에 대체하려 하지 마라. 함께 같이 잘 갈 수 있다. 국가주식 생겼다고 국가부채가 없어지는 것이 아니다. 학자금지분이 생겼다고 학자금부채가 없어지지 않는다. **지분(주식)이 도입되면 부채수용력이 증가하기 때문에 부채의 활용도가 오히려 더 커진다. 지분(주식)은 부채의 적이 아니라 친구다.** 제노바로부터 시작해 영국과 프랑스를 거칠 때까지 '국가 내 국가'의 주식발행을 통해 국채투자의 매력도 높이고 국채의 부채수용력도 높였다. 과거에는 정부 스스로가 국가경제 전체의 성과를 대상으로 '국가 내 국가' 주식 같은 혁신적 상품을 개발했는데 왜 지금은 국가금융의 혁신이 없을까? **지금 이 순간 정부부채도, 학자금부채와 더불어 개혁이 가장 크게 요구되는 분야다.**

'소득나눔 학자금'은 시대정신

이 책의 결론은 한 문장으로 집약된다. **부채를 개혁하자는 것이다.** 특히 학자금부채 개혁을 통해 대한민국 젊은이들이 **'부채 없이'** 대학 다닐 수 있는 방안을 강구하자는 것이다.

생물도 환경에 적합한 것이 살아남고 번창하듯이 경제도 경제환경에 적합한 자금조달수단이 선택받기 마련이다. 부채가 그토록 각광받고 개인, 가정, 기업, 국가 나아가 글로벌 경제를 지배해온 이유는 과거 환경이 빡빡함과 둔함을 본질로 하는 부채를 원했기 때문이다. 하지만 시대가 바뀌었다. 경제와 사회환경도 달라졌다. 불확실한 시대를 넘어 미지의 세계로 진입한 경제환경, 점점 더 안정적이고 고정적 수입을 획득하기가 어려워진 환경, 꾸준함과 성실함만으로 생존하기 어려워진 세상에서는 부채가 건강하게 생존하기 힘들다. 가장 대표적인 분야가 대학교육이다. 학자금부채에만 의존한 학자금생태계는 이미 한계에 도달했다.

그렇다면 어떻게 부채를 개혁하면 될까? 빡빡하고 둔한 부채를 융통성 있고 민감하게 변화시키는 것이 출발점이다. 가장 시급한 분야가 학자금부채다. 대출 형태의 부채에만 의존한 기존의 학자금생태계를 소득나눔 학자금(학자금지분)이 공존하는 학자금생태계로 변화시키는 것이다. 교육생태계에서만 순환하는 교육화폐까지 도입하면 더욱 좋다. 작금의 부채문제는 부채가 과도하다는 것도 심각한 문제지만, 문제가 빤히 보여도 전통적 부채에만 의존할 수밖에 없는 부채생태계의 다양성 상실이 더 근본적 문제다. 학자금부채는 결국 정부의 부담이다. 독재자가 아닌 다음에야 어떤 정부나 정권도 학자금부채를 단호하게 처리하는 것이 불가능하기 때문이다. 그래서 정부부채도 전통적 국채차원을 넘어 국가주식 즉 소득나눔 재정으로 다변화되어야 한다.

방향성은 명확한데 어떤 절차를 거쳐야 실행이 가능할까? 첫째, 학자금부채문제의 심각성과 개혁의 절실함에 대한 공감대 형성이 필요하다. 다음번 경제위기는 학자금부채에서 온다는 인식을 공유하고, **대학생 1명을 제대로 키우려면 온 국가가 필요하다는 책임감을 기성세대가 가져야 한다.** 그리고 소득나눔 학자금, 교육화폐 등 학자금 분야의 혁명적 기술변화에 대해서도 학생, 부모, 대학, 금융기관, 정부, 국회 등 모두가 익숙해져야 한다. 인공지능이나 로봇보다 훨씬 중요한 혁신이다. 제대로 된 정책을 기대한다면 국민들이 먼저 똑똑해져야 한다. 둘째, 학자금부채의 개혁은 당사자인 대학생들이 적극적으로 참여하면 성공할 확률이 높다. 미국의 경우, 대학생들과 학부모들이 아이디어를 내고 적극적으로 참여한 포클랜드주립대학이 가장 먼저 소득나눔 학자금을 도입했다. 그리고 포클랜드주립대학이 있는 오리건주에서 가장 먼저 입법화되었다. 셋째, 제도화를 주도하는 것은 정부와 국회의 몫이다. 정부와 국회가 주도해 **학자금부채 개혁을 입법화**해야 한다. 트럼프와 대선에서 경쟁한 루비오 의원이 '대학생성공투자법'을 연방법으로 제안한 것처럼 우리도 대한민국 학생들의 미래 성공을 위해 같이 위험을 부담하고 투자하는 법을 제정해야 한다. '**학자금부채개혁법**'도 좋고, '**소득나눔 학자금법**'도 좋다. 미국의 '**대학생성공투자법**'도 법의 취지를 잘 나타내는 법안 이름이니 그대로 써도 좋겠다.

소득나눔 학자금은 소득과 위험을 나누는 형태가 정의롭고 아름답고 자연스럽다. 마이클 샌델의 『정의란 무엇인가』가 학자금에 적용된 것이 바로 소득나눔 학자금이다. 젊은이들을 빚 지워 사회에 내보내는 것은 기성세대의 책임이다. 대한민국 젊은이들이 위축되지 않고 사기가 높고 톡톡 튀어야 4차 아니 5차 산업혁명을 위한 아이디어도 샘솟아 나올 수 있다. 산업에도 혁명이란 말을 붙이는데, 이렇게 보면 **소득나눔 학자금은 '학자금 혁명'**이다.

미주

1부 부채의 재정의

1 전쟁에서 자주 나와 익숙한 용어인 저격수 즉 스나이퍼도 이때부터 본격적으로 사용되기 시작했다. 참호에서 고개를 드는 순간 총알이 날아들기 때문이다.

2 무한궤도라고 불리는 애벌레형 트랙은 농사짓는 트랙터에서 아이디어를 빌려왔다. 탱크의 핵심부품 아이디어를 농기계에서 가져왔다는 사실이 재미있다.

3 Adair Turner, *Between Debt and the Devil*, Princeton University Press, 2016.

4 탱크의 원조는 '리틀 윌리(Little Willie)'라는 이름의 탱크인데 참호를 제대로 넘지 못해 실전에 투입되지 못했다.

5 교육화폐 사례는 미국에서 활발히 논의되는 메커니즘을 바탕으로 가상으로 구성한 스토리다.

6 레이첼 사례는 레프와 휴 교수의 아이디어에 근거해 작성한 가상의 스토리다. 실제 예가 있지만 사용자 이름과 계약조건이 밝혀져 있지 않다.

7 비용투입 상태검증 모델에 대해서는 다음을 참조하기 바란다.
Douglas Gale Martin Hellwig, Incentive-Compatible Debt Contracts: The One-Period Problem, The Review of Economic Studies, 1985.
Robert M. Townsend, Optimal contracts and competitive markets with costly state verification, Journal of Economic Theory.

8 이런 패턴은 베토벤의 〈운명〉 교향곡, 모리스 라벨의 〈볼레로〉 같은 음악에서도 나타나는 리듬이다.

9 James Macdonald, *A Free Nation Deep in Debt*, Princeton University Press, 2006.

10 David Graeber, *Debt: The First 5,000 Years*, Melville House Publishing, 2012.

11 로저 크롤리 지음, 우태영 옮김, 『부의 도시 베네치아』, 다른세상, 2012.

2부 부채 트릴레마

1 Joseph Tainter, *The Collapse of Complex Society*, Cambridge University Press, 1988.

2 모양과 형태가 닮았으면 그 본질과 작동원리도 비슷하다는 주장을 하는 학자들이 있다. 이런 연구분야를 형태학이라고 한다.

3 삼중나선구조로 하이드로프롤린(아미노신)의 함량이 많다. 콜라겐을 추출하여 만든 젤라틴은 젤리를 만드는 주성분이기도 하다. 뼈·피부·근육에서 결합시키는 것을 주기능으로 하는 단백질이다.

4 Sendhil Mullainathan and Eldar Shafir, *Scarcity*, Times Books, 2013.

5 Mark Buchanan, *Nexus*, Norton&Company, 2002.

6 V. Acharya, H. Almeida and M. Campello, Is Cash negative Debt?, NBER Working Paper #11391, 2005.

7 변동성의 변동성을 통계학에서는 첨도(kurtosis)라고 한다.

8 생존편향에 관한 최근 연구로는 다음을 참조하기 바란다.
Anton Strezhnev, Survivor Bias and Effect Heterogeneity, Working Paper, Harvard University, 2017.

9 이 사례는 다음 책에 나오는 내용을 트릴레마 관점에서 재해석한 것이다.
Fred Kaplan, *The Insurgents*, Simon&Schuster, 2013.

10 Cecchetti et al, The real effect of debt, BIS, 2011.

11 Acharya, Almedia, Campello, Is cash negative debt?, NBER Working Paper, 2005.

12 Reinhart and Rogoff, *This time is different*, Princeton University Press, 2009.

13 M. Frank and V. Goyal, Testing the Pecking Order Theory of Capital Structure, Journal of Financial Economics, 2003.

14 G. Gorton, S. Lewellen and A. Metrick, The Safe Asset Share, NBER Working Paper, 2012.

15 Knutson&Greer, Anticipatory Affect Model, Biological Sciences, 2008.

16 Gus Riachi, *A False Sense of Security*, RJI Publishing, 2013.

3부 소득나눔 학자금은 시대정신

1 고갱은 이 그림을 1897년 타히티에서 그렸다. 당시 고갱은 극심한 건강악화와 경제적 결핍을 겪으면서 자살까지 시도한다.

2 소득나눔 학자금은 지분형학자금, 인적자본계약(human capital contract), 개인지분 등의 이름으로도 불린다. 상세한 내용은 다음 책을 참조하기 바란다.
Miguel Palacios Lleras, *Investing in Human Capital*, Cambridge, 2007.

3 이 질문을 최초로 제기한 사람은 밀턴 프리드먼이다.

4 시장실패 시에는 정부가 개입해 시장의 실패를 보완해주듯, 부채실패 시에는 지분(주식)이 개입해 부채의 실패를 수정하고 보정해줄 수 있다.

5 Calomiris and Haber, *Fragile by Design*, Princeton, 2014.

6 마이클 샌델, 『정의란 무엇인가』, 김영사, 2009.

7 J. Humphreys, The how and why of personal equity market in Australia, 2013.

8 보완화폐에 대해서는 다음을 참조하기 바란다.

Bernard Lietaer and Jacqui Dunne, *Rethinking Money*, BK, 2013.

Gwendolyn Hallsmith and Bernard Lietaer, *Creating wealth*, New Society Publishers, 2011.

9 다양한 목적화폐의 사용용도에 대해서는 다음을 참조하기 바란다.

Gwendolyn Hallsmith and Bernard Lietaer, *Creating wealth*, New Society Publishers, 2011.

10 Hallsmith and Lietaer, *Creating Wealth*, New Society Publishers, 2011.

11 general hospital이 종합병원으로 해석되는 것처럼 general bank는 일반은행보다 종합은행이 적절한 해석이다.

KI신서 7239

부채 트릴레마

1판 1쇄 발행 2017년 11월 22일
1판 2쇄 발행 2017년 12월 28일

지은이 김형태
펴낸이 김영곤 **펴낸곳** (주)북이십일 21세기북스

정보개발본부장 정지은
정보개발1팀장 이남경 **책임편집** 이현정
출판영업팀 이경희 이은혜 권오권
출판마케팅팀 김홍선 배상현 최성환 신혜진 김선영 나은경
홍보기획팀 이혜연 최수아 김미임 박혜림 문소라 전효은 염진아 김선아
표지디자인 최혜영 **본문디자인** 제이알컴
제휴팀 류승은 **제작팀** 이영민

출판등록 2000년 5월 6일 제406-2003-061호
주소 (우 10881) 경기도 파주시 회동길 201(문발동)
대표전화 031-955-2100 **팩스** 031-955-2151 **이메일** book21@book21.co.kr

(주)북이십일 경계를 허무는 콘텐츠 리더

21세기북스 채널에서 도서 정보와 다양한 영상자료, 이벤트를 만나세요!
페이스북 facebook.com/21cbooks **블로그** b.book21.com
인스타그램 instagram.com/21cbooks **홈페이지** www.book21.com

서울대 가지 않아도 들을 수 있는 명강의! 〈서가명강〉
네이버 오디오클립, 팟빵, 팟캐스트에서 '서가명강'을 검색해보세요!

ⓒ 김형태, 2017

ISBN 978-89-509-7286-8 03320